Marco Politi

Das Franziskus-Komplott

Marco Politi

Das Franziskus-Komplott

Der einsame Papst und sein Kampf um die Kirche

Aus dem Italienischen von Gabriele Stein

HERDER

FREIBURG · BASEL · WIEN

Titel der Originalausgabe:
Marco Politi: *La solitudine di Francesco. Un papa profetico,
una chiesa in tempesta*
© 2019, Gius. Laterza & Figli, All rights reserved

Deutschsprachige Ausgabe:
© Verlag Herder GmbH, Freiburg im Breisgau 2020
Alle Rechte vorbehalten
www.herder.de

Satz: Carsten Klein, Torgau
Herstellung: CPI books GmbH, Leck

Printed in Germany

ISBN Print 978-3-451-39446-1
ISBN E-Book 978-3-451-81995-7

Für Greta
Für Gino Belleri, Priester

Inhalt

I
Ein Papst in der Zange

Franziskus ist umzingelt. Von Washington bis Warschau weht ihm ein kalter Wind entgegen. Bei den klerikal-nationalistischen Regierungen Osteuropas stößt seine Verkündigung auf taube Ohren. An der Spitze der Supermacht Amerika geht Donald Trump auf Kollisionskurs zu seiner Botschaft vom Schutz der Umwelt und von der Aufnahme der Migranten. In Italien stellt sich ihm ein Parteisekretär in den Weg, der ein Drittel der Wählerschaft hinter sich weiß: Matteo Salvini beruft sich auf die Gottesmutter, Johannes Paul II. und Benedikt XVI., um die papstfeindliche Stimmung in gewissen katholischen Kreisen anzuheizen.

Doch vor allem im katholischen Amerika liegen einige seiner hartnäckigsten Gegner auf der Lauer. Ihr Anführer ist Raymond Kardinal Burke, der dem Franziskus-Pontifikat seit geraumer Zeit vorwirft, Irrtümer und Verwirrung zu säen und die Kirche zu spalten. Hinter ihm marschieren Bischöfe, die darauf warten, dass Franziskus zurücktritt, traditionalistische Gruppierungen, die sich nach der Wojtyła- und Ratzinger-Ära mit ihrem Kulturkampf gegen die zeitgenössische Gesellschaft zurücksehnen, und katholische Geschäftsleute, die dem argentinischen Papst Kommunismus vorwerfen.

»Es ist eine Ehre, wenn die Amerikaner mich angreifen«, platzte Franziskus auf dem Flug nach Mosambik heraus. Es war das einzige Mal in den sieben Jahren seiner Amtszeit, dass Jorge Mario Bergoglio etwas Unüberlegtes sagte. Dass er als Südamerikaner sprach, dem die Arroganz und blinde Aggressivität der *Gringos* ein Gräuel sind. Vergeblich versuchte das päpstliche Presseamt seine Worte zurechtzubiegen: Der Papst habe sagen wollen, dass er eine Kritik als Ehre betrachte, die »von maßgeblichen Denkern vorgebracht werde […] und in diesem Fall von einer bedeutenden Nation« …

Franziskus fühlt sich umzingelt. Er gibt offen zu, dass man ihn von allen Seiten angreift. Innerhalb wie außerhalb der Kirche. »Die Kritik«, räumt er ein, »kommt […] ein bisschen von überall, auch aus der Kurie.« Der argentinische Papst spricht von Kritik hinter vorgehaltener Hand, Menschen, die ihn anlächeln und ihm dann den Dolch in den Rücken stoßen, geschlossenen Grüppchen, die die fixe Idee haben, den Papst zu ersetzen, und »Arsenpillen« drehen.

Zum ersten Mal hat er der Presse gegenüber die Gefahr eines Schismas erwähnt. »Ich habe keine Angst vor Schismen, ich bete dafür, dass es keine gibt, denn das Seelenheil vieler Menschen steht auf dem Spiel.« Und auch wenn nur wenige glauben, dass es tatsächlich eine Abspaltung wie die der Piusbruderschaft von Bischof Marcel Lefebvre nach dem II. Vatikanischen Konzil geben wird, weisen seine Worte doch auf erhebliche Spannungen innerhalb der katholischen Kirche hin.

Der Generalobere der Jesuiten, Pater Arturo Sosa, ist sich sicher: »In der Kirche tobt eine politische Schlacht. Ich denke, es ist ein Kampf um die Vision von Kirche, wie das Konzil sie sich erträumt hat … es ist ein Kampf um die Macht.« Ein Kampf zwischen der Vision von einer gemeinschaftlichen, synodalen Kirche und dem harten Kern des Klerikalismus, der die Struktur und die Ideologie des Katholizismus jahrhundertelang geprägt hat. »Die Angriffe«, so Pater Sosa weiter, »richten sich nicht nur gegen Franziskus, sie wissen, dass er seine Meinung nicht ändern wird, sie wissen, dass er nicht mehr der Jüngste ist und dass sein Pontifikat daher nicht das längste in der Geschichte sein wird.« Das Ziel ist das nächste Konklave. Für die Opposition geht es darum, die Wahl eines Franziskus II. zu verhindern.

Wenn hochrangige Prälaten zugeben, dass in dieser zweiten Halbzeit des Pontifikats ein politischer Kampf um die Gestalt des Papstes tobt, dann heißt das, dass die Schmerzgrenze überschritten ist.

Der argentinische Friedensnobelpreisträger Adolfo Pérez Esquivel hält die Verschwörung gegen Papst Franziskus und das komplizenhafte Schweigen derer, die die Ungerechtigkeiten und Menschenrechtsverletzungen innerhalb und außerhalb der Kirche bemänteln wollen, für besorgniserregend. »Erheben wir unsere Stimmen«, so sein Appell an die öffentliche Meinung, »um unseren Bruder Franziskus […] vor den Angriffen der konservativen und reaktionären Gruppen zu schützen, die eine Schlacht gegen ihn führen.«

Der heimliche Bürgerkrieg in der katholischen Kirche von heute ist etwas ganz anderes und sehr viel Aggressiveres als die theologischen Auseinandersetzungen und Dispute, die die Pontifikate Pauls VI., Johannes Pauls II. und Benedikts XVI. in den vergangenen 50 Jahren geprägt haben. Die Feinde wollen den Pontifex systematisch delegitimieren.

Auf dem Spiel stehen der Aufbruch der Kirche ins 21. Jahrhundert und die Neuorientierung des Katholizismus zu dem Zweck, mit der Entwicklung der Welt Schritt zu halten, die sich, wie Benedikt es in seiner Rücktrittserklärung formuliert hat, »so schnell verändert«.

Aus diesem Grund zieht Franziskus zunehmend energisch gegen zwei große Sünden zu Feld: eine innerhalb der Kirche und eine innerhalb der Gesellschaft. Im Innern verurteilt Franziskus mit aller Schärfe die »aseptische Moral« und den Klerikalismus, den er als Machtideologie und sogar als echte Perversion der kirchlichen Institution definiert. Und außerhalb der Kirche prangert er systematisch die Ausbeutung der Menschen durch eine finanzielle und technologische Ideologie an, die nicht auf die Anforderungen einer sozialen Marktwirtschaft achtet.

Um den Pontifex, der den Namen des Heiligen von Assisi angenommen hat, kreisen die Wölfe, deren Aggressivität aus einem Konglomerat an religiösen und politischen Motivationen erwächst. Für das Papsttum hat sich die internationale Situation zum Schlechteren hin verändert. Von Brasilien, wo die Regierung unter Präsident Jair Bolsonaro von der Notwendigkeit gesprochen hat, die Amazonien-Synode zu »neutralisieren«, bis auf die Philippinen, wo Präsident Rodrigo Duterte die Gläubigen öffentlich dazu aufruft, die Bischöfe aus dem Weg zu räumen, weil sie nichts als Kritik üben können. Die Kirche von Franziskus – sein Einsatz gegen die sozialen Ungleichheiten und für eine internationale Ordnung mit Regeln und Gerichtshöfen – ist den populistischen Regierungen und Bewegungen ein Dorn im Auge.

Es ist eine Ironie der Geschichte, dass Washington und der Vatikan vor 40 Jahren als Verbündete gegen das Sowjetreich standen, während sich heute von Nordamerika über die populistischen Bewegungen in Europa bis hin zu den autoritären Regimes katholischer Länder in Asien und Südamerika ein Netz ausspannt, in dem sich der argentinische Pontifex verfangen soll. Konservative Politiker und traditionalistische Prälaten marschieren Hand in Hand. Es ist kein Zufall, dass mit Carlo Maria Viganò gerade ein ehemaliger Nuntius in Washington Papst Bergoglio öffentlich auffordert, vom Thron zu steigen. Die franziskustreuen Kardinäle in der Kurie sind davon überzeugt, dass das internationale Netzwerk katholischer Fundamentalisten, das die gegen den Pontifex gerichteten Kampagnen zur Eskalation gebracht hat, von den USA aus finanziert wird.

Der Kardinal von Manila, Luis Antonio Tagle, beklagt die Aktivität von Bischöfen und Kardinälen, die »Seilschaften« ins Leben rufen, um Franziskus' Nachfolge zu manipulieren. Der philippinische Purpurträger weiß auch, was die internationale politische und wirtschaftliche Opposition dazu veranlasst, sich mit Franziskus' theologischen Gegnern zu verbünden. In den Vereinigten Staaten, so der einflussreiche Kardinal, gebe es eine Gruppe, die »unter dem Deckmantel des Glaubens ihre ökonomischen Eigeninteressen vertritt«, weil »sie sich von einigen Aspekten des Christentums bedroht fühlt. Den Aspekten, die in der Enzyklika *Laudato si'* zum Ausdruck gebracht sind.« Der grünen Enzyklika, die einen Zusammenhang zwischen der Umweltzerstörung und dem gesellschaftlichen Niedergang herstellt.

Die erbittertsten Konservativen ihrerseits werfen der derzeitigen Kirchenführung vor, aus Personen zu bestehen, die die traditionelle Lehre des Katholizismus auf den Kopf stellen und die »nicht verhandelbaren Prinzipien« Benedikts XVI. aufgeben wollen. An der Spitze der katholischen Kirche stehe heute eine Minderheit, die »zu Zeiten Johannes Pauls II. und Benedikts XVI. kaltgestellt« gewesen, dann »an die Macht gekommen« sei und »jetzt ohne Zögern die Umsetzung der beschlossenen Agenda vorantreibt«. So weit José Antonio Ureta, Vertreter der ultrakonservativen brasilianischen Lobby »Tradition, Familie, Eigentum«.

Der Kampf um Rom geht unerbittlich weiter. Franziskus ist ein zäher Kämpfer. Er kennt die Einsamkeit eines Leaders, der nicht ausreichend Unterstützung vonseiten derer erfährt, die seinen Reformkurs aufrichtig begrüßen, aber keinen Finger rühren. Er fühlt sich isoliert angesichts der Masse der Prälaten, die ihm gegenüber nur ein Lippenbekenntnis ablegen. Doch man muss, wie er einmal gesagt hat, auch gegen den Wind segeln können.

Die Schlussphase des Pontifikats wird noch Überraschungen bereithalten.

II
Franziskus und sein Gott

Das Kind springt von der Bank auf dem Platz vor der Kirche und geht ans Mikrofon. Es wird langsamer, zögert, bleibt stehen und sieht den Papst an, der in weißem Gewand auf einem rot bezogenen Stuhl sitzt. Emanuele ist neun Jahre alt. Er trägt einen blauen Anorak und eine graue Jogginghose. Seine Mitschüler haben ihre Fragen schon gestellt. Sie klatschen, um ihm Mut zu machen. Er steht immer noch reglos da, starrt auf das Mikrofon, starrt auf den Pontifex, der aus dem Vatikan zu Besuch gekommen ist, blickt zur Seite und versucht wieder an seinen Platz zurückzulaufen. »Ich kann nicht«, ruft er und bricht in Tränen aus. Ein Prälat schiebt ihn sachte zum Papst hin. »Komm zu mir und sag es mir ins Ohr«, ermutigt ihn Franziskus. Emanuele hält sich beide Hände vor die Augen und leistet mit den Beinen nur schwachen Widerstand. Dann liegt er schluchzend in Bergoglios Armen.

Hier, nur wenige Kilometer vom apostolischen Palast entfernt, liegt Roms vergessene Peripherie. Man muss nicht in die Slums von Buenos Aires gehen. Hier, in Corviale, hat sich die Utopie einiger Architekten in einen Albtraum verwandelt. In den Siebzigerjahren des vergangenen Jahrhunderts wollten sie hier ein Gebäude errichten, das eine Stadt im Kleinen sein sollte: einen horizontalen Wolkenkratzer mit Wohnungen, Büros, Banken, Ladengeschäften. Vage von Le Corbusier und der nüchternen Linienführung des Modernismus inspiriert. Herausgekommen ist ein Ghetto aus Zement: drei untereinander verbundene Blöcke, einen Kilometer lang, neun Stockwerke hoch. Mit langen Glasfenstern, die an mehreren Stellen zerbrochen sind, Treppen, über die das Wasser fließt, Aufzügen, die oft nicht funktionieren, und illegalen Stromanschlüssen.

In diesem Bienenstock wohnen Familien mit Kindern, einsame alte Menschen, Dealer, Kleinkriminelle, die sich verstecken müssen, und reguläre Mieter neben Hausbesetzern und Kindern der ersten Mietergeneration, die in andere Viertel umgezogen waren, gescheitert und wegen der niedrigen Mieten zurückgekehrt sind. Aus den geplanten Banken, Büros und Läden ist nie etwas geworden. Wer will, kann hier für 20 000 bis 25 000 Euro schwarz ein Mini-Apartment kaufen. In Rom nennen sie diesen Albtraum aus Zement, der in einer Straße mit dem poetischen Namen Poggio Verde liegt, »Serpentone«, Riesenschlange.

»Hier wird gedealt, aber es gibt keine Kriminalität«, erklärt Pfarrer Roberto Cassano. »Von Diebstählen oder Raubüberfällen oder Vergewaltigungen hört man hier nichts. Man kann bis spätabends spazieren gehen, selbst junge Mädchen gehen noch mitten in der Nacht mit dem Hund nach draußen.« Der Staat ist abwesend, jemand anders sorgt für Ordnung. Jemand anders hat auch festgelegt, dass neben der italienischen Mehrheit ein paar asiatische Einwanderer geduldet werden: Menschen aus Sri Lanka, aus Pakistan, aus Indien. Keine Afrikaner, keine Rumänen. Die zwölf Roma-Familien, die im »Serpentone« leben, benutzen ihre Wohnungen nur zum Schlafen: Tagsüber kehren sie in ihr Lager zurück.

Emanuele flüstert Franziskus etwas ins Ohr. Er hat einen kleinen Bruder und eine kleine Schwester, der Vater ist seit einigen Monaten tot, die verwitwete Mutter arbeitet sporadisch in einer Bar. Es gibt auch noch einen älteren Bruder, er ist Autist, sanftmütig meist, aber unberechenbar, mit plötzlichen Wutanfällen, bei denen er heult und mit dem Kopf gegen die Wand schlägt. Er stammt aus der ersten Beziehung der Mutter. Als sein Vater von der Krankheit des Sohnes erfuhr, sagte er zu ihr: »Entweder ich oder das Kind.« Elisabetta, die Mutter, entschied sich für das Kind.

Franziskus und Emanuele sprechen gut eine Minute lang leise miteinander. Franziskus hält den Kopf des Kindes mit seiner Hand, an der er den Ring trägt, den Angelo Kardinal Sodano, der Dekan des Kardinalskollegiums, ihm zu seinem Amtsantritt geschenkt hat. Er hatte eigentlich aus Gold sein sollen, doch Bergoglio hatte sich nur auf einen silbernen eingelassen.

Der Papst hört zu, dann antwortet er leise und ganz nahe an Emanueles Wange. Schließlich wendet er sich an die kleine Gruppe von Kindern aus der Pfarrei und sagt:»Ach, könnten wir doch alle weinen wie Emanuele, wenn wir so einen Schmerz im Herzen haben.« Es ist üblich, dass bei den Papstbesuchen in den Pfarreien eine Begegnung mit den Kindern stattfindet. Jugendliche, alte und kranke Menschen sind die obligatorischen Gesprächspartner. Das gehört zum Programm. Doch zu Füßen des Zementmonsters, das auch mit dem kleinen Spruchband nicht freundlicher aussieht –»Die Realität sieht man besser von den Peripherien aus«, steht darauf zu lesen, ein Zitat des argentinischen Papstes –, und gerade vor diesem Publikum, das aus Kindern besteht, berührt Franziskus einen der wichtigsten und schwierigsten Punkte der christlichen Lehre zumindest in ihrer traditionellen Form: Was geschieht mit einem Menschen, der nicht getauft ist? Was geschieht mit dem, der Gott ablehnt?

Emanuele, erklärt der Papst, habe ihm erlaubt, die Frage, die er ihm ins Ohr geflüstert habe, laut zu wiederholen. Und dann, als sei er gerade auf den Straßen Galiläas unterwegs, schildert Franziskus mit ruhiger Stimme Emanueles Kummer.»Mein Papa ist vor Kurzem gestorben. Er war Atheist, aber er hat seine vier Kinder alle taufen lassen. Er war ein guter Mensch. Ist Papa im Himmel?«

Ein anständiger Mensch, ein guter Vater, der seine vier Kinder so gut und mutig habe werden lassen wie Emanuele – fährt Franziskus mit seinem kleinen Gleichnis fort –, ein Vater, der nicht gläubig gewesen sei, aber seine Kinder habe taufen lassen: Welches Schicksal erwartet ihn nach seinem Tod?»Gott entscheidet, wer in den Himmel kommt«, ruft Franziskus aus,»aber was denkt Gott über so einen Papa? Meint ihr, Gott würde so jemanden fern von sich lassen?« Bergoglio wendet sich nicht an die Theologen, er fragt die Kinder.»Glaubt ihr das?« Nein, schreien die Kinder.»Glaubt ihr, dass Gott seine Kinder im Stich lässt?« Nein, schreien sie. »Lässt Gott seine Kinder im Stich, wenn sie gute Menschen sind?« Nein, echoen die kleinen Zuhörer. »Da hast du die Antwort, Emanuele. Gott war bestimmt stolz auf deinen Papa. Denn es ist einfacher, seine Kinder taufen zu lassen, wenn man gläubig ist, als wenn man es nicht ist.« Das habe Gott ganz bestimmt gefallen, sagt der Papst abschließend. Und Emanuele, der sein Gesicht mit den Händen bedeckt hatte, als er an seinen Platz zurückgekehrt war, kommt wieder zum Vorschein. Er nagt an den Knöcheln seiner linken Hand und hört angespannt zu. »Sprich mit deinem Papa, tausch dich mit ihm aus«, gibt Franziskus ihm mit auf den Weg.

Kurz zuvor hatte er auf eine andere Frage geantwortet, die in ihrer Spontaneität am harten Kern der überlieferten Glaubensinhalte gerüttelt hatte. »Ciao Papst Franziskus!«, hatte die kleine Carlotta gerufen und dann gefragt: »Wenn wir die Taufe empfangen, werden wir Kinder Gottes. Und Menschen, die nicht getauft sind, sind keine Kinder Gottes?« Und wieder kehrt Bergoglio die Frage um: »Was denkst du? Menschen, die nicht getauft sind, sind sie Kinder Gottes oder sind sie keine Kinder Gottes? Was sagt dir dein Herz?« Carlotta zögert einen Moment, dann nimmt sie ihren Mut zusammen: »Ja.« Und wieder erzählt Bergoglio von seinem Gott.

Alle sind Kinder Gottes. Auch die Nichtgetauften? Ja. Die Guten wie die Bösen. Auch die, die Jesus nicht kennen, fährt er mit wachsender Leidenschaft fort, auch die, die an andere Religionen glauben, die weit weg sind. Auch die, die Götzen haben? »Ja«, schreien die Kinder aufgeregt. Auch die Mafiosi? Auch sie sind Kinder Gottes. Sie ziehen es vor, sich zu verhalten wie Kinder des Teufels, aber sie sind Kinder Gottes, man muss beten, damit sie umkehren und das einsehen. »Alle sind Kinder Gottes, alle«, betont der Papst.[1]

Don Cassano, der Pfarrer, wird später erklären, dass dies eine der Fragen ist, die die Kinder am häufigsten stellen: »Ist mein muslimischer Klassenkamerad auch ein Kind Gottes?« Der Katechismus der katholischen Kirche lehre, dass man erst durch die Taufe ein

Kind Gottes wird. Alle anderen seien »Geschöpfe« – eine Nuance, die eine Grenze zieht. »Ich wollte das auch verstehen«, fügt Cassano hinzu. Und die Antwort des Papstes scheint ihn überzeugt zu haben. »Es ist eine allgemeine Antwort«, die alles umfasst, und auch die Ergänzung des Papstes ist überzeugend: »Der Unterschied besteht darin, dass der Getaufte eine zusätzliche Verpflichtung hat, er muss sich auch so verhalten wie ein Kind des Vaters.«[2] Dem Pfarrer, der eine charismatische Gruppe gegründet hat, gefällt diese besondere Berufung.

So ist er, der Gott von Papst Franziskus. Er geht über die Kirche hinaus, überschreitet die dogmatischen Grenzen, offenbart sich allen Menschen, ganz gleich, in welche Identitätsschublade man sie gesteckt hat. Wer Jorge Mario Bergoglios Geschichte kennt, weiß, dass er trotz seiner volkstümlichen Ausdrucksweise über eine solide theologische Bildung verfügt. Jeder seiner Sätze ist dogmatisch verankert, und doch hat der argentinische Papst nicht wirklich viel für theologische Gebäude übrig. Er hält sie für unangemessen, wenn es darum geht, in der heutigen Zeit die gute Nachricht zu verkünden, und vor allem glaubt er, sie seien unverständlich für die junge Generation, der er die Synode des Jahres 2018 hat widmen wollen.

»Gott ist nicht katholisch«, hat Mutter Teresa immer gesagt. Papst Franziskus sagt dasselbe, und er verkündet es vom Stuhl Petri aus. Der alte Leitspruch *Nulla salus extra ecclesiam* (Außerhalb der Kirche gibt es kein Heil) ist für ihn undenkbar. In den Sechzigerjahren des vergangenen Jahrhunderts hatte das II. Vatikanische Konzil diese Setzung aus den Angeln gehoben, doch im Großen und Ganzen war die neue Auffassung, wonach Gott auch jenen, die den christlichen Glauben nicht angenommen haben, auf geheimnisvollen Wegen das Heil gewährt, auf bestimmte Kreise beschränkt geblieben. Franziskus macht sie nun auf eine allumfassende und unmittelbar einleuchtende Weise öffentlich.

Auch wenn er von einem Abschnitt aus dem Evangelium ausgeht, evoziert Franziskus stets einen universalen Gott, der über den konfessionellen Grenzen steht. Wie beim *Angelus* im November 2016 zum Abschluss des Heiligen Jahres der Barmherzigkeit. Der Gott, von dem er spricht, ist »ein treuer Vater, er ist ein fürsorglicher Vater, der seine Kinder nie verlässt. Gott verlässt uns nie! Diese Gewissheit müssen wir im Herzen haben …«.[3] Er ist ein Gott, der immer in Bewegung ist, der nicht darauf wartet, dass sich die Menschen in ihrer Unvollkommenheit, ihrer Unzulänglichkeit – »zögerlich«, nennt sie der Papst – auf die Suche nach ihm machen. Er ist vielmehr ein Gott, der den Menschen nachgeht und sie sucht. Jesus hält sie fest und lässt sie nicht mehr los, predigt Franziskus und entwirft ein Christentum, das Gnade, aber auch Überraschung ist. Und deshalb braucht es ein Herz, »das fähig ist zum Staunen«. Ob man ein Sünder ist oder jemand, der einen Fehlschlag an den anderen reiht, spielt dabei kaum eine Rolle.[4]

Man muss sich nicht wundern, dass Papst Bergoglio in den ersten Jahren seines Pontifikats mit seinem Bild von einem universalen und barmherzigen Gott und von der Kirche als einem »Feldlazarett« – einer Kirche, die sich herabbeugt zu den Verwundeten der heutigen Welt – so viele Agnostiker und Nichtglaubende fasziniert hat. Seine Kirche ist ein offenes Haus, eine Gemeinschaft, die, wenn es nach Franziskus geht, »bereit ist, aufzunehmen und zu begleiten«. Der amerikanische Denker Michael Novak, Katholik und seinerzeit Berater von Ronald Reagan, erklärte gleich nach dem Papstbesuch in den Vereinigten Staaten im Herbst 2015, Bergoglio habe erreicht, dass »Nichtglaubende, Juden und Protestanten die Kirche nun mit anderen Augen und mit Interesse« ansehen. Weil er begriffen hatte, dass man mit den Menschen über den Kern des Christentums sprechen musste: die Barmherzigkeit.[5]

In einer zersplitterten, von unendlicher Einsamkeit heimgesuchten Welt – 13,2 Prozent aller Italiener haben niemanden, an den sie sich wenden können, wenn sie in Schwierigkeiten sind, 28 Prozent der Senioren in den Vereinigten Staaten verbringen ihre Tage in völliger Einsamkeit, in England lebt die Hälfte der Über-75-Jährigen allein[6], von den Millionen von Menschen, die nach außen hin ganz in ihrer beruflichen Tätigkeit aufgehen und dennoch existenziell einsam sind, gar nicht zu reden – wird es Franziskus nicht müde, von der göttlichen Nähe, von einer innigen Beziehung zu predigen, in der sich »niemand […] als Eindringling, Unbefugter oder Unberechtigter empfinden« darf.[7] Zum Abschluss des Heiligen Jahrs der Barmherzigkeit hat er den religiösen Begriff der Barmherzigkeit untrennbar mit dem sozialen und psychologischen Konzept der Inklusion verbunden, die sich darin zeigt, »dass man die Arme weit öffnet, um anzunehmen, ohne auszuschließen; ohne die anderen nach ihrem sozialen Hintergrund, ihrer Sprache, Hautfarbe, Kultur, Religion zu beurteilen: Vor uns steht nur ein Mensch, den wir lieben sollen, wie Gott ihn liebt.«[8]

Sich schlichtweg und grenzenlos an alle zu wenden – das ist es, was den Horizont von Franziskus von Anfang an prägt. In seinem ersten apostolischen Schreiben *Evangelii gaudium*, in dem er das Programm seines Pontifikats entwirft, ist das Wort *alle* von ganz zentraler Bedeutung: Es kommt nicht weniger als 135 Mal vor. Die komplizierte Konstruktion des Kardinals Joseph Ratzinger aus seiner Zeit als Präfekt der Kongregation für die Glaubenslehre unter Johannes Paul II., wonach die »einzige Kirche Christi« im Katholizismus verwirklicht ist, während die anderen christlichen Konfessionen auf einer tieferen Stufe und die übrigen Religionen noch weiter unten stehen, ist dem Denken des argentinischen Papstes vollkommen fremd.[9]

Man schrieb das Jahr 2000, die von Ratzinger getroffenen Unterscheidungen erschienen in der von Johannes Paul II. abgesegneten Erklärung *Dominus Iesus*. Tarcisio Bertone, der damalige Sekretär des ehemaligen Heiligen Offiziums, betonte, die Inhalte des Dokuments seien »vom Lehramt [der Kirche] unfehlbar vorgelegt«, weshalb ihnen die »endgültige und unwiderrufliche Zustimmung« eines jeden Gläubigen gebühre.[10] Vom ersten Moment an hatte das Dokument innerhalb wie außerhalb der katholischen Kirche für heftige

Diskussionen gesorgt: Mit seiner Strenge stellte es sogar die Symbolik der zahlreichen ökumenischen Gesten Johannes Pauls II. infrage. Es müsse – so Ratzinger – gläubig daran festgehalten werden, dass die Kirche heilsnotwendig und dass allein Christus der Weg ist, der zum Heil führt. Es sei an der Zeit – erklärte der Kardinal, der wenige Jahre später den Papstthron besteigen sollte –, Wahrheiten, die aufgrund gewisser dialogischer Tendenzen »verlorengegangen« seien, wieder neu zu bekräftigen. Man müsse, so drängte er, der »irrigen Vorstellung« entgegentreten, »die Weltreligionen seien eine Ergänzung der christlichen Offenbarung«, eine Vorstellung, die darüber hinwegsehe, dass in ihnen auch Irrtümer und abergläubische Elemente enthalten seien. Der spätere Benedikt XVI. hatte zum Angriff geblasen gegen die »Ideologie des Dialogs, der an die Stelle der Mission und des dringenden Aufrufs zur Umkehr tritt«.

Dem Atheisten Eugenio Scalfari, Gründer der Tageszeitung *la Repubblica*, vertraute Papst Bergoglio gleich nach seiner Wahl an, dass »der Proselytismus eine Erzdummheit« sei. »Er hat keinen Sinn. […] Die Welt ist durchzogen von Wegen, die näher heran und weiter weg führen, aber das entscheidend Wichtige ist, dass sie uns zum Guten hinführen«, weil jeder von uns »seine eigene Sicht des Guten und auch des Bösen hat« und wir dazu anregen müssen, »auf das zuzugehen, was man als das Gute erkannt hat.«[11] Der argentinische Papst hat – da man ja in den Gesprächen zwischen den beiden nie so genau weiß, was Bergoglios Mehl und was Scalfaris Hefe ist – dieses Konzept im Lauf seines Pontifikats schon mehrfach wiederholt. Er hat es bei einem Massentreffen mit den Neokatechumenalen auf dem Gelände von Tor Vergata formuliert: Jesus »sagt nicht: Erobert, besetzt, sondern ›macht zu Jüngern‹, also teilt mit den anderen das Geschenk, das ihr empfangen habt, die Begegnung der Liebe, die euer Leben verändert hat.« Daher die offene Kritik des Papstes am Proselytismus.[12] Auch im eher intimen Rahmen der Frühmessen an seinem Wohnsitz, der *Domus Sanctae Marthae*, äußert sich Franziskus ähnlich: »Die Weitergabe des Glaubens [bedeutet] nicht, Proselytismus zu betreiben […], Leute zu suchen, die diese Fußballmannschaft, diesen Club, dieses Kulturzentrum unterstützen«. In diesem Zusammenhang zitiert Franziskus gerne einen Satz Benedikts XVI., der mit den Jahren immer mehr zu der Überzeugung gelangt war, dass das Christentum, das in Europa zu einer Minderheit geworden ist, sich auf seine wesentliche Botschaft besinnen muss: »Die Kirche wächst nicht durch Proselytismus, sondern durch Anziehung.« Durch das Zeugnis, kommentiert Franziskus.[13]

Wie der Gott von Papst Franziskus ist, hat sich mit aller Deutlichkeit in einer Videobotschaft zum interreligiösen Dialog gezeigt. In dem vom Fernsehsender des Vatikans ausgestrahlten Video spricht der Pontifex im Wechsel mit einem Christen, einem Juden, einem Muslim und einer Buddhistin, die alle ihr jeweiliges Glaubensbekenntnis ablegen. »Ich setze mein Vertrauen in Buddha«, sagt die Buddhistin. »Ich glaube an Jesus Christus«, sagt der katholische Priester. »Ich glaube an Gott«, sagt der jüdische Rabbiner. »Ich glaube an Gott, Allah«, sagt der Muslim. »Viele«, erklärt Franziskus weiter, »denken anders, fühlen anders, sie suchen und finden Gott auf unterschiedliche Weise.« Im vollständigen Text, der auch schriftlich vorliegt, schließt der Papst auch diejenigen, die sich als Agnostiker bezeichnen und »nicht wissen, ob Gott existiert oder nicht«, und sogar diejenigen in die Gotteskindschaft mit ein, die nach ihrer eigenen Aussage Atheisten sind. Der Pontifex ist von der Überzeugung beseelt, dass es »in dieser Vielfalt, in dieser Auffächerung der Religionen […] eine einzige Gewissheit [gibt], an der wir für alle festhalten: Wir sind alle Kinder Gottes.«[14]

Der eher traditionalistisch eingestellte Teil der Gläubigen ist bis heute über diese Aussage empört. Wer hat recht, der Katechismus oder der Papst?, lautete die Frage, mit der ein verwirrter Leser des katholischen Magazins *Famiglia cristiana* den für ihre Beantwortung zuständigen Theologen zu einem dogmatischen Spagat zwang: Ja, der Getaufte wird in die Kirche eingegliedert, die die Gemeinschaft der Kinder Gottes ist, doch diese Eingliederung ist nicht im exklusiven, sondern im »inklusiven« Sinne zu verstehen, das heißt, es handelt sich um eine »Zugehörigkeit, die in uns kein Gefühl der Überlegenheit oder der Verachtung gegenüber den Nichtgetauften wecken darf«. Vielmehr gehe es darum, den gemeinsamen Ursprung aller Geschöpfe wiederzuentdecken und in der Solidarität zu leben.[15] Mühselige Wortklaubereien. Ein Teil der Katholiken will sich nicht von seinem alten Horizont lösen und ist nach wie vor ungehalten. Inmitten der vielen franziskusfreundlichen Kommentare liest man auf der Homepage der Zeitschrift auch den polemischen Einwurf eines Lesers, der sich Giuliano nennt: »Und was soll das sein: ein neuer Katechismus? [...] Soll das heißen, dass die Taufe im Namen der Ökumene nichts mehr bedeutet? War die Taufe Jesu nur ein bisschen Shampoo? Gibt es die Erbsünde gar nicht? Sind alle Religionen gleich?«

Franziskus ist ein bisschen *evangelical*, wie es einem Kardinal eines Tages herausrutscht, der Franziskus im Übrigen gewählt hat und seinem Reformkurs gegenüber positiv eingestellt ist. Ganz sicher hat der Papst eine Auffassung von der Verkündigung der guten Nachricht, die durch die Stäbe des im Lauf der Jahrhunderte geschmiedeten dogmatischen Käfigs hindurchschlüpft. Pater Federico Lombardi, Jesuit wie der Papst und seit Jahren der Pressesprecher Benedikts XVI. und des argentinischen Pontifex, gibt zu, dass ihm aufgefallen sei, mit welchem Nachdruck Franziskus ein Bonmot wiederholt, das der Patriarch Athenagoras von Konstantinopel im Gespräch mit Paul VI. gesagt haben soll: »Die Theologen schicken wir alle auf eine Insel, da können sie diskutieren. Und wir machen die Ökumene!« Tatsache ist, dass Bergoglio absolut davon überzeugt ist, dass »Gott immer größer ist als das, was wir vorhergesehen und vorausberechnet haben«. Er ist der Gott der Überraschungen, der neue Horizonte aufschließt und uns mit immer neuen Situationen konfrontiert.[16]

Wieder und wieder werfen Bergoglios Feinde ihm vor, dass er als Erzbischof von Buenos Aires an der Begegnung der evangelischen und katholischen Pfingstbewegungen teilgenommen hat, die 2006 in einem Stadion in der argentinischen Hauptstadt stattfand und bei der eine gemeinsame Erklärung verlesen wurde, die sämtliche konfessionellen Grenzen aufhob: »Wir sind gekommen, um zu feiern, dass es eine einzige Kirche gibt, die aus allen besteht, die Jesus als den Herrn bekennen und die Taufe empfangen haben«. Gottes Plan, so wurde dort verkündet, ist eine »vielfältige, aber geeinte Menschheit«.[17] Von Anfang an bildete das große Mosaik einer durch unterschiedliche Traditionen und Kulturen charakterisierten Menschheit den kommunikativen Rahmen, innerhalb dessen Franziskus einen Gott präsentieren wollte, der mit allen zu sprechen weiß. Gott bringt allen das Heil und zeigt einen Weg auf, »um sich mit jedem einzelnen Menschen aus allen Zeiten zu vereinen.«[18] Den auf dem dritten Konsistorium seines Pontifikats kreierten neuen Kardinälen gab Bergoglio einen präzisen Hinweis: »Im Herzen Gottes gibt es keine Feinde, Gott hat nur Söhne und Töchter.« Die Menschen sind es, die klassifizieren, die Mauern und Barrieren errichten. Und als er 2017 im Rahmen seiner Ägyptenreise eine Messe in Kairo feierte, erklärte der argentinische Papst ausdrücklich: »Bei Gott ist es besser, nicht zu glauben, als ein falscher Gläubiger, ein Heuchler zu sein!«[19]

Die Geschichte der Kirche ist von feinen Fäden durchzogen, die ein Pontifikat mit dem anderen verbinden. Joseph Ratzinger ahnt zu Beginn des 21. Jahrhunderts, dass das Christentum den zwischen Säkularisierung und wiedererstarkenden Fundamentalismen hin und her gerissenen globalen Massen nur ein überzeugendes Wort anbieten kann: Liebe. Auch wenn dieses Wort zuweilen missbraucht worden ist, wie Benedikt XVI. in seiner Enzyklika *Deus caritas est* (*Gott ist Liebe*) mit feinem Humor anmerkt. Einer Enzyklika über die Menschenliebe Gottes und über die Nächstenliebe des Christen. Ein Text, in dem der päpstliche Professor zum Lyriker wird, wenn er einen Gott beschreibt, der der metaphysische Uranfang von allem, der *Logos*, die Urvernunft, und doch zugleich auch »ein Liebender mit der ganzen Leidenschaft wirklicher Liebe« ist, in dem der *Eros*

(die Liebesleidenschaft) mit der *Agape* (der solidarischen Liebes-
zuneigung) verschmilzt.

Franziskus greift das Konzept auf, stellt es ins Zentrum und
macht daraus eine allgemeinverständliche Botschaft und das Programm der Kirche im Zeitalter der Globalisierung. Die göttliche
Liebe, betont er, »ist eine leidenschaftliche Liebe, eine Mutter- und
Vaterliebe zugleich«, eine bedingungslose Liebe. »Unser Vater wartet nicht darauf, die Welt erst dann zu lieben, wenn wir gut sein
werden, er wartet nicht darauf, uns erst dann zu lieben, wenn wir
weniger ungerecht oder wenn wir vollkommen sein werden.«[20]
Der Kurswechsel, der sich unter diesen beiden Päpsten vollzogen
hat, spiegelt sich in einer Statistik wider, die im Jahr 2018 veröffentlicht wurde. Bei Johannes Paul II., Johannes Paul I., Paul VI. und
Johannes XXIII. war »Kirche« das häufigste Wort. Bei Bergoglio
und Ratzinger ist es das Wort »Liebe«. »Kirche« kommt bei dem
argentinischen Papst auf Platz drei, hinter »Leben«. Raniero la Valle,
katholischer Intellektueller und zentrale Figur der Konzils- und
Nachkonzilszeit, bezeichnet Franziskus' Pontifikat als messianisch,
weil es eine Zeit verkünde, die schon im Heute anbricht und in der
es »in der Menschheit weder Ausschussware noch Auserwählte gibt,
es gibt keine Wegwerfartikel«. Eine Zeit, in der kein Platz ist für
eine Ideologie der Vergeltung, weil »die Gerechtigkeit keine Waage
ist, auf deren Waagschalen hüben das Verbrechen und drüben die
Rache liegt«. Gott braucht keine Entschädigung und keine »Genugtuung«, um zu vergeben.[21]

Franziskus nimmt oft Kinder zu Hilfe, um seine gute Nachricht
zu erklären. Wenige Wochen vor seinem Besuch am Stadtrand von
Rom und seiner Begegnung mit dem kleinen Emanuele kam ein
Grüppchen rumänischer Kinder aus einem Waisenhaus in den Vatikan. Eines von ihnen erzählte dem Papst vom Tod eines Freundes:
»Er ist in der Karwoche gestorben, am Gründonnerstag. Ein ortho-
doxer Priester hat uns gesagt, dass er als Sünder gestorben ist und
deshalb nicht in den Himmel kommt.« Der Junge will das nicht

glauben. Vielleicht, antwortet der Papst, habe jener Priester nicht gewusst, was er sagte, oder vielleicht habe er einen schlechten Tag gehabt. »Niemand von uns kann von irgendeinem Menschen sagen, er wäre nicht in den Himmel gekommen. Ich sage dir etwas, das dich vielleicht wundert: Nicht einmal von Judas können wir das sagen.«

Und wieder spricht Franziskus von Jesus, dem guten Hirten, der das verirrte Schaf sucht und nicht zurückscheut, wenn er die Menschen in sehr prekären Verhältnissen vorfindet: schmutzig vor Sünden, von allen und vom Leben verlassen. »Er umarmt uns und küsst uns … wie ich Jesus kenne, bin ich sicher, dass er das in der Karwoche mit eurem Freund getan hat.« Denn Gott, so behauptet der argentinische Papst hartnäckig, wolle alle ins Paradies bringen.[22] Sogar Hitler und Stalin?, hat ihn Giovanni di Lorenzo, Chefredakteur der deutschen Wochenzeitung *Die Zeit*, im Interview gefragt. « Ich weiß es nicht, schon möglich …«, hat der Papst geantwortet. Man könne nicht behaupten, dass Judas im Himmel ist, aber das Gegenteil könne man genauso wenig behaupten. Und er beschreibt seinem Gegenüber das Kapitell einer Säule in der mittelalterlichen Basilika von Vézelay in Frankreich. Auf der einen Seite sieht man Judas, der sich erhängt hat, auf der anderen Seite den guten Hirten, der seinen Leichnam auf den Schultern forträgt.

Niemand weiß, welches Profil und Temperament Bergoglios Nachfolger haben wird, doch dieses Gottesbild hat er dem Denken und Fühlen von Millionen seiner Zeitgenossen unwiderruflich aufgeprägt. Es wird schwierig sein, an einen früheren Punkt zurückzukehren und vom Vatikan aus wieder einen Gott zu verkünden, der Richter und Vater und Herrscher ist. Und doch hat die Kirche in all den Jahren, in denen Franziskus über die religiösen Bekenntnisgrenzen hinaus die Aufmerksamkeit von Männern und Frauen auf sich gezogen hat, nicht an Zustimmung gewonnen. Im Gegenteil. Nicht einmal vier von zehn Italienern halten ihr noch die Treue.[23]

III
Ein Gegenpapst in Italien

Nach den Wahlen am 4. März 2018 ist klar, dass Franziskus in Italien einer Minderheit angehört. Es ist, als hätte er die Wahlen verloren. Die Fünf-Sterne-Bewegung und die *Lega* erobern das Parlament. Der *Partito Democratico* stürzt ab auf 18 Prozent, Berlusconis *Forza Italia* auf 14. Ein Vierteljahrhundert italienische Geschichte liegt in Scherben. Auch für die Kirche ist das ein herber Schlag.

Welche Botschaft hat Franziskus seit fünf Jahren verkündet?, fragt sich der Historiker Andrea Riccardi, Gründer der *Comunità di Sant'Egidio*. »Eine Botschaft der Hoffnung, der Offenheit gegenüber Fremden, sogar der größeren europäischen Integration«, antwortet er. Stattdessen haben Wut und Angst gesiegt – und eine diffuse Europafeindlichkeit. Die Kirche und die katholische Welt stellen fest, dass die Wählerschaft in die entgegengesetzte Richtung driftet. Ein Teil der Katholiken hat für die *Lega* und die Fünf-Sterne-Bewegung gestimmt. Was der Papst sagt, hatte für sie keinerlei Bedeutung: »In gewisser Weise ist dies auch eine Niederlage der Kirche«, so Riccardis Fazit.[1]

Über 70 Jahre lang war die katholische Kirche stets in der Lage gewesen, die politischen Parteien in Italien zu beeinflussen: DC, PCI, PSI, Republikaner, Liberale. Der Heilige Stuhl hatte mit jeder politischen Kraft nach unterschiedlichen Paradigmen kommuniziert. Sein Einfluss auf die *Democrazia Cristiana* war denkbar groß, auf die Radikalen denkbar gering. Doch selbst zu »unserem Freund« Marco Pannella hatte Johannes Paul II. Beziehungen geknüpft. Nach dem Ende der Ersten Republik blieb die politische Landschaft dieselbe. Der Vatikan und die italienische Bischofskonferenz (CEI) schmiedeten ein Bündnis mit Berlusconi, unterhielten zu gegebener

Zeit aber auch ein nicht immer spannungsfreies Verhältnis mit der linken Mitte des Katholiken Romano Prodi, des Sozialisten Giuliano Amato oder des ehemaligen Kommunisten Massimo d'Alema. Die Technokraten Carlo Azeglio Ciampi, der von Johannes Paul II. mehrfach zur Frühmesse in den Vatikan eingeladen wurde, und Mario Monti waren praktizierende Katholiken. Matteo Renzi schließlich hatte seine politische Tätigkeit in den Reihen des *Partito Popolare Italiano* begonnen, der sich 1994 aus der Asche der *Democrazia Cristiana* erhoben hatte.

Die neuen Sieger der Wahlen vom 4. März haben einen völlig anderen Hintergrund. Die Fünf-Sterne-Bewegung, die der Komiker Beppe Grillo, Erfinder der »Vaffa Days«, ins Leben gerufen hat, versammelt parteiübergreifende Konsense von rechts nach links und fährt gegenüber der Kirche einen Zickzackkurs. Bald grob, bald dialogbereit. Grillo äfft in seinen Massenshows die Austeilung der Hostien nach, legt seinen Anhängern getrocknete Grillen in den Mund und verkündet dabei: »Papst Franziskus ist ein *Grillino*, er hat unser Programm kopiert.« Seine Gefolgsleute reiten derweil wegen der nicht gezahlten Steuern scharfe Attacken gegen die kirchlichen Einrichtungen und protestieren dagegen, dass über die Mandatssteuer öffentliche Gelder in die Kassen der italienischen Bischofskonferenz fließen. In einem missglückten Annäherungsversuch zwischen den Fünf Sternen und der katholischen Welt veröffentlicht der Chefredakteur der Bischofszeitung *Avvenire*, Marco Tarquinio, im April 2017 ein langes Interview mit Grillo und vertraut dem *Corriere della Sera* gleichzeitig an, dass viele Katholiken sich an den Initiativen der Bewegung beteiligen: »[In den] großen Fragen, von der Arbeit bis hin zum Kampf gegen die Armut, sind wir in drei Vierteln der Fälle derselben Meinung«.[2] Die katholische Welt ist nicht erfreut. Eine heftige Kontroverse entbrennt, und Tarquinio sieht sich gezwungen, schleunigst zurückzurudern.

Die italienische Bischofskonferenz (CEI) will keinen Schulterschluss mit irgendeiner Partei. Franziskus hat sich zu einem symbolischen Schritt entschieden und die Nabelschnur durchtrennt, die den Vatikan und die italienische Politik seit Pius XII. und bis in die Zeit Benedikts XVI. hinein verbunden hatte. Im September 2017 ernennt er den Schweizer Bischof Paul Tscherrig zum Nuntius in Italien. Ein absolutes Novum. Noch nie war der vatikanische Botschafter bei der italienischen Regierung – zu dessen Aufgaben es unter anderem gehört, den Papst bei der Auswahl der künftigen italienischen Bischöfe zu beraten – ein Ausländer. Im August 2018 unternimmt Franziskus einen zweiten Schritt, um die klare Trennung zwischen dem Heiligen Stuhl und den italienischen Angelegenheiten zu bekräftigen. Er ernennt den venezolanischen Erzbischof Edgar Peña Parra zum Substituten für die Allgemeinen Angelegenheiten des Staatssekretariats. Der *Monsignor Sostituto*, wie er üblicherweise genannt wird, ist die Nummer drei in der Hierarchie des Vatikans, und es obliegt ihm von jeher, die politische, gesellschaftliche und kirchliche Situation in Italien zu beobachten. Dass ein Lateinamerikaner diesen Posten übernimmt, markiert das Ende einer Ära.

Als Franziskus sich daranmachte, das Papsttum aus seiner italienischen Verstrickung zu lösen, rechnete er jedoch nicht damit, dass er es an der Spitze des Landes mit einem Politiker zu tun bekommen würde, der seine Verkündigung marginalisiert. Er heißt Matteo Salvini und ist Sekretär der *Lega*, der zweiten Partei der neuen Regierungskoalition. Geht man nach den Zahlen, sollte er eigentlich eine untergeordnete Rolle spielen. Bei den Wahlen erhält der *M5S* unter Führung von Luigi di Maio 32 Prozent der Stimmen, die *Lega* nur wenig mehr als die Hälfte. Und doch profiliert sich Salvini binnen Kurzem und weit über seine formale Funktion als Vizepremier und Innenminister hinaus als der starke Mann des neuen Machtgefüges. Das Zugpferd, mit dem er die *Lega* von 4 Prozent bei den Wahlen des Jahres 2013 auf 17 Prozent im Jahr 2018 gebracht hat, ist der Kampf gegen die »Invasion« der Migranten und für ihre Ausweisung im großen Stil. Die Rückführung einer halben Million ist das im Wahlkampf ausgegebene Ziel. Damit ist der Politiker Salvini der Antipode der päpstlichen Verkündigung. Seine Gesten und insbesondere seine Sprache drängen Bergoglios Kirche ins Abseits.

Zu Beginn seines Pontifikats war Franziskus nach Lampedusa gereist, um sich mit den Eingewanderten zu solidarisieren, die auf der Flucht nach Europa ihr Leben riskieren, und um die Einwohner, die Freiwilligen und die Ordnungskräfte, die ihnen helfen, nicht alleine zu lassen. An die öffentliche Meinung der Welt gewandt, hatte er die Globalisierung der Gleichgültigkeit angeprangert und mit dem Finger auf die gezeigt, »die in der Anonymität sozioökonomische Entscheidungen treffen, die den Weg bereiten zu Dramen wie diesem.«[3] Drei Jahre später besucht der Papst in Begleitung des ökumenischen Patriarchen Bartholomäus und des Athener Erzbischofs Hieronymus die griechische Insel Lesbos: die erste Station der Flüchtlinge aus dem Nahen Osten, die in Europa Zuflucht suchen. Am Hafen von Mytilini werfen die drei Männer zu Ehren der Opfer, die bei der Überfahrt aus der Türkei ertrunken sind, Blumenkränze ins Meer. Franziskus betet zu Gott: »Öffne unsere Augen für ihre Leiden und befreie uns von der Gefühllosigkeit […]. Sie, die an unseren Küsten landen, [sind] unsere Brüder und Schwestern«.[4] In seinem Flugzeug nimmt der Pontifex zwölf muslimische syrische Flüchtlinge mit in den Vatikan. Und erregt damit das Missfallen der konservativen Katholiken, die ihm giftig vorwerfen, dass er den Christenverfolgungen zu wenig Aufmerksamkeit schenke.

Seit seiner Papstwahl kommt Franziskus wieder und wieder auf das Thema der Aufnahme zurück. »[Die Migranten] ins Meer zurückzudrängen ist ein Kriegsakt«, mahnt er. Seit der politischen Wende sieht er sich plötzlich seitens der von Salvini beherrschten grün-gelben Regierung mit Äußerungen der verbalen Gewalt gegenüber Geflüchteten konfrontiert. Schon 2015 hatte der Leader der *Lega* damit begonnen, sich gegen die Verkündigung des Papstes abzugrenzen. Zum Parteitreffen erschien er in einem T-Shirt mit der Aufschrift »Ruspe in azione« (»Bagger in Aktion«, in Anspielung auf die Räumung der Roma-Lager) und schlug rüde Töne an: »Du kannst nicht die andere Wange hinhalten, wenn jemand nur zu einem einzigen Zweck in dein Haus kommt: um dir die Kehle durchzuschneiden, weil du nicht an seinen Gott glaubst«. Die Bischöfe hätten sich nicht einzumischen. »Das sage ich als der Geringste der Sünder … der Bischof macht seinen Job als Bischof und geht den Bürgermeistern und den Regierenden nicht auf die Nerven!«[5]

Mit den Jahren hat Salvini eine kalkulierte Strategie der Opposition gegen die kirchliche Sozialbotschaft entwickelt. Der Form halber zollt er Franziskus Anerkennung, lobt die »gesunde Kirche« (das heißt die Kleriker und die Gläubigen, die die Meinung der *Lega*-Propagandisten teilen) und kritisiert die kirchlichen Positionen zum Thema der Migration, das heißt den Kurs des Pontifex. Zum Papstbesuch auf Lesbos postet der *Lega*-Leader auf Facebook: »Bei allem Respekt, aber der Papst liegt falsch … es gibt Arme in Griechenland, aber es gibt sie auch nur zwei Minuten vom Vatikan entfernt. Vielleicht ist das weniger schick, weil man sie nicht im Flugzeug mitnehmen kann, aber sie sind da.«[6] In den Wochen nach der Wahl erweist sich der Ober-*Leghista* als der geschickteste Politiker auf der italienischen Bühne. Seine erste Maßnahme besteht darin, dass er di Maio, den Anführer der Fünfsternler, die beinahe doppelt so viele Stimmen erhalten haben wie die *Lega*, dazu zwingt, auf den Posten des Ministerpräsidenten zu verzichten. Premier wird daraufhin Giuseppe Conte, ein farbloser Anwalt und Universitätsdozent. Und Innenminister Salvini, der am 1. Juni 2018 seinen neuen Amtssitz auf dem Viminal bezieht, entfesselt einen politischen und medialen Krieg, um die Einwanderung zu stoppen.

In der Nacht vom 9. auf den 10. Juni nimmt das Schiff *Aquarius* (das der Organisation »Ärzte ohne Grenzen« gehört) in sechs verschiedenen Rettungsoperationen, deren Koordination die italienische Küstenwache übernommen hat, 623 Migranten an Bord. Die Zusammensetzung der Flüchtlinge ist wie ein Querschnitt der

Verzweiflung, die diese Menschen über das Mittelmeer treibt, und spiegelt gleichzeitig die Grausamkeit der Menschenhändler wider, die Schiffe auf See schicken, deren Schiffbruch praktisch vorprogrammiert ist: 123 nicht begleitete Minderjährige, elf Kinder, sieben schwangere Frauen. Der Innenminister gibt Weisung, die italienischen Häfen zu schließen. Es beginnt ein Tauziehen auf internationaler Ebene, das am 17. Juni damit endet, dass die *Aquarius* den Hafen von Valencia anläuft. Salvini jubelt auf Facebook: »Zum ersten Mal legt ein Schiff aus Libyen, das Kurs auf Italien genommen hatte, in einem anderen Land an: Zeichen dafür, dass sich etwas ändert, wir sind nicht länger die Fußabtreter Europas.«

Das dänische Frachtschiff *Alexander Maersk*, das 110 Menschen gerettet hat, muss vier Tage lang warten, ehe es seine menschliche Ladung in Pozzallo auf Sizilien ausschiffen darf. Am 21. Juni eskaliert der Fall des deutschen Schiffes *Lifeline*, das 224 Migranten zu Hilfe gekommen ist. Wieder sagt Salvini Nein: Eine Lösung findet sich erst am 26. Juni, als man übereinkommt, die Migranten auf acht Länder aufzuteilen. Salvini feiert den Sieg seiner Politik der harten Hand. Als Erfolg verbucht er auch, dass die libyschen Patrouillenboote am 23. Juni sieben verirrte Schlauchboote mit 820 verzweifelten Menschen an Bord aufgegriffen und nach Libyen zurückgebracht haben. Als man Papst Franziskus Materialien über die Lager vorlegt, in denen die Migranten in Libyen eingesperrt werden, ist er zutiefst erschüttert.

Am 20. August eskaliert der Fall des Schiffes *Diciotti*, das der italienischen Küstenwache gehört. Es hat vor Lampedusa 177 Migranten aus dem Meer gefischt. Malta verweigert die Aufnahme, Salvini verlangt eine Verteilung der Flüchtlinge auf die europäischen Länder. Tagelang werden die Migranten im Hafen von Catania festgehalten. Am 22. August erlaubt Salvini, dass 29 Minderjährige an Land gehen. Drei Tage später werden aus gesundheitlichen Gründen weitere Genehmigungen erteilt. Erst am 25. August dürfen alle verbliebenen Passagiere von Bord gehen. Die italienische Kirche hat sich bereit erklärt, 100 von ihnen in ihren Einrichtungen aufzunehmen, die übrigen will man nach Albanien (wohin sie niemals gehen werden) und nach Irland schicken. Den *Lega*-Leader interessiert die demonstrative Aktion: Dass in der Zwischenzeit weitere einzelne Ausschiffungen an den italienischen Küsten erfolgt sind, interessiert ihn wenig. Wegen der Trägheit der Europäischen Union ist die öffentliche Meinung mehrheitlich auf seiner Seite.

Es ist ein Italien, das Franziskus nicht wiedererkennt. Ein Land, in dem seine Worte, obwohl sie im Fernsehen übertragen und in den Zeitungen zitiert werden, die unter den Wählern vorherrschende Tendenz nicht umzukehren vermögen. Die Bevölkerungsmehrheit hegt nach wie vor Sympathie für den Pontifex, doch in der konkreten Realität billigt sie den autoritären Stil und die Polizeimethoden von Vizepremier Salvini. Franziskus schwimmt gegen den Strom. »Jeder Fremde, der an unsere Tür klopft, ist eine Gelegenheit, Jesus Christus zu begegnen«, verkündet er auf Twitter. Franziskus hat nicht vergessen, dass die Bibel eine Geschichte von Migrationen ist. Abraham ist ein Migrant, Josef ist ein Migrant, der am Hof des Pharao Karriere macht, Mose ist ein Migrant. Der Papst wird nicht müde, daran zu erinnern, dass diese Menschenkarawane nicht nach einer besseren, sondern einfach nur nach einer Zukunft sucht, »denn in der Heimat zu verbleiben kann den sicheren Tod bedeuten.«[7] Es sind verzweifelte Massen, ruft er uns ins Gedächtnis, und sie sind den Schikanen geldgieriger Peiniger ausgesetzt. Das Mittelmeer, so mahnt er, ist ein riesiger Friedhof geworden. Diese Tode »durch Erstickung, Entbehrung, Gewalt und Schiffbrüche« tatenlos mitanzusehen heißt, zu Mittätern zu werden.[8] Man muss sich in die Lage der anderen hineinversetzen, auch wenn es schwerfällt, sagt er im Interview mit der Monatszeitung der Mailänder Caritas *Scarp de' tenis*. Die Vorstellung von einer autochthonen »Rasse«, die es zu schützen gelte, entbehrt jeglicher Grundlage. »Die Europäer«, erklärt er, »sind keine in Europa gebürtige Rasse … sie haben Migrationswurzeln«.[9] Und dies gelte umso mehr für Amerika, das von den Vereinigten Staaten bis nach Argentinien ein Gemisch aus den unterschiedlichsten Kulturen und Ethnien sei.

Was der Papst über das Migrationsphänomen sagt, trifft den Nagel auf den Kopf: Es ist die »größte Tragödie seit dem Zweiten Weltkrieg«.[10] Auf dem Flüchtlingsgipfel der Vereinten Nationen gibt der Kardinalstaatssekretär wieder, was der Papst als die Wurzeln der Konflikte und Wirtschaftskrisen betrachtet, die diese »Völkerwanderung« auslösen: Waffenhandel, Bedingungen der Rohstoff- und Energieversorgung, internationale Finanz- und Investmentstrategien, unzureichende Qualität der Entwicklungshilfepolitik. Vor diesem Hintergrund, erklärt Parolin, halte der Heilige Stuhl die Unterscheidung zwischen Migranten mit offiziellem Flüchtlingsstatus (die vor Kriegen, Diktaturen oder Verfolgungen fliehen) und sogenannten »Wirtschaftsflüchtlingen«, die keinen rechtlichen Schutz genießen, für unrealistisch. Auch die Letztgenannten, betont der Kardinal, verdienten unseren Schutz, weil sie »vor Situationen äußerster Armut und Umweltzerstörung fliehen«, »vieles erleiden und ein leichteres Opfer des Menschenhandels und diverser Formen der Sklaverei sind«.[11]

Für den Papst gibt es ein Recht auf Auswanderung und ein Recht auf Aufnahme. Sache der Regierenden sei es, die Probleme anzupacken und zu managen. Franziskus argumentiert als geopolitischer Leader und trennt dennoch sehr klar zwischen dem Handeln der Kirche und den Zuständigkeiten der Politik. Europa – so der Papst bei seinem Besuch des europäischen Parlaments in Straßburg – solle Gesetze erlassen, die die Aufnahme und Integration der Migranten ermöglichen und dabei gleichzeitig die Rechte der Bürger schützen und soziale Spannungen vermeiden. Franziskus ist nicht der Gutmensch, als den seine Gegner, Befürworter des nationalistischen Souveränismus und Identitarismus, ihn gerne darstellen. Mit politischem Realismus hat er schon mehrfach betont, dass eine wirksame Integrationspolitik dafür sorgen muss, dass die aufnehmende Gesellschaft sich nicht in ihrer Sicherheit, ihrer kulturellen Identität und ihrem politisch-sozialen Gleichgewicht bedroht fühlt. Die Neuankömmlinge sind verpflichtet,»die Gesetze, die Kultur und Traditionen der Länder, die sie aufnehmen, zu respektieren.«[12] Integrationspläne stehen im Sommer 2018 jedoch nicht auf der Tagesordnung der neuen Regierung. Die Entwicklung verläuft in die entgegengesetzte Richtung. Mit Bestürzung und Sorge verfolgt Franziskus, wie die migrantenfeindliche Rhetorik immer aggressiver wird. Salvini steuert einen gezielten Eskalationskurs und stachelt die fremdenfeindlichen Impulse seiner wachsenden Wählerschaft an. Man dürfe keine Verbrecher aus dem Ausland importieren, hämmert er ihnen ein.»Für die illegalen Einwanderer ist das schöne Leben vorbei, ihr könnt schon mal die Koffer packen«, tönt er.[13] Dann legt er nach:»Für die Illegalen ist der Spaß aber so was von vorbei, sie liegen ihren Nächsten schon viel zu lange auf der Tasche.« Italien, beharrt er, könne sich keine»170 000 angeblichen Flüchtlinge« leisten,»die auf Kosten der Italiener im Hotel fernsehen.«[14]

Während der *Aquarius*-Affäre meldet sich Papst Franziskus zu Wort.»In der Migrationsfrage geht es nicht um ein Zahlenspiel, sondern um Menschen mit ihren persönlichen Geschichten, ihren Kulturen, ihren Gefühlen und ihren Hoffnungen«. Um nicht den Eindruck einer direkten Einmischung in die italienische Politik zu erwecken, verkündet der Papst seine Botschaft auf einem vom Vatikan organisierten Kongress über die Migrationen an der mexikanischen Grenze: Die Migranten, betont er – und seine Stimme lässt erkennen, dass er dabei auch an die Situation in Italien denkt –, sind Brüder und Schwestern, die ungeachtet ihres rechtlichen Status beständigen Schutz brauchen.»Ihre grundlegenden Rechte und ihre Würde müssen geschützt und verteidigt werden«.[15] Doch der *Lega*-Leader setzt seine Schimpfkanonaden unbeeindruckt fort. Als er erfährt, dass Schiffe einer spanischen NGO ins Mittelmeer zurückgekehrt seien, bläst er sofort zum Angriff:»Sie sollen ihre Zeit und ihr Geld sparen, von den italienischen Häfen bekommen sie höchstens eine Ansichtskarte zu sehen«.[16] Als man ihn darüber informiert, dass 50 Migranten von der *Diciotti* das Zentrum in Rocca di Papa verlassen hätten (wo sie von der italienischen Bischofskonferenz untergebracht worden waren), nimmt er auch dies zum Anlass, die öffentliche Meinung aufzuwiegeln: »Sie waren so dringend auf Schutz, Kost und Logis angewiesen, dass sie beschlossen haben, sich davonzumachen.« Seine Stimme trieft vor Sarkasmus. »Nicht alle, die nach Italien kommen, sind abgemagerte Kinder, die dem Krieg und dem Hunger entkommen sind.« Die Zahl der Ankömmlinge müsse auf null gesenkt werden, wiederholt er.[17]

Der argentinische Papst hatte nicht damit gerechnet, dass Salvini auf dem Viminal einziehen würde, um die Signale der wachsenden Fremdenfeindlichkeit aufzufangen, die die *Lega* selbst jahrelang genährt hatte. Bergoglio ist davon überzeugt, dass die Migrationen das eigentliche »weltpolitische Problem unserer Tage sind«. Als er die neue Vatikanbehörde für die »ganzheitliche Entwicklung des Menschen« ins Leben ruft, übernimmt er selbst auf eigenen Wunsch die Leitung der für die Migranten zuständigen Abteilung. Bergoglio beobachtet einerseits die Wachstumskurve des Phänomens (Ende 2017 belief sich die Zahl der Auswanderer weltweit auf 250 Millionen Menschen, fast 22,5 Millionen von ihnen Flüchtlinge) und andererseits den Stimmungsumschwung in der öffentlichen Meinung. Pater Antonio Spadaro, Jesuit und Chefredakteur der Zeitschrift *Civiltà Cattolica*, einer der Menschen, die dem Papst am nächsten stehen, fasst Franziskus' Analyse der nationalistischen Rhetorik, die den Migranten als fremdartig und feindlich beschreibt, wie folgt zusammen: »Die Töne, die die Verwirrung vergrößern, werden lauter, man nährt eine Rhetorik des Konflikts und der Angst – und diese Rhetorik hat Erfolg.«[18]

In seiner *Botschaft zum Weltfriedenstag*, mit der er das Jahr 2018 eröffnet, übt Franziskus offene Kritik an denjenigen Politikern, die die Gefahren für die nationale Sicherheit oder die Belastungen aufbauschen, die die Aufnahme der Neuankömmlinge mit sich bringt. Auch wenn er keine Namen nennt, wissen im Vatikan alle, dass diese Worte an die Leader des neuen Typs gerichtet sind, die auf die internationale Bühne stürmen: von Ungarn, wo Viktor Orbán Premierminister ist, bis in die Vereinigten Staaten von Präsident Donald Trump. In Italien arbeitet Salvini ganz unverhohlen darauf hin, einen nationalistischen, fremdenfeindlichen und identitären Block aufzubauen: ein Programm, das Franziskus' Vision von einer Globalisierung der Solidarität diametral entgegengesetzt ist. Diesen Leadern stellt sich der Papst in den Weg:»Alle, die – vielleicht zu politischen Zwecken – Angst gegenüber Migranten schüren, säen Gewalt, Rassismus und Fremdenfeindlichkeit, anstatt den Frieden aufzubauen.«[19]

Für den Pontifex ist der illiberale, diversitätsfeindliche Wind, der sich in Italien, in Europa und in der Welt erhoben hat, eine Quelle großer Besorgnis. Denn letztlich rehabilitiert die wachsende verbale Feindseligkeit, die sich ungehemmt auf höchster Regierungsebene Bahn bricht, die alltäglichen Erscheinungsformen des Rassismus und verleiht ihnen eine beunruhigende Normalität. Im Hochgeschwindigkeitszug *Frecciarossa* auf der Fahrt von Mailand nach Triest fragt eine Frau eine 20-jährige Italienerin indischer Abstammung:»Hast du eine Fahrkarte?« Als die Angeredete bejaht, steht die Frau auf, um sich einen anderen Platz zu suchen; dabei sagt sie laut:»Ich bleibe doch nicht neben einer Farbigen sitzen!« In einer Grundschule in Rom gibt es schon seit Längerem das»Rassismus-Spiel«: Auf dem Schulhof in der Pause spielt ein Kind den Rassisten, ein anderes die Person of Color und ein drittes ruft die Polizei. Seit dem Regierungsantritt des neuen gelb-grünen Bündnisses haben die Übergriffe auf Ausländer in Italien erheblich zugenommen. Als ob die Brandstifterrhetorik, deren man sich auf institutioneller Ebene ständig bedient, die physische Gewalt unter den Bürgern anheizen würde.

Im Juni wird ein kamerunischer Fußballer in der Provinz Salerno mit einem Baseballschläger verprügelt. In der Gegend von Caserta schießen drei Halbwüchsige aus einem vorbeifahrenden Auto auf zwei Jugendliche aus Mali; dabei schreien sie »Salvini, Salvini«.[20] In Neapel wird auf einen Restaurantbetreiber geschossen, der aus Mali stammt. Im Juli traktiert ein Mann in Turin einen Einwanderer mit den Fäusten und beschimpft ihn als »dreckigen Neger«. In Latina schießen sie auf zwei Nigerianer. In Rom wird eine kleine Roma von einem Geschoss verletzt. In Vicenza schießt ein Mann vom Balkon aus auf einen Arbeiter von den Kapverden. In Cipriano d'Aversa schießen zwei Jugendliche vom Moped aus auf einen 19-Jährigen aus Guinea. In Partinico wird ein junger Senegalese angegriffen, mit Füßen getreten und mit Fäusten geschlagen. In Aprilia verfolgen am Abend des 29. Juli ein Wachmann und ein Chauffeur im Wagen einen marokkanischen Bürger und töten ihn, weil sie ihn für einen Einbrecher halten. In seinem Rucksack trug er das entsprechende Werkzeug bei sich.

Der Präsident der Republik ist alarmiert. Er erinnert an die Schande des faschistischen Rassenmanifests und warnt, dass das Gift des Rassismus weiterhin durch die Risse zwischen den Gesellschaftsgruppen und den Völkern einsickere und Barrieren und Spaltungen hervorrufe. »Es ist Aufgabe jeder Zivilisation, sein Wiedererstarken zu verhindern«.[21] Im August geht die fremdenfeindliche Eskalation ungebremst weiter. In der Provinz Pistoia schießen am 2. August zwei 13-Jährige mit einer Schreckschusspistole auf einen Migranten aus Gambia. Am 15. August verletzen, wieder in Aprilia, drei Halbwüchsige einen Kameruner mit einem Luftgewehr. Am selben Tag wird auf der Strandpromenade von Falerna in Kalabrien ein junger Mann aus der Dominikanischen Republik von einer Meute verprügelt, als er gemeinsam mit seiner schwangeren Frau, einer Kalabresin, ein Restaurant verlässt; »Hau ab, Scheißnigger«, schreien die Schläger. Am 16. August verprügelt eine andere Gang fünf minderjährige Ausländer, die bei einer Gemeinde zu Gast sind. Am 19. August wird ein indischer Straßenhändler angeschossen. Ebenfalls im August erhält eine äthiopische Einwanderin, Agitu Idea Gudeta, die in Italien studiert hat, in ihrem Dorf gut integriert ist und einen Ziegenzuchtbetrieb leitet, Todesdrohungen von einem Nachbarn, der ihr eine tote Ziege mit abgeschnittenen Zitzen vor die Tür legt.

Auch im September kehrt kein Friede ein. Im apulischen Francavilla Fontana wird ein 17-Jähriger aus Guinea angegriffen und verprügelt. In Raffadali auf Sizilien wird ein 16-jähriger Tunesier nach einem Angriff mit Verletzungen am ganzen Körper ins Krankenhaus eingeliefert. Der Verantwortliche der Gemeinschaft, die ihn aufgenommen hat, schreibt in den Social Media, dass ein Halbstarker aus dem Ort den Jungen und andere Hausgäste schon seit einiger Zeit immer wieder angespuckt und bedroht habe. Es herrsche ein »Klima, das uns allen auffällt … wir wollen nicht, dass diese rassistische Aggression stillschweigend hingenommen wird«.[22] Auf Sizilien ist es der fünfte Fall dieser Art in wenig mehr als einem Monat. Eine Woche später wird ein anderer Migrant in Sassari blutig geschlagen.

Der Höllensommer gipfelt in der Rede der Hohen Kommissarin für Menschenrechte der Vereinten Nationen (und früheren chilenischen Präsidentin) Michelle Bachelet, die die Entsendung von Experten ankündigt, um »den deutlichen Anstieg von Akten der Gewalt und des Rassismus gegen Migranten afrikanischer Herkunft« prüfen zu lassen.[23] Die Ankündigung erweist sich als Bumerang. Salvini betrachtet sie als Auszeichnung und droht, die Vereinten Nationen, denen er »Verschwendung, Veruntreuung und Diebstahl« vorwirft, nicht länger zu finanzieren, »eine Organisation, die die Italiener belehren will, obwohl ihr Länder angehören, die Folter und die Todesstrafe praktizieren«.[24] Eine Sprache, die der der äußersten konservativen Rechten in Amerika ähnelt und die man so von einem Mitglied der italienischen Regierung noch nicht gehört hat. Noch nie wurden in den 70 Jahren, die die Republik inzwischen besteht, solche Äußerungen getan. Auf Facebook hat der oberste *Leghista*, den seine treuen Gefolgsleute den »Capitano« nennen, am 22. August 2018 sein Manifest gepostet: »Ich habe versprochen, die Grenzen und die Sicherheit der Italiener zu verteidigen […]

700 000 Einwanderer, die unter den linken Regierungen an Land gegangen sind, scheinen mir genug! […] Wissen die Gutmenschen von der Linken, die ›offene Häfen‹ für alle fordern, dass fünf Millionen Italiener in Armut leben??? Italiener zuerst!« Der Post wird 2,8 Millionen Mal angeklickt.

»Der Papst ist sehr besorgt über das zunehmend populistische Klima«, sagt Francesco Kardinal Coccopalmerio, ehemaliger Präsident des päpstlichen Rates für die Gesetzestexte, der als Verfassungsgericht des Heiligen Stuhls fungiert. »Die Suche nach einem starken Mann ist Ausdruck eines Bedürfnisses nach Sicherheit, aber keine Lösung.« Am Ende, so fügt der Purpurträger hinzu, »ist es das Volk, das die Rechnung bezahlt«. Angesichts der fremdenfeindlichen Auswüchse, die in einer zunehmenden Zahl von Nationen zu beobachten sind, unterstützt Franziskus die Initiative des Vatikans und des Weltkirchenrats (der Versammlung der evangelischen, anglikanischen und orthodoxen Kirchen), die am 20. September 2018 zu einer internationalen Konferenz über »Fremdenhass, Rassismus und Populismus im Zusammenhang mit weltweiter Migration« nach Rom einladen.

Es ist dringend notwendig, so Franziskus' Überzeugung, dass die christlichen Kirchen gegen den fremdenfeindlichen Souveränismus mobilmachen. Gleichwohl ist ihm nicht entgangen, dass sich die Stimmung in weiten – nicht unbedingt rassistischen – Teilen der öffentlichen Meinung Italiens und Europas verändert hat. In der Wahrnehmung einer beträchtlichen Anzahl von Bürgern besteht ein Unterschied zwischen der traditionellen Hilfe, die Schiffbrüchigen nach dem Seerecht geleistet wird und geleistet werden muss, und dem industriell organisierten Vorgehen von Menschenhändlern, die Hunderte von Verzweifelten aufs Mittelmeer schicken, weil sie damit rechnen, dass irgendein Schiff sie schon aufgreifen und in einen sicheren Hafen bringen wird. Die öffentliche Meinung ist aufgeschreckt und beunruhigt angesichts der Probleme, die die Einwanderung – aufgrund der Ghettobildung in den Städten – eigentlich überall in Europa mit sich bringt, und nimmt einen Unterschied zwischen einer geregelten Aufnahme und der unkontrollierten Flut wahr, die seit Jahren an die Küsten Italiens brandet. Kurz gesagt, das Murren gegen die Europäische Union, der es nie gelungen ist, einen Plan für die Aufnahme von Flüchtlingen mit obligatorischen Quoten für jedes Land zu verabschieden, wird immer lauter.

Aus diesem Grund hat der argentinische Papst 2016 in Sachen Aufnahmegrenze mit einer Kurskorrektur begonnen. Am 1. November erklärt er den Journalisten auf dem Rückflug von Schweden, dass man vor einem Flüchtling nicht das Herz verschließen könne, dass aber »auch die Klugheit der Regierenden« gefragt sei, die »Berechnungen anstellen« müssten, »wie man sie unterbringen« und integrieren kann. Franziskus drückt sich in einfachen Worten aus: »Wenn ein Land die Kapazität zur Integration von – nennen wir es so – zwanzig Einheiten hat, soll es bis dahin gehen. Wenn ein anderes eine größere Kapazität hat, soll es mehr tun.« Europa ist durch Migrationen entstanden, betont er, unterstreicht aber auch, dass es ratsam sei, nicht mehr Menschen aufzunehmen, als man integrieren könne. Wenn man in dieser Hinsicht unvorsichtig sei, bezahle man politisch. Denn die Bildung von Ghettos sei negativ.[25]

Deshalb hatte der Vatikan schon 2017 damit begonnen, den Innenminister der Regierung Gentiloni, Marco Minniti, diskret zu unterstützen, dem es zwischen Dezember 2016 und dem 1. Juni 2018 gelang, die Zahl der Flüchtlinge aus Libyen durch Verhandlungen sowohl auf Regierungsebene als auch mit den libyschen Clanchefs drastisch zu reduzieren. Die Statistiken sprechen für sich. 181 000 Ankömmlingen im Jahr 2016 stehen 119 000 im Jahr 2017 gegenüber.[26] In den ersten fünf Monaten des Jahres 2018 – den letzten der Regierung Gentiloni (PD) – ist ein weiterer deutlicher Rückgang zu verzeichnen. Während zwischen Januar und April 2017 37 000 Migranten in Italien gelandet sind, waren es im selben Zeitraum des Jahres 2018 nur mehr 12 000.[27] Im August 2018 weist Papst Franziskus auf dem Rückflug von Dublin erneut auf die Notwendigkeit hin, Aufnahme, Integration und Klugheit miteinander zu kombinieren: »Ein Volk, das jemand aufnehmen kann, aber nicht die Möglichkeiten hat, zu integrieren, sollte besser weniger Menschen aufnehmen.«[28] Die Europäische Union, fügt er hinzu, müsse sich gemeinschaftlich um das Problem kümmern.

Doch Salvinis politischer Diskurs verfolgt andere Ziele. Die zentrale Figur der italienischen Regierung will ihre nationalistische und identitäre Wählerbasis verstärken. Aus dieser Perspektive ergeben die Spielzüge des »Capitano« allesamt Sinn: seine Angriffe auf den französischen Präsidenten Emmanuel Macron, der keine Einwanderer aus Italien in sein Land lässt; der Vorwurf, dass die Europäische Union »Italien den Rücken zukehrt«; die Kritik an der deutschen Kanzlerin Angela Merkel, die eine »unkontrollierte Immigration« nach Deutschland zugelassen habe; das Zusammentreffen mit dem ungarischen Premier Viktor Orbán in der Mailänder Präfektur mit der gemeinsamen Ankündigung, die europäischen Verträge verändern und der Invasion nach Europa Einhalt gebieten zu wollen. »Wenn die Migranten bereits im Land sind«, erklärt Orbán unter den zufriedenen Blicken des *Lega*-Leaders, »dann besteht die Aufgabe des Staates nicht darin, sie zu verteilen, sondern sie nach Hause zurückzubringen. Was das betrifft, kann sich Italien auf Ungarn verlassen.«[29] Auch seine Flirts mit der Romafeindlichkeit sind Teil von Salvinis Spiel. So verlangt er plötzlich, alle Roma in Italien zu zählen und die illegalen auszuweisen, während man »die italienischen ja nun leider dabehalten« müsse. In ähnlicher Weise flirtet er mit der Faschismusnostalgie: »Viel Feind', viel Ehr'!«, skandiert Salvini in einem Tweet. Ein solches Klima macht es auch möglich, dass bei einem Treffen neofaschistischer Gruppen in Mussolinis Geburtsort Predappio eine Aktivistin schamlos mit einem T-Shirt vor den Kameras posiert, das die Aufschrift »Auschwitzland« trägt. Einem Reporter erklärt sie lächelnd, das sei »schwarzer Humor«.

Die verbale Gewalt des Innenministers ist genau kalkuliert und entlädt sich selektiv. Als Desirée Mariottini, ein 16-jähriges Mädchen, im Oktober 2018 in Rom von einer Gruppe von Nicht-EU-Bürgern vergewaltigt und in einem verlassenen Gebäude zum Sterben liegengelassen wird, ruft Vizepremier Salvini nach den ersten Verhaftungen aus:»Ich werde mein Möglichstes tun, damit die Maden, die für diesen Horror verantwortlich sind, bis zum Letzten für ihre Niedertracht bezahlen.« Der im selben Monat verübte brutale Mord an dem 18-jährigen Manuel Careddu, dessen zerstückelter Leichnam im Umland von Ghilarza gefunden wird (tatverdächtig sind drei erwachsene und zwei minderjährige Sarden), ruft bei dem *Lega*-Chef keine entsprechend medienwirksame Reaktion hervor. Ein italienischer Purpurträger, der dem Pontifex nahesteht, erklärt, Bergoglio sei das Problem des»Absolutismus« deutlich bewusst, der den populistischen nationalistischen Bewegungen innewohnt.»Ich bin zu jung, um das Aufkommen des Faschismus miterlebt zu haben«, fährt der Kardinal fort,»aber nach allem, was man weiß, zeichnet sich hier etwas Ähnliches ab.«

Der *Lega*-Chef versäumt es auch nicht, Beziehungen zur Waffenlobby zu knüpfen. Beunruhigt registriert man im Vatikan den Pakt mit dem»Comitato Direttiva 477« (benannt nach der europäischen Richtlinie, die den Waffenhandel reguliert), Bezugsgröße für 2500 einschlägige Unternehmen, den Salvini während des Wahlkampfs offiziell unterzeichnet hat. Der »Capitano« hält es für wesentlich, den Kontakt zu den 1,3 Millionen Italienern zu pflegen, die einen Waffenschein besitzen: Jägern, Sportschützen, Waffenliebhabern, Kriegsspielbefürwortern und Normalbürgern, die sich aus Sicherheitsgründen bewaffnen. Sie waren schon immer eine heterogene Masse. Salvini, der sich»bei meiner Ehre« dazu verpflichtet, das Komitee immer dann einzubeziehen, wenn Maßnahmen zur Debatte stehen, die das Recht betreffen,»in jeder beliebigen legitimen Weise Waffen zu besitzen und zu benutzen«[30], setzt sich das Ziel, aus dieser Gesellschaftsgruppe ein»Volk unter Waffen« zu machen. Das er sodann nach dem Muster der mächtigen *National Rifle Association* in den Vereinigten Staaten als Wählermasse benutzen kann. Einhundert Tage nach der Vereidigung der gelb-grünen Regierung löst Salvini den Wechsel ein. Eine Verordnung des Gesetzgebers erhöht die Zahl der Sportwaffen, die man besitzen darf, von sechs auf zwölf, bei Langwaffen wird die zulässige Kapazität von fünf auf zehn und bei den Kurzwaffen von 15 auf 20 Schuss pro Magazin hochgesetzt. Und es besteht keinerlei Verpflichtung, die Menschen, mit denen man zusammenlebt, darüber zu informieren, dass man eine oder mehrere Waffen besitzt.[31]

Dieser Kurs zielt auf eine Bewaffnungsfreiheit nach amerikanischem Muster ab und ist der europäischen Rechts- und Gesellschaftskultur diametral entgegengesetzt.

Gerade in den Vereinigten Staaten hatte Franziskus, als er im September 2015 vor dem Kongress in Washington sprach, das schuldhafte und schändliche Schweigen über den Waffenhandel auf internationaler und nationaler Ebene angeprangert. »Hier müssen wir uns selber fragen: Warum werden tödliche Waffen an die verkauft, welche planen, Einzelnen und Gesellschaften unsägliches Leid zuzufügen?« Die Antwort, so hatte er hinzugefügt, laute: »Einfach um des Geldes willen. Für Geld, das von Blut – oft unschuldigem Blut – trieft.«[32]

Zu Salvinis Strategie gehört auch seine mit Sorgfalt gepflegte Beziehung zu den eher konservativen Teilen der katholischen Welt, die sich der traditionalistischen Identität verbunden fühlen und der sozialen Offenheit eines des »Kommunismus« verdächtigen Pontifex oft ablehnend gegenüberstehen. Als Vizepremier hat der oberste *Leghista* den Papst noch kein einziges Mal angegriffen. Doch als Parteichef hat er sich oft über Bergoglio lustig gemacht. »Papst Franziskus beklagt sich darüber, dass die Busfahrer, wenn er in Rom mit dem Bus unterwegs war und Zigeuner einstiegen, zu den Passagieren gesagt hätten: ›Passen Sie auf Ihre Brieftasche auf!‹ Man fragt sich, warum ...«, twitterte er 2014. Inzwischen spricht er lieber in Bildern. Bei der Abschlussveranstaltung seines Wahlkampfs auf dem Domplatz in Mailand reckt er einen Rosenkranz in die Luft und verspricht, dass »die Letzten die Ersten sein werden«.[33] Dann nimmt er die Verfassung der Republik in die Hand und leistet unter Berufung auf die »Lehren des heiligen Evangeliums«, das er ebenfalls für die Menge gut sichtbar emporhält, dem italienischen Volk einen theatralischen Treueid. Die Kommentare zweier von Bergoglios Mannen fallen eher trocken aus. Pater Spadaro meint, man müsse sich fragen, »warum ein Politiker das Evangelium und den Rosenkranz als Propagandawerkzeug benutzt«. Und Mario Delpini, den Franziskus zum Erzbischof von Mailand ernannt hat, bemerkt kurz und bündig: »Auf Parteikundgebungen soll man über Politik reden.« Doch auch das ist nur Wasser auf Salvinis Mühlen, der prompt erklärt, er sei gerne bereit, mit dem Erzbischof über seine Pläne für Italien und über die christlichen Wurzeln zu sprechen, »die gewisse Leute sowohl in Italien als auch in Europa verleugnet haben«.

Im Vorfeld der Wahlen am 4. März 2018 verkündete ein Exponent des fundamentalistischen Katholizismus, der Journalist Antonio Socci, Anhänger der These von der Ungültigkeit des Konklaves, das Bergoglio gewählt hat: »Wir Katholiken sind auf der Seite von Matteo Salvini.« Socci läuft Sturm gegen die Bischöfe, die »vergessen, das Evangelium zu verkünden, und nur Versammlungen über die Auswanderung und über die Verbrüderung mit dem Islam abhalten […]. Sie wissen nicht mehr, worin ihre eigentliche Aufgabe besteht.«[34] Soccis Worte machen deutlich, wie es in den Magmaschichten des Katholizismus brodelt, die unter der Oberfläche in einem innerkirchlichen Bürgerkrieg gegen die Verkündigung von Papst Franziskus aufbegehren. Genau das ist es, was Salvini interessiert.

Wenige Wochen nach seiner Ernennung lässt sich der Innenminister mit Raymond Kardinal Burke ablichten, der als Ehrengast zum feierlichen Abschluss des akademischen Jahres an der Polizeischule geladen ist. Die Beziehungen mit den Vertretern der Kirche seien gut, lässt er verlauten, einige hätte ihn sogar kontaktiert, um ihm auf seinem Weg Mut zuzusprechen. Burke ist nicht irgendein beliebiger Purpurträger. Er ist der Anführer der Opposition gegen Papst Bergoglio. Er hat ihm vorgeworfen, das Schiff der Kirche in den Niedergang zu führen, und hat Hunderttausende von traditionsbewussten Gläubigen gegen ihn mobilisiert, um zu verhindern, dass die wiederverheirateten Geschiedenen zur Kommunion zugelassen werden. Als Franziskus ihnen mit dem nachsynodalen Schreiben *Amoris laetitia* ein Hintertürchen öffnen wollte, forderte Burke das Kardinalskollegium auf, dem Pontifex eine »brüderliche Zurechtweisung« zu erteilen. Die Agentur *Faro di Roma* enthüllt, dass Salvini den Kardinal mitten im Wahlkampf zu Hause besucht und fast eineinhalb Stunden lang mit ihm gesprochen habe. Das passt alles zusammen: die Verbrüderung mit der Waffenlobby und der Schulterschluss mit der Anti-Bergoglio-Lobby.

Schon im Oktober 2016 hatte Salvini auf seiner Facebook-Seite ein Video gepostet, in dem Burke vor der islamischen »Bedrohung« warnt. Der *Lega*-Chef achtet auf die kleinsten Nuancen. Im September 2016 – als in den konservativen Kreisen der Kirche der Widerstand gegen Franziskus wächst – lässt sich Salvini auf dem *Lega*-Treffen in Pontida mit einem T-Shirt fotografieren, das die Aufschrift trägt: »Mein Papst heißt Benedikt.« Er zieht es nicht an, er zeigt es nur. Aber seine Worte sind vielsagend: »Benedikt hatte sehr klare Vorstellungen, was den Islam betrifft. Ich mag es nicht, wenn einer die Kirche für die Imame öffnet.«[35] Bei einer Kundgebung, die die *Lega* im Dezember 2018 auf der Piazza del Popolo in Rom veranstaltet, um eine erste Regierungsbilanz zu ziehen, wird Vizepremier Salvini zwischen den Redebeiträgen des *Lega*-Familienministers Lorenzo Fontana und des *Lega*-Bildungsministers Marco Bussetti – Ersterer singt ein Loblied auf die Weihnachtskrippe, Letzterer macht sich für Kruzifixe in den Klassenzimmern stark – sogar Johannes Paul II. und dessen Botschaft von der Seele und Identität Europas aufmarschieren lassen.

Mit den katholischen Massenmedien *Avvenire* und *Famiglia cristiana*, die Franziskus' Kirche in Italien am besten repräsentieren, liegt er in beständigem Zwist. Im Juli 2018 ist auf dem Titelbild der Zeitschrift *Famiglia cristiana* ein Foto des Innenministers zu sehen; darunter steht: »Vade retro Salvini«. Auf einem libyschen Patrouillenboot, erzählt ein deutscher Reporter, stirbt ein kleines Mädchen: Seine Mutter hatte es versteckt, weil sie Angst hatte, dass es ins Meer geworfen werden würde. Vor Zypern ist ein Frachtkahn gekentert: 19 Tote und über 25 Vermisste. Auf dem Cover erklärt *Famiglia cristiana*: »Die Kirche reagiert auf den aggressiven Ton des Innenministers. Das ist nichts Persönliches oder Ideologisches. Es geht um das Evangelium.« In der ersten Jahreshälfte beläuft sich die Zahl der Ertrunkenen bereits auf 1490. Ebenfalls im Juli werden vor der libyschen Küste die Überbleibsel eines Schlauchboots gesichtet: Eine Überlebende kann geborgen werden, neben ihr liegen die Leichen einer Frau und eines Kindes. 2015 ging das Foto eines ertrunkenen syrischen Kindes um die Welt; in schwarzen Schuhen, einer blauen Hose und einem roten Shirt liegt es am Strand von Bodrum auf dem Bauch, das vom Meerwasser umspülte Gesichtchen in den feuchten Sand gedrückt. Auch Franziskus hat es gesehen. Es ist zur Ikone derer geworden, die von der Globalisierung der Gleichgültigkeit, wie der Papst es nennt, »abgewiesen und im Stich gelassen« werden. Auf dem Rückflug von Lesbos im Frühjahr 2016 hat Bergoglio den Journalisten ein Bild gezeigt, das ihm afghanische Kinder im Flüchtlingscamp geschenkt haben. Ein gekentertes Schiff, im Meer treibende Kinder und die Aufschrift: »Help us!« Das ist sein Merkzettel.

Das Titelblatt von *Famiglia cristiana* löst eine heftige Polemik aus. Die Zeitschrift zitiert eine kritische Äußerung des Vorsitzenden der italienischen Bischofskonferenz, der sich »verächtliche Worte und aggressive Haltungen« auf politischer Ebene verbittet. Hochrangige Kirchenvertreter warnen vor einem wachsenden »Klima des Misstrauens und der Geringschätzung, der Wut und der Ablehnung«.[36] Salvini kontert, er halte es für äußerst geschmacklos, ihn mit Satan zu vergleichen. Viele kirchentreue Frauen und

Männer, so betont er, sprächen ihm täglich ihr Vertrauen aus. Und wirklich: Die kirchliche Welt ist gespalten. Der unterirdische Bürgerkrieg über dogmatische und pastorale Fragen, der seit Jahren im Katholizismus schwelt, erstreckt sich auch auf das sozial explosive Thema der Migrationen. Schon 2015 hat der Papst jede Pfarrei dazu aufgerufen, eine Flüchtlingsfamilie aufzunehmen. »Auch die beiden Pfarreien des Vatikans werden in diesen Tagen zwei Flüchtlingsfamilien aufnehmen.« »Jede Pfarrei, jede Ordensgemeinschaft, jedes Kloster, jedes Heiligtum Europas soll eine Familie aufnehmen, angefangen bei meinem Bistum Rom. […]«[37] Doch das ist nicht geschehen. Eine gewisse Anzahl von Pfarreien sind dem Aufruf gefolgt. Die allermeisten nicht. Die römische Zeitung *Il Tempo* hat ausgerechnet, dass sich bis 2018 nur 38 der 332 Hauptstadtpfarreien zur Verfügung gestellt hätten. Der Papst ist ein absoluter Souverän, doch anders, als man gemeinhin annimmt, keinesfalls allmächtig. Franziskus muss dem Stimmungsumschwung oder gar der Sabotage, die sich in den Reihen der Kleriker manifestiert, hilflos zusehen.

Einige Fälle sind spektakulär. In Claviere im Piemont zeigt ein 80-jähriger Geistlicher im September 2018 Dutzende von Migranten und Freiwilligen bei der Staatsanwaltschaft an, die in einigen Räumen der Pfarrgemeinde ihr Lager aufgeschlagen haben, weil die afrikanischen Flüchtlinge versuchen wollen, über die Alpen nach Frankreich zu gelangen. In Gorino, einem kleinen Dorf in der Poebene, geschieht sogar noch Schlimmeres. Im Oktober 2016 errichtet der dortige Pfarrer Paolo Paccagnella gemeinsam mit Bewohnern eine Barrikade auf der Straße, um einen Bus mit zwölf jungen Afrikanerinnen aufzuhalten. Im Schaukasten der Pfarrgemeinde hängt ein Zettel: »Wir sind in euren Augen doch sowieso Ungläubige. Warum verschwindet ihr also nicht einfach in euer Kalifat im Irak mit dem heiligen Kalifen al-Baghdadi, der von Waffen lebt und alle Nicht-Sunniten umbringen will?« Der Bus muss den Rückweg antreten. Auf die Appelle des Pontifex angesprochen, entgegnet

Pfarrer Paccagnella brüsk: »Papst Franziskus ist für sich selbst verantwortlich. Ich muss mich vor Gott verantworten«.[38]

Salvini weiß, dass die Kirche gespalten ist, und macht sich diese Spaltung zunutze. Dem Pfarrer von Gorino bekundet er seine Solidarität. Salvini weiß auch, dass manche Pfarrer zu karitativen Aktionen bereit und politisch dennoch auf seiner Seite sind. Die katholische Welt ist bunt. In Kampanien sammelt Don Salvatore Picca, der Pfarrer des Dörfchens San Martino Valle Caudina, Spenden für eine Afrikamission und übernimmt aus der Ferne die Patenschaft für 45 Kinder. Doch als er liest, dass der »Capitano« mit dem Satan verglichen worden ist, reagiert er energisch: »Vade retro, *Famiglia cristiana*. […] Während die Pseudokatholiken mit ihren Lippenbekenntnissen von den Millionengewinnen derer ablenken, die die Armen brutal ausbeuten, hält sich der Innenminister wirklich an das Evangelium […], um allen begreiflich zu machen, dass die geringen Geburtenzahlen das eigentliche Problem des Westens sind«.

Die italienische Kirche hat viel für die Migranten getan. In 136 Diözesen hat sie (auch mit der Unterstützung staatlicher Subventionen) 25 000 Menschen aufgenommen. Doch in der katholischen Welt ist eine politische Verwerfung entstanden. In verschiedenen Landesteilen und insbesondere im Norden reagieren die Gläubigen allergisch, wenn der Pfarrer von der Kanzel aus das Thema Migranten anspricht. Don Ivan Maffeis, Untersekretär der italienischen Bischofskonferenz (CEI), erzählt von einer Messe im Trentino: »Der Priester kommentiert das Evangelium, spricht vom Meer und fordert die Gemeinde auf, nicht an die Strände von Rimini, sondern an die Küstenregionen zu denken, wo die Migranten anlanden … das war schon alles, mehr hat er gar nicht gesagt.« Nach der Messe kommt eine Frau auf ihn zu und sagt ihm, sie sei diese ständigen Hinweise auf die Migranten leid. Während im Juli 2018 die Kontroverse über die vom Innenminister blockierten Schiffe immer heftiger wird, reagiert eine Gruppe von Touristen aus Trient mit offenem Protest auf die salvini-kritische Predigt eines Pfarrers in den Abruzzen.

Alessandro Castegnaro, Leiter des *Osservatorio Socio-Religioso Triveneto*, bestätigt: »Der Migrantendiskurs von Franziskus setzt sich in diesen Gegenden nicht durch. Die Gläubigen wollen nichts davon hören, sie sind zutiefst gespalten, die Geistlichen vermeiden es, das Thema anzuschneiden. Es kommt sogar vor, dass jemand in der Beichte sagt, er sei nicht imstande, dem Papst in dieser Sache zu folgen.« Salvini arbeitet darauf hin, die Spaltung zu vertiefen. Als die Bischofszeitung *Avvenire* ihn angreift, weil das von ihm gewollte Sicherheitsdekret Zehntausenden von Eingewanderten den Schutz aus humanitären Gründen abspricht und sie auf die Straße wirft – das heißt in den Untergrund und in die Illegalität treibt –, antwortet der Vizepremier mit dem üblichen Slogan: »Ich treffe viele Priester, Bischöfe, Ordensmänner und Ordensfrauen, die mir sagen, dass ich so weitermachen soll!« Als *Famiglia cristiana* berichtet, dass ein Erstaufnahmezentrum in Crotone eine Migrantenfamilie – einen Ghanaer, seine schwangere nigerianische Frau und ein sechs Monate altes Mädchen – nach dem Sicherheitsdekret mitten in der Nacht vor die Tür gesetzt habe, kontert Salvini, die Zeitschrift sei »ultralinks« (und bemüht sich gleichzeitig hinter den Kulissen um einen Termin beim Pontifex).

Sechs Monate nach Amtsantritt beendet die gelb-grüne Regierung von Premier Conte das Jahr 2018 mit einer Zustimmung von 60 Prozent. Im Februar 2019 springt die *Lega* auf 35 Prozent, während die Fünfsternler auf 21 Prozent zurückfallen.[39] Salvinis harter Kurs wird belohnt. In der Zwischenzeit hat eine SWG-Umfrage bestätigt, dass sich die Sicht auf das Phänomen »Populismus« – klassisch als Einsatz von Demagogie definiert – unter den Befragten verändert hat: 2016 hatten noch 58 Prozent darin etwas Negatives gesehen, doch im Sommer 2018 war der Anteil der Populismuskritiker auf 43 Prozent zurückgegangen. Unter dem »Capitano« bekommt Italien ein anderes Gesicht. Als symbolischer Widerpart bleiben lediglich die Kirche Bergoglios, Präsident Mattarella (der in seiner Neujahrsansprache 2018 ausdrücklich die Arbeit der fünf Millionen Einwanderer in Italien würdigt) und diejenigen Bürgermeister und

Regionalregierungen, die Widerstand gegen Salvinis Sicherheitsdekret leisten, weil es anstelle der Integration die von Ausbeutung
und organisierter Kriminalität beherrschte Grauzone begünstigt.

Die Kirche stellt sich dem in den Weg. Franziskus' Mann an der
Spitze der CEI, der Kardinal Gualtiero Bassetti, wird es nicht müde,
gegen diejenigen anzupredigen, die die Angst schüren. *L'Osservatore
Romano* setzt die Migranten, die man mitten in der Wüste, an der
Grenze zwischen Niger und Algerien, ihrem Schicksal überlassen
hat, auf die Titelseite. Der Erzbischof von Palermo, Corrado Lore-
fice, ruft die regionalen Politiker dazu auf, »angesichts unmenschlicher Dekrete nicht zu schweigen«, die das Leiden der von Armut
und Krieg Gequälten noch verschärfen. Der ehemalige Vorsitzende
der CEI, Kardinal Angelo Bagnasco, im Grunde ein gemäßigter
Mann, weist darauf hin, dass sich Italien mit Salvinis Politik und
dem Sicherheitsdekret über einen extrem schmalen Grat bewege.
»Niemand verfolgt subversive Absichten «, erklärt er, »aber es gibt
Probleme, die Gewissensurteile fordern. Der Gewissensgehorsam ist
ein anerkannter Grundsatz. Mein Anliegen ist es, dass jedem geholfen wird, der wirklich, ernstlich und ehrlich in Not ist.« Andere
Bischöfe schließen sich dem Protest gegen das Dekret an.

An der italienischen Front hat für Franziskus ein sehr harter
Kampf begonnen. Der »schwarze Papst«, Arturo Sosa, der Generalobere der Jesuiten in aller Welt, warnt die Politiker gegen Ende
des sechsten Pontifikatsjahrs vor dem populistischen Wind, der sich
in beiden Amerikas und in Europa erhoben hat. Das Phänomen,
so erklärt er, stelle für die politische und soziale Entwicklung der
Völker der Welt eine sehr gefährliche Bedrohung dar. »Hinter den
populistischen Haltungen verbergen sich neue Formen der Herrschaft Weniger über den Rest der Menschheit«. Darin manifestiert
sich ein Führungsstil, der typisch ist für »diktatorische Formen der
politischen Machtausübung«.[40] Franziskus, Pater Sosa und Kardinal
Bassetti wissen, dass die neue Ideologie auch innerhalb der Kirche
ihre Anhänger hat.

Salvini hat den Ehrgeiz, Italien, eines der Gründungsländer der Europäischen Union, an der Spitze der souveränistischen Nationen zu positionieren, die jedes nur erdenkliche föderalistische Programm zu Fall bringen wollen. Im September 2018 ist er mit Steve Bannon zusammengetroffen und dem internationalen Zusammenschluss der souveränistischen und EU-skeptischen Gegner des demokratisch-katholischen und sozialliberalen Europa *The Movement* beigetreten. Bannon, Sprachrohr der populistischen Rechten in den Vereinigten Staaten und ehemals enger ideologischer Berater von Donald Trump bei dessen Kampf um den Einzug ins Weiße Haus und in der Anfangszeit seiner Regierung, hat erklärt, *The Movement* befürworte eine geeinte populistische Gruppe im europäischen Parlament, die sich für ganz präzise Ziele einsetzen soll, nämlich das Ende der Abhängigkeit von Brüssel und die »Rückkehr zu den Grenzen, denn ohne Grenzen kein Land«.[41]

Souveränisten und konservative Katholiken haben ein gemeinsames Anliegen. In der alten Kartause von Trisulti hat sich gegen Zahlung einer lächerlichen Jahrespacht von 100 000 Euro das *Dignitatis Humanae Institute* niedergelassen, das sich der Verteidigung der »jüdisch-christlichen Wurzeln der westlichen Zivilisation« verschrieben hat und in dem angelsächsische Christen aus dem Dunstkreis von Trump den politischen Ton angeben. Ehrenpräsident war anfänglich Raffaele Kardinal Martino, der später zurückgetreten ist und seinen Posten an Raymond Kardinal Burke abgegeben hat. Doch die operative Leitung obliegt dem englischen Tycoon Benjamin Harnwell, der Bannon sehr nahesteht. Bannon selbst sitzt im Verwaltungsrat des Instituts und soll einige Kurse organisieren.

Bannon hat begonnen, Papst Franziskus von der Flanke her anzugreifen. In der Migrantenfrage nennt er ihn einen »Radikalen«, während er ihm bei den Missbrauchsskandalen Verschleppung vorwirft. Trisulti ist wie ein Stachel im Fleisch des argentinischen Papstes und darauf programmiert, ihn permanent zu quälen. Bannon hat das Feuer gegen Bergoglio bereits eröffnet: Zu den gravierendsten

Versäumnissen, die der populistische Agitator dem Pontifex zur Last legt, gehört, dass er sich »mit den globalen Eliten gegen die Bürger der Nationen der Welt verbündet« habe. Franziskus, so Bannons Vorwurf, solle für den »Mann von der Straße« Partei ergreifen.[42] Alarmiert erklärte daraufhin Kardinal Martino in dem Schreiben, mit dem er seinen Rücktritt von der Präsidentschaft des *Dignitatis Humanae Institute* einreichte, er wünsche, dass das Institut »mit kindlicher Ehrerbietung auf die Lehren und Weisungen des römischen Pontifex höre«.[43]

Aufgeschreckt durch Bannons politische Impertinenz und empört über dessen Pläne, (in Anlehnung an Frédéric Martels Buch »Sodom«) einen Film über die homosexuellen Prälaten in der Kurie zu drehen, legt im Juni 2019 auch Kardinal Burke seinen Ehrenvorsitz des *Dignitatis Humanae Institute* nieder. Mittlerweile haben die italienischen Behörden die erforderlichen Schritte eingeleitet, um dem Institut die Konzession für die Nutzung der altehrwürdigen Kartause zu entziehen.

Franziskus misstraut dem nationalpopulistischen Extremismus. Als er im Vatikan mit den Teilnehmern der internationalen Tagung zum Thema »Fremdenhass, Rassismus und Populismus im Zusammenhang mit weltweiter Migration« zusammentrifft, spricht er eine ausdrückliche Warnung aus. Zunehmend, so seine Worte, griffen Tendenzen um sich, von denen man gedacht habe, sie gehörten der Vergangenheit an: »Haltungen des Misstrauens, der Angst, der Verachtung und sogar des Hasses gegenüber Einzelpersonen oder Gruppen, die aufgrund ihrer ethnischen, nationalen oder religiösen Zugehörigkeit als ›anders‹ betrachtet […] werden«. Bestimmte Ethnien würden nicht für würdig gehalten, in vollem Umfang am Leben der Gesellschaft teilzunehmen. Es habe sich, so der Pontifex mahnend, eine Politik Bahn gebrochen, die Ängste und objektive Schwierigkeiten instrumentalisiere. »Diese schwerwiegenden Phänomene dürfen uns nicht gleichgültig lassen.«[44]

Das Jahr 2018 ist ein Wendepunkt für das Papsttum in Italien. Im Herbst widmet das US-amerikanische Magazin *Time* sein Titelblatt dem Gegenpol von Papst Franziskus. Auf dem Cover prangt das Bild von Matteo Salvini, der als das neue Gesicht Europas präsentiert wird. Die Schlagzeile darunter lautet: »Italiens Einwanderungs-Zar befindet sich auf einer Mission der Auflösung Europas«. Steve Bannon – dessen Europastrategie in jeder Hinsicht mit der des amerikanischen Präsidenten übereinstimmt – hat Italien für eine Führungsrolle innerhalb der populistischen Anti-Establishment-Bewegung vorgesehen und bezeichnet Salvini als einen »globalen Leader« und als »Symbolfigur«. Ende 2018 betrachten ihn 58 Prozent der Italiener als faktischen Regierungschef.[45] Noch ehe das Jahr zu Ende geht, versetzt der »Capitano« der Linie des Papstes einen weiteren Schlag, als er die Regierung zwingt, den UNO-Migrationspakt nicht zu unterschreiben, obwohl Premier Conte der Generalversammlung der Vereinten Nationen die Unterstützung Italiens zugesichert hatte.

Bei den Wahlen zum Europaparlament im Mai 2019 kostet Salvini seinen Triumph aus. Die Italiener, so heißt es in den demografischen Erhebungen, suchen einen »starken Mann«. Die *Lega* erreicht 34,26 Prozent. 33 Prozent der praktizierenden Katholiken und 38 Prozent der Gläubigen, die wenigstens einmal pro Monat in die Messe gehen, haben sie gewählt. Salvini steigt der Erfolg zu Kopf. Im August provoziert er eine Regierungskrise und verlangt in der Hoffnung auf Neuwahlen »alle Vollmachten« von den Bürgern. Stattdessen kommt überraschend eine neue Regierung aus der Fünf-Sterne-Bewegung und der in der linken Mitte angesiedelten demokratischen Partei zustande. Die *Lega* muss ab sofort die Oppositionsbank drücken.

Im Oktober jedoch erreichen die von der *Lega* angeführten Mitte-rechts-Parteien bei den Regionalwahlen in Umbrien 57 Prozent der Stimmen. Wenn Salvini im Fall einer neuerlichen Regierungskrise für das Amt des Ministerpräsidenten kandidiert, gilt er den Umfragen zufolge als der sichere Sieger.

Überraschend mischt sich Camillo Kardinal Ruini, der ehemalige Vorsitzende der italienischen Bischofskonferenz, in das Geschehen ein. Im Gegensatz zu Papst Franziskus und seiner klaren Absage an die Adresse der fremdenfeindlichen Parteien erklärt der einflussreiche Kardinal, man sei zum Dialog mit dem Leader der *Lega* verpflichtet. »Ich meine, er hat bemerkenswerte Zukunftsaussichten, doch er muss reifen.«[46] Ruinis Stellungnahme zeigt, dass der italienische Episkopat gespalten ist. Ein wichtiger Punktgewinn für den »Antipapst« der *Lega*. Salvini erklärt, er sei »bewegt« und gerne zum Dialog mit den Bischöfen bereit.

Gleichwohl hat Franziskus im Lauf des Regierungsjahres, in dem Salvini stellvertretender Ministerpräsident war, einen signifikanten Popularitätsverlust hinnehmen müssen. Zwar ist er nach wie vor die beliebteste Persönlichkeit Italiens, doch ein Teil der Bevölkerung hat ihm plötzlich den Rückhalt entzogen. Während sich der argentinische Papst 2013 noch auf eine 88-prozentige Zustimmung stützen konnte, ist sie fünf Jahre später auf 71 bis 72 Prozent gesunken. Auch die Ergebnisse der Recherchen von Ilvo Diamanti, die in *la Repubblica* veröffentlicht werden, bestätigen eine beunruhigende Tendenz: Ausgerechnet im Jahr der Jugendsynode beläuft sich die Zustimmung der Jugendlichen zu Franziskus auf gerade einmal 58 Prozent. Bei den jungen Erwachsenen im Alter von 25 bis 34 Jahren sind es sogar nur 55 Prozent. Diamanti führt diesen Rückgang in erster Linie auf die Einwanderungsfrage und in zweiter Linie auf die Enttäuschung über die versäumten Reformen zurück. Für Franziskus verläuft der zweite Abschnitt seines Pontifikats unter erschwerten Bedingungen. Noch vor einigen Jahren hatte er erklärt, er werde die Kirche vermutlich nur vier oder fünf Jahre lang leiten. Diese Zeit ist inzwischen verstrichen. Der Papst ist zu der Überzeugung gelangt, dass er verpflichtet ist, seinen Kurs fortzusetzen. Doch gerade in Italien steht gut die Hälfte der Bevölkerung Franziskus' Verkündigung in der zentralen Frage der Migranten ablehnend gegenüber. Sein Aufruf zur Brüderlichkeit, der den Kern seines Weihnachtssegens *Urbi et orbi* ausmacht, wird inzwischen ständig von den Gegenparolen des starken Mannes der italienischen Politik konterkariert.

In Piazza Armerina, der sizilianischen Stadt, in der Franziskus am 15. September 2018 vor der Weiterreise nach Palermo Station machte, hat nicht einmal der Papstbesuch dem Fremdenhass Einhalt gebieten können. Nur wenige Stunden nach der Abreise des Pontifex wird im Stadtpark ein 23-Jähriger aus Gambia angegriffen. Ein Jugendlicher drückt ihm den Hals zu und wirft ihn zu Boden, während zwei andere ihn mit Tritten und Faustschlägen traktieren. Niemand greift ein. Als er sich zerschlagen und blutig über die Hauptstraße der Stadt schleppt, wird ihm bewusst, dass er unsichtbar ist.

IV
Das ferne Amerika

Am 16. April 2016 um sechs Uhr früh findet sich Bernie Sanders, der bei den amerikanischen Präsidentschaftswahlen gerne als Kandidat für die Demokraten antreten würde, am Eingang des Gästehauses Santa Marta im Vatikan ein. Franziskus hat sich bereit erklärt, ihn zu treffen, während er zur Insel Lesbos aufbricht. Die Begegnung dauert fünf Minuten, gerade lang genug für den Austausch von Höflichkeiten. Der amerikanische Politiker ist in Begleitung seiner Frau und des Ökonomen Jeffrey Sachs, einer jener Persönlichkeiten, auf die sich der argentinische Papst bei der Abfassung seiner Umweltschutz-Enzyklika *Laudato si'* berufen hat. Sanders selbst hat an einer Konferenz der Päpstlichen Akademie der Wissenschaften über die Enzyklika *Centesimus annus* von Johannes Paul II. teilgenommen. »Die Ungleichheit«, so hat er es in seinem Vortrag dort formuliert, »ist der Notfall unserer Zeit geworden«. Die Gesellschaft sei – und hier zitiert er den Papst – von einer Ideologie beherrscht, »die dem Markt die absolute Kontrolle überlässt. Das Finanzsystem gebietet über die Menschen, statt ihnen zu dienen«.[1]

Auf den Inhalt der denkbar kurzen Unterredung der beiden kommt es nicht an: Was zählt, ist die Botschaft. Franziskus mischt sich, wenn auch nur indirekt, in den Präsidentschaftswahlkampf der Vereinigten Staaten ein. Das hat es in der Geschichte der Beziehungen zwischen dem Vatikan und Washington noch nie gegeben. Das Signal ist klar und richtet sich an die amerikanischen Katholiken und die »Menschen guten Willens«, die dem Papst bei seiner USA-Reise im September 2015 zugejubelt haben. Für Franziskus sind die Präsidentschaftswahlen eine Gelegenheit, über den ökonomisch-finanziellen Mechanismus nachzudenken, der die Politik und die Gesellschaft beherrscht. In einem System, das sie vernachlässigt hat – so hatte er es am 23. September 2015 formuliert, als ihn der damalige US-Präsident Barack Obama auf dem Rasen vor dem Weißen Haus willkommen hieß – schreien Millionen von Individuen zum Himmel und hämmern an die Tore der Stadt. Und dann hatte Franziskus Martin Luther King zitiert, der gesagt hatte, »dass wir einen Schuldschein nicht eingelöst haben und es jetzt Zeit ist, der Verpflichtung nachzukommen«.[2]

Sanders hat ein Programm, das man in Europa als sozialdemokratisch bezeichnen würde, das aber nach den Begriffen der amerikanischen Politik »sozialistisch« ist. Es sieht ein nationales Gesundheitssystem für alle vor, ferner einen Mindestlohn von 15 Dollar die Stunde, kostenlose öffentliche Universitäten, zwei Wochen bezahlten Urlaub für jeden Angestellten, eine Woche Lohnfortzahlung im Krankheitsfall, vier Wochen bezahlten Mutterschaftsurlaub und weitreichendere Maßnahmen für den Umweltschutz. Franziskus' Präferenzen sind klar, doch am Ende ist es Hillary Clinton, die sich bei den Vorwahlen der Demokraten durchsetzt. Neuer Präsident wird Donald Trump, der unter anderem mit dem Bau einer Mauer an der Grenze zu Mexiko und der Abschaffung von Obamacare geworben hatte: jenem Gesetzeswerk, mit dem der erste schwarze Präsident der Vereinigten Staaten die medizinische Versorgung aller US-Bürger zumindest teilweise hatte gewährleisten wollen. Protektionismus, Isolationismus, Feindseligkeit gegenüber den Politikern von Washington und dem Finanz-Establishment, fremdenfeindlicher Populismus und ein gelegentliches Liebäugeln mit der *White-Supremacy*-Ideologie – diese Zutaten stehen auf dem Rezept, das Trump ins Weiße Haus bringt. Die »armen Weißen«, die von der Globalisierung bedroht werden und von den liberalen Eliten – den Wählern der Demokratischen Partei – vergessen worden sind, die evangelischen Fundamentalisten und die staatsfeindlichen Fundamentalisten von der *Alt-Right* (der rechtsextremen Alternative zu den gemäßigten Republikanern) und der *Tea-Party-Bewegung* bilden den soliden Sockel seiner Wählerschaft. »Ich bin eure Stimme!«, hat Trump ihnen auf seinen Wahlveranstaltungen zugerufen.

Mit Trump ist der Pontifex schon während des Wahlkampfs aneinandergeraten – auch dies ein ganz und gar unüblicher Vorgang. Im Februar 2016 führt seine Mexikoreise Franziskus nach Ciudad Juárez, der Stadt mit der weltweit höchsten Rate von Tötungsdelikten vor allem an Frauen: jungen Frauen und Mädchen, die in den örtlichen Fabriken ausgebeutet, sexuell ausgebeutet, auf offener Straße angegriffen, missbraucht, ermordet und dann in der Wüste liegengelassen werden. Es war Franziskus' ausdrücklicher Wunsch, während seiner Pilgerreise nach Mexiko an diesem neuralgischen Punkt des Drogenhandels zwischen Lateinamerika und den Vereinigten Staaten Halt zu machen: dem Sammelbecken für Hunderttausende, die Jahr für Jahr auf der Suche nach dem amerikanischen Traum illegal die Grenze überschreiten. Und dabei oft ihr Leben lassen.

Die mexikanischen Bischöfe haben den Altar gleich vor dem großen Zaun aufstellen lassen, der die Grenze zu den Vereinigten Staaten markiert. An vielen Stellen der Barriere sind Kreuze aufgehängt. Pater Spadaro, Chefredakteur der *Civiltà Cattolica*, erinnert sich noch heute an diesen Anblick: »Der Altar war 80 Meter von der Grenze entfernt. Die Menschen standen diesseits und jenseits des Zauns, denn auch auf amerikanischem Gebiet waren Menschen gekommen, um die Zeremonie zu verfolgen und dem Papst zuzuwinken. Franziskus hatte die Mauer einen Moment lang niedergerissen.« Es sind sehr harte Worte, die der Pontifex an jenem Tag spricht. Die Migranten, mahnte er, werden versklavt und verschleppt, sind Opfer von Erpressung und Menschenhandel. »Diese Krise, die man in Zahlen messen kann, wollen wir anhand von Namen, Geschichten und Familien ermessen. Es sind Brüder und Schwestern, die aufbrechen, vertrieben durch Armut und Gewalt, durch Drogenhandel und organisierte Kriminalität.« Und als einzige Antwort, so der Papst bitter, spannt man »ein Netz aus, das immer die Ärmsten einfängt und zugrunde richtet.«[3]

59

Donald Trump, der damit beschäftigt war, den Wählern eine unüberwindbare, 2500 Kilometer lange Mauer zu versprechen, die auf Kosten Mexikos gebaut werden solle, hatte den Pontifex schon vor dessen Abreise aus Rom attackiert:»Ich glaube, das ist ein sehr politisierter Mensch. Ich glaube, dass er die Probleme unserer Nation nicht versteht.« Diesen Ausfall hatte Franziskus auf dem Rückflug von seiner Mexikoreise mit der üblichen sanften Stimme, doch umso deutlicheren Worten pariert:»Eine Person, die nur daran denkt, Mauern zu bauen, wo immer sie auch sein mögen, und nicht daran denkt, Brücken zu bauen, ist kein Christ.« Ansonsten hatte der Pontifex klargestellt, dass er sich nicht in die Wahlen einmischen und für oder gegen Trump Position beziehen wolle.[4] Doch der Hieb war schon um die Welt gegangen. Pikiert hatte Trump erklärt, er halte es für schändlich, wenn ein religiöser Leader seinen Glauben in Zweifel ziehe.»Ich bin ein guter Mensch«, hatte er betont,»ich bin ein Christ und stolz darauf, Christ zu sein.«[5] Ein paar Stunden später hatte er dann aus Sorge, die Katholiken unter seinen Wählern verstimmt zu haben, ein anderes Register gezogen:»Der Papst ist ein fantastischer Mensch, ich habe nicht gerne Streit mit dem Papst.« Einen Seitenhieb hatte er sich dennoch nicht verkneifen können: »Er hat große Mauern im Vatikan.«[6]

Bei den Wahlen vom 8. November 2016 wird deutlich, dass sich das traditionell demokratenfreundliche katholische Votum erheblich verschoben hat. Laut Analysen des *Pew Research Center* stimmten 52 Prozent der Katholiken für Donald Trump. Wie in Italien haben der Eindruck der großen Wirtschaftskrise und das Gefühl, den »starken Mann« gefunden zu haben, der die richtigen Antworten gibt, (zumindest kurzfristig) größeres Gewicht als die Inhalte von Franziskus' Botschaft und die Werte der kirchlichen Soziallehre. Am Ende bleibt die Tatsache, dass Trump – bedingt durch den besonderen Mechanismus der amerikanischen Präsidentschaftswahlen, wo die Bürger nicht den Präsidenten direkt, sondern Wahlleute wählen – der 45. Präsident der Vereinigten Staaten wird, obwohl er etwa drei Millionen Stimmen weniger als Hillary Clinton auf sich vereinigen konnte: 62.984.825 gegenüber 65.853.516.

Sechs Monate später, am 24. Mai 2017, stattet Trump dem Vatikan einen offiziellen Besuch ab. Er lächelt breit, der Gesichtsausdruck des Pontifex ist eher verhalten. Die Unterredung dauert 35 Minuten; weitere 50 Minuten verbringt der Präsident der Vereinigten Staaten mit Staatssekretär Pietro Parolin und dem vatikanischen Außenminister Erzbischof Paul Gallagher. »Wir werden sehen, was er tut, und dementsprechend urteilen«, hatte sich der Pontifex am Tag nach Trumps Amtseinführung geäußert. Es habe keinen Sinn, so hatte er verlauten lassen, sich schon im Vorfeld den Kopf zu zerbrechen. Bergoglios Leitstern ist und bleibt der Dialog. Und die »Unterscheidung«, ein zentraler Begriff, den seine engsten Mitarbeiter inzwischen bestens kennen. In den heikelsten und verwickeltsten Angelegenheiten hält sich der argentinische Papst stets an die Regel, zu beobachten, was konkret passiert. »Was hast du getan, was hast du gesagt, wie verhältst du dich? Darauf hoffe und darauf achte ich.«[7]

Das vatikanische Kommuniqué informiert die Öffentlichkeit darüber, dass der Pontifex und der Präsident der Vereinigten Staaten über das gemeinsame Engagement für den Lebensschutz und die Religions- und Gewissensfreiheit gesprochen hätten. Trumps vatikanische Gesprächspartner hätten die beträchtlichen Leistungen des amerikanischen katholischen Episkopats auf dem Gebiet der Gesundheit, der Bildung und der Einwandererhilfe hervorgehoben. In Sachen Außenpolitik unterstreicht die Pressemitteilung die »Förderung des Weltfriedens auf dem Weg der politischen Verhandlung und des interreligiösen Dialogs« unter besonderer Berücksichtigung der Situation im Nahen Osten und des Schutzes der christlichen Gemeinden. Vage Worte, die jeder der beiden Leader unterschiedlich interpretiert. Der amerikanische Präsident kommt gerade aus Riad, wo er Saudi-Arabien militärische Ausrüstung im Wert von 110 Milliarden Dollar (Raketen, Schiffe, Cybersicherheitssysteme) verkauft und für die nächsten zehn Jahre weitere Verträge in einem

Umfang von 350 Milliarden in Aussicht gestellt hat. In der saudischen Hauptstadt hatte Trump auf dem arabisch-islamisch-amerikanischen Gipfeltreffen, an dem 40 mehrheitlich islamische Staaten teilnahmen, eine heftige Attacke gegen den Iran vom Stapel gelassen, ihn beschuldigt, den Terrorismus zu unterstützen, und seinem Wunsch Ausdruck verliehen, dass das iranische Volk eines Tages die »gerechte Regierung« bekommen werde, »die es verdient«. Anschließend war Trump nach Jerusalem geflogen, wo er erneut den Iran angegriffen und der iranischen Regierung vorgeworfen hatte, sie wolle die Zerstörung Israels.

Was den Heiligen Stuhl beunruhigt, ist die Tatsache, dass die Vereinigten Staaten nicht lange nach dem katastrophalen militärischen Abenteuer im Irak und ohne Rücksicht auf den desaströsen Ausgang der Afghanistan-Unternehmung schon wieder einen »großen Feind« im Nahen Osten ausmachen und die sunnitischen Nationen gegen das schiitische Regime in Teheran mobilisieren wollen. Franziskus verfolgt die entgegengesetzte Strategie: Er arbeitet im Einvernehmen mit der Europäischen Union darauf hin, den Iran in die internationale Gemeinschaft zu integrieren. Als Präsident Hassan Rohani 2016 in den Vatikan gekommen war, um dem Pontifex einen Besuch abzustatten, zogen beide Leader eine positive Bilanz ihres Treffens. Beide hatten die gemeinsamen Werte von Christen und Muslimen sowie die Notwendigkeit herausgestellt, den interreligiösen Dialog fortzusetzen. Beide hatten das Atomabkommen positiv bewertet, das der Iran mit den Vereinigten Staaten, Russland, China, Frankreich, Großbritannien und Deutschland unterzeichnet hatte, und betont, wie wichtig es sei, Teheran in die Suche nach friedlichen Lösungen der Nahostkrisen einzubeziehen und »der Ausbreitung des Terrorismus und des Waffenhandels entgegenzuwirken«.[8] Franziskus hatte Rohani mit den Worten »Ich hoffe auf Frieden« verabschiedet, doch mit der Antwort, die der Iraner ihm geben würde, hatte er nicht gerechnet: »Bitte, beten Sie für mich«!

Als er im Mai 2017 mit dem amerikanischen Präsidenten spricht, weiß Franziskus bereits, dass Trump den entgegengesetzten Kurs verfolgt. Trump will sich aus dem Atomabkommen zurückziehen und ist obendrein entschlossen, aus dem Klimavertrag auszusteigen. Dass Franziskus ihm ein Exemplar seiner Umweltenzyklika *Laudato si'* überreicht, ist lediglich der Ausdruck eines frommen Wunsches. Genauso, wie auch das Geschenk des amerikanischen Präsidenten eine bloße Höflichkeitsgeste ist: ein Schuber mit den Werken von Martin Luther King. Das heißt nicht, dass seine Präsidentschaft eine aktive Politik betreiben würde, um die Integration der Einwanderer zu fördern. »Ich werde das, was Sie mir gesagt haben, nicht vergessen«, erklärt der amerikanische Präsident mit Nachdruck, als er sich verabschiedet. »*Buena suerte*«, viel Glück, gibt der Pontifex trocken auf Spanisch zurück. Wichtiger als die besagten Floskeln sind zwei Botschaften, die der Vatikanische Palast nach dem Treffen zwischen Franziskus und Trump veröffentlicht. »Im Dialog kann man eine geteilte Zukunft planen. Durch den Dialog bauen wir den Frieden und tragen füreinander Sorge«, twittert der Papst. Noch deutlicher ist der Tweet von Peter Kardinal Turkson, dem Präfekten des Dikasteriums für die ganzheitliche Entwicklung des Menschen: »Franziskus und Trump wenden sich an die islamische Welt, um sie von der Gewalt zu befreien. Der eine bietet den Frieden des Dialogs, der andere die Sicherheit der Waffen.« An der grundlegenden politischen Distanz zwischen den beiden Leadern wird sich nichts ändern. Die höflichen Worte, die man in der Öffentlichkeit ausgetauscht hat, sind Teil des diplomatischen Spiels.

Seit Jorge Mario Bergoglio Papst ist, hat sich die Welt von Grund auf gewandelt. Eckpfeiler, die jahrzehntelang festgestanden haben, geraten ins Wanken, in der multilateralen Architektur, die sich nach 1945 etabliert hat, zeigen sich Risse. Illiberale Tendenzen überwiegen. Mit Macht kehrt jenes Fieber zurück, das das Gesichtsfeld auf die eigene Nation verengt. »Eiserne Leader« treten auf die Bühne: von Trump bis Erdoğan, von Orbán bis Netanjahu, von Putin bis

Bolsonaro, dem neu gewählten brasilianischen Präsidenten, von Mohammed bin Salman bis Xi Jinping, von as-Sisi bis Modi in Indien und Duterte auf den Philippinen.

Mit Trumps Präsidentschaft wird auch in den Beziehungen zwischen dem Heiligen Stuhl und Washington ein völlig neues Kapitel aufgeschlagen und eine Kehrtwende vollzogen. Das verdeutlicht nicht zuletzt der Vergleich mit früheren Pontifikaten. Seit dem Ende des Zweiten Weltkriegs waren die Vereinigten Staaten, auch wenn man nicht immer derselben Meinung war, für den Vatikan ein fester Bezugspunkt in der internationalen Politik.

Johannes XXIII. hatte 1962 in der Kubakrise zwischen Kennedy und Chruschtschow vermitteln können. Paul VI. hatte von amerikanischer Seite Unterstützung erhalten, als es darum ging, die Religionsfreiheit in der (1975 unterzeichneten) Schlussakte von Helsinki festzuschreiben, die die Arbeitsgrundlage für die Konferenz über Sicherheit und Zusammenarbeit in Europa bildete. Johannes Paul II. hatte in strategischer Absprache mit US-Präsident Ronald Reagan darauf hingearbeitet, den Kampf der freien Gewerkschaft *Solidarność* in Polen zu unterstützen und in Lateinamerika der Ausbreitung der marxistischen Bewegungen und derjenigen Gruppen entgegenzuwirken, die der Befreiungstheologie nahestanden. Gleichzeitig hatte Papst Wojtyła versucht, mit allen verfügbaren diplomatischen Mitteln das amerikanische Eingreifen im Irak zu verhindern, und die Entscheidung von George W. Bush verurteilt.

Mit den Vereinigten Staaten unter Barack Obama hatte Papst Franziskus sich in vielen Belangen gut verstanden. Es herrschte Einklang, was den Umweltschutz und das Klimaschutzabkommen betraf, das am 12. Dezember 2015 in Paris von 195 Nationen unterzeichnet worden war, um die Emissionen der für den sogenannten »Treibhauseffekt« verantwortlichen Gase zu reduzieren. Es herrschte Einklang in der Besorgnis über die »neuen Formen der Sklaverei«, Einklang im Bemühen um eine Verständigung mit dem Iran und Einklang hinsichtlich der Notwendigkeit, Israel daran zu erinnern, dass seine Grenzen die von 1967 sind. Auf Franziskus' Anregung hin hatte der Vatikan zwischen den Vereinigten Staaten und Kuba vermittelt, um eine Wiederaufnahme der Beziehungen zu ermöglichen: Sowohl Obama als auch Raúl Castro hatte ihm dafür gedankt.

An wechselnde Präsidenten und Regierungsoberhäupter ist die Diplomatie des Heiligen Stuhls von jeher gewohnt. Doch bei Donald Trump liegen die Dinge vollkommen anders. Die Ansichten des neuen Herrn im Weißen Haus verändern die Grundzüge der amerikanischen Präsenz in der Welt. Die gemeinsame Erinnerung an den Weg, den die westlichen Demokratien nach dem Zweiten Weltkrieg miteinander gegangen sind, scheint nicht mehr von Bedeutung, geschlossene Verträge können aufgekündigt werden, und sogar das atlantische Bündnis wird strapaziert. Die ganze multilaterale Betrachtungsweise, die die »Führungsrolle« der USA jahrzehntelang geprägt hat, wird fallengelassen. Als Leitstern bleibt eine Politik nach dem Motto *America first*.

Die wiederholten Schläge gegen eine Reihe internationaler Verträge lösen im Vatikan Verwirrung und Besorgnis aus. Am 1. Juni 2017, eine Woche nach dem Treffen mit dem Papst der grünen Enzyklika, erklärt Trump den Rückzug aus dem Pariser Klimaschutzabkommen. Am 3. Dezember 2017 kündigt er den Austritt aus dem *Global compact* über die Migrationen an, jenem Pakt, mit dem die Vereinten Nationen auf internationaler Ebene eine »sichere, geordnete und geregelte Migration« gewährleisten wollen. Am 8. Mai 2018 ist das Atomabkommen mit dem Iran an der Reihe; gleichzeitig kündigt der amerikanische Präsident scharfe Sanktionen gegen Teheran an, die auch Unternehmen und Länder treffen sollen, die beabsichtigen, mit dem Iran Geschäfte zu machen. Im selben Jahr verlässt Washington den Menschenrechtsrat der Vereinten Nationen. Im Januar 2019 ziehen sich die Vereinigten Staaten (gemeinsam mit Israel) aus der UNESCO zurück. Im darauffolgenden Februar erklärt Trump den INF-Vertrag über nukleare Mittelstreckensysteme für beendet. Russland folgt postwendend. »Die

Welt fürchtet ein neues nukleares Wettrüsten«, titelt die Vatikan-zeitung *L'Osservatore Romano* alarmiert. Auch die Meldungen von der geplanten Schaffung einer United States Space Force erregen Besorgnis im Vatikan. »Wir erleben eine Umkehrung der von Paul VI. vorgeschlagenen Abrüstungsstrategie«, erklärt Bischof Marcelo Sánchez Sorondo, der Kanzler der Päpstlichen Akademie der Wissenschaften. »Man kehrt zur nuklearen Abschreckung zurück und macht sich daran, den Weltraum mit Satelliten zu militarisieren. Bekanntlich kann jedes Verteidigungssystem auch zu offensiven Zwecken eingesetzt werden.«[9]

In den Beziehungen zwischen den USA und Europa kommt es ebenfalls zu Spannungen. Immer wieder lässt Trump negative Bemerkungen über Europa fallen. »Wir haben viele Feinde. Ich denke, die Europäische Union ist ein Feind, was sie uns im Handel antun. Man würde jetzt nicht unbedingt an die EU denken, aber sie sind ein Feind«, erklärt Trump im Interview mit einem Reporter des Fernsehsenders CBS.[10] Der britischen Premierministerin Theresa May empfiehlt er, »die Europäische Union zu verklagen«, statt weiter über den Brexit zu verhandeln. Das enthüllt sie selbst gegenüber dem Sender BBC.[11] Den französischen Präsidenten Emmanuel Macron fragt er in einem Vier-Augen-Gespräch: »Warum verlassen Sie die Europäische Union nicht einfach?«, und stellt ihm verheißungsvolle bilaterale Verträge in Aussicht.[12] Es fehlt auch nicht an Grobheiten gegen das Deutschland von Angela Merkel. »Das deutsche Volk wendet sich gegen seine Anführer«, twittert Trump im Zusammenhang mit den Einwanderern, die die Kultur der europäischen Nationen seiner Meinung nach gewaltsam verändern, und ergänzt: »Die Kriminalitätsrate in Deutschland ist stark gestiegen.«[13] Ein anderes Mal – beim NATO-Gipfel in Brüssel im Juli 2018 – greift er Deutschland an und wirft ihm wegen der Nord-Stream-Pipeline zwischen den beiden Ländern vor, es sei »total von Russland kontrolliert«.[14]

Auf die Veteranen der vatikanischen Diplomatie wirkt die Strategie der Präsidentschaft Trumps wie ein Schauspiel auf der Bühne des politischen Darwinismus, wo allein die Militär- und Wirtschaftskraft der Vereinigten Staaten zählt. Das ist nicht mehr das Amerika, das Franziskus in den ersten Jahren seines Pontifikats kennengelernt hat, als er 2015 vor dem US-Kongress sagte, dass die beispiellose Flüchtlingskrise jeden Staat vor große Herausforderungen und harte Entscheidungen stelle. Damals hatte er daran erinnert, dass »auch in diesem Kontinent [...] Tausende von Menschen nordwärts [ziehen] auf der Suche nach einem besseren Leben für sich und ihre Lieben, auf der Suche nach größeren Möglichkeiten. Ist es nicht das, was wir für unsere eigenen Kinder wünschen?« Und er hatte sein Publikum, das ihm aufmerksam und respektvoll zuhörte, ermahnt: »Wir müssen eine heute allgemeine Versuchung vermeiden: alles, was stört, auszuschließen.«[15]

Amerika scheint für den Heiligen Stuhl nicht länger die Bezugsgröße zu sein, auf die man blicken muss, um durch eine tragfähige multilaterale Architektur den internationalen Frieden zu stärken. Das große Blutbad des Ersten Weltkriegs, sagt Franziskus Anfang 2018 zu den Botschaftern, die er zur Audienz im Apostolischen Palast empfängt, hat der Nachwelt zwei Mahnungen hinterlassen: Friede baut nicht auf der Demütigung des Besiegten auf, und: Friede baut auf der Gleichheit der Nationen auf. Kein anderer als der damalige amerikanische Präsident Thomas Woodrow Wilson, betont Papst Bergoglio mit Blick auf Washington, war es gewesen, der aufgrund dieser Erkenntnis vorschlug, einen allgemeinen Zusammenschluss der Nationen zu gründen. Damals wurden die Fundamente jener »multilateralen Diplomatie gelegt, die [...] eine wachsende Rolle gespielt hat und zunehmend Einfluss auf die gesamte internationale Gemeinschaft gewonnen hat.«[16]

Seit den Zeiten Pauls VI., der dem Vatikan 1964 den Status eines »ständigen Beobachters« verschafft hatte, waren die UNO und die multilateralen Organisationen stets eine feste Bezugsgröße in der internationalen Politik jedes Papstes. Paul VI., Johannes Paul II., Benedikt XVI. und Franziskus haben vor der Versammlung der

Vereinten Nationen gesprochen. Im Zeichen des Multilateralismus hatte Papst Ratzinger in seiner Enzyklika *Caritas in veritate* 2009 sogar das Thema einer internationalen Finanzautorität zur Sprache gebracht, um die spekulativen Verzerrungen des globalisierten Wirtschaftssystems zu verhindern. Doch gerade diesen Horizont der internationalen »Gemeinschaft« verlieren die Präsidentschaft Trump und die souveränistisch-populistischen Bewegungen in anderen Teilen der Welt zunehmend aus den Augen.

Franziskus will die Strömungen innerhalb der amerikanischen Gesellschaft, die Trump zum Sieg verholfen haben, bei den Wurzeln packen. Am 15. Juli 2017, als der neue amerikanische Präsident ein halbes Jahr im Amt ist, erscheint mit dem Imprimatur des vatikanischen Staatssekretariats ein Artikel in der Jesuitenzeitschrift *La Civiltà Cattolica*. Der Titel ist vielsagend: »Evangelikaler Fundamentalismus und katholischer Integralismus«. Und auch die Namen der Verfasser sind bezeichnend: Pater Antonio Spadaro, enger Mitarbeiter des Papstes, und Marcelo Figueroa, ein presbyterianischer Pastor, den Papst Bergoglio, gerade weil es sich um einen Vertreter des Protestantismus handelt, in die Redaktion der argentinischen Ausgabe des *Osservatore Romano* berufen hat. Der Artikel durchleuchtet den fundamentalistischen Wählerblock, der Trump den Sieg gesichert hat, und beginnt mit der besorgten Feststellung, dass in den Vereinigten Staaten in den vergangenen Jahrzehnten eine zunehmende »Durchdringung von Politik, Moral und Religion« zu beobachten sei, die »eine manichäische Sprache verwendet und die Wirklichkeit in ein absolut Gutes und ein absolut Böses unterteilt«. Es handele sich um eine evangelikale Bewegung (die sich weit von ihren puritanisch geprägten protestantischen Ursprüngen entfernt habe), die Amerika nicht nur als eine »von Gott gesegnete Nation« betrachte, sondern die Gegner dessen, was sie für den echten amerikanischen Lebensstil halte, zunehmend verteufele. Waren es einst die Befürworter der Rechte schwarzer Sklaven und später dann die Kommunisten, die Hippie-Bewegung und die Feministinnen gewesen, die diesem überwiegend aus »weißen Volksschichten aus dem tiefen amerikanischen Süden« bestehenden Block als Zielscheibe dienten, so stellen heute die Migranten und die Muslime das neue Feindbild dar.

Dieser evangelikale Fundamentalismus, der auch bei einigen katholischen fundamentalistischen Gruppen auf Zustimmung stößt, vertritt die Notwendigkeit, Politik und Staat der Bibel (genauer gesagt einer streng im Buchstabensinn interpretierten Bibel) zu unterwerfen, und drückt sich in einer Logik aus, die – *La Civiltà Cattolica* zufolge – dem islamischen Fundamentalismus ähnelt, will sagen: Die Vorstellungswelt der Dschihadisten und die der neuen Kreuzritter sind letzten Endes gar nicht so unterschiedlich. Was auffällt, ist vor allem das Einhämmern manichäischer Schlagworte: Wer den wahren Glauben (*faith*) bekennt, muss bereit sein, denselben Kampf (*fight*) zu kämpfen. Der Artikel zeigt die wenig differenzierten Kategorien auf, in die Trump alle diejenigen einordnet, von denen er glaubt, dass sie seinen Zielen im Wege stehen: Sie sind »*bad* ... böse« oder »*very bad* ... sehr böse«. Trump seinerseits wird von einer evangelikalen amerikanischen Vereinigung namens *Church Militant* als ein neuer Konstantin verherrlicht: gleichsam eine Wiedergeburt jenes römischen Kaisers, der das Christentum zur Staatsreligion machte. Ein Vergleich, der die Verfasser des Artikels schaudern macht.

Berührungspunkte zwischen dem evangelikalen und dem katholischen Fundamentalismus sind Themen wie die Abtreibung, die Ablehnung von Eheschließungen zwischen Personen des gleichen Geschlechts, der Religionsunterricht an Schulen und eine eher unbestimmte Wertegemeinschaft – das Ganze geprägt von einer Atmosphäre des permanenten Konflikts mit allen, die anderer Meinung sind. Diese Haltung wird von der Jesuitenzeitschrift als gefährlich beurteilt: Sie sei der Ausdruck eines »nostalgischen Traums von einem Staat mit theokratischen Zügen« und genährt »von einer fremdenfeindlichen und islamfeindlichen Sicht, die nach

Mauern und säubernden Deportationen schreit«. Diese »Ökumene des Hasses« zeuge von totaler Gleichgültigkeit gegenüber den klimatischen Veränderungen, von Achtlosigkeit gegenüber dramatischen Situationen außerhalb des eigenen Staatsgebiets, von der Nichtberücksichtigung der Zusammenhänge zwischen Kapital, Profit und Waffen. Und diese theopolitische Bewegung weist noch ein weiteres zutiefst negatives Merkmal auf: das obsessive, an neuheidnische Kulte gemahnende Heraufbeschwören einer mythisierten nationalen Identität, die *La Civiltà Cattolica* als »triumphalistischen, anmaßenden und rachsüchtigen Ethnizismus« und als »das Gegenteil des Christentums« definiert.

Hätte es sich nur um den Artikel einer renommierten Kirchenzeitschrift gehandelt, dann hätte sich seine Bedeutung auf den kulturellen Bereich beschränkt. Das enge Vertrauensverhältnis zwischen Spadaro und dem Papst macht den Text jedoch zu einer Art politischem Manifest des Franziskuspontifikats im Hinblick auf jene Ideologie, die Trumps Wählerbasis inspiriert. Die Schlussfolgerungen muten an wie ein gebieterisches »Halt! Nicht weiter!« an die Adresse all derer, die es sich im heutigen Westen diesseits wie jenseits des Atlantiks herausnehmen, politisch-ökonomische Interessen und religiöse Symbole zu vermischen. »Die Religionen dürfen niemanden als ihren Erzfeind und auch niemanden als ihren ewigen Feind betrachten ... Die geopolitische Weltsicht der Fundamentalisten will hier und jetzt das Reich einer Gottheit errichten. Und diese Gottheit ist nichts anderes als die idealisierte Projektion der herrschenden Macht. Diese Sichtweise bringt die Ideologie der Eroberung hervor.« Die Franziskus verabscheut.

Aus diesen Gründen, so die Schlussfolgerung des Artikels, der sich damit zum Sprachrohr des argentinischen Papstes macht, zieht der Heilige Stuhl es vor, direkte und flexible Beziehungen zu den Supermächten zu unterhalten, ohne sich in die Raster vorgefertigter Bündnisse einzufügen. Bergoglio will nicht, dass sich der Vatikan in eine nach außen hin moralisch oder geistlich begründete Lagerbildung hineinziehen lässt. Außerdem ist der Papst entschlossen, in der gegenwärtigen Phase der Angst und Unsicherheit jedweder religiösen Manipulation entgegenzuwirken. »Franziskus gibt jenen, die einen ›heiligen Krieg‹ fordern oder wollen oder Stacheldrahtzäune hochziehen, nicht die geringste theologisch-politische Legitimation.« Denn – und hier meint man die sanfte Stimme des Papstes selbst zu hören – für den Christen gibt es nur einen Stacheldraht: »die Dornenkrone auf dem Haupt Christi«.[17]

Am 15. Februar 2017 treffen Donald Trump und der israelische Premier Benjamin Netanjahu zu Gesprächen im Weißen Haus zusammen. Bei der anschließenden Pressekonferenz lässt der amerikanische Präsident folgenden Satz fallen: »Ob zwei Staaten oder ein Staat … ich bin mit der Lösung zufrieden, auf die sich beide Seiten einigen können.«[18] Sodann erwähnt Trump das Vorhaben, die amerikanische Botschaft nach Jerusalem zu verlegen. Damit gibt er den Grundsatz von den »zwei Staaten« (einem palästinensischen und einem israelischen) auf, der die Politik der Vereinigten Staaten seit den Zeiten der Osloer Verträge von 1994 bestimmt hatte, als Jitzchak Rabin und Jassir Arafat einander unter der Schirmherrschaft von US-Präsident Bill Clinton die Hände gereicht hatten. Washington verlässt den Königsweg der Schaffung eines palästinensischen Staates in Nachbarschaft zu Israel, kommentiert die internationale Presse. Trumps Haltung bedeutet, dass die Regierung Netanjahu freie Hand hat, ihre Politik der israelischen Besiedlung der Palästinensergebiete fortzusetzen, auch wenn der amerikanische Präsident der Form halber empfiehlt, den Bau neuer Siedlungen für den Moment auszusetzen.

Tags darauf prangt auf der Titelseite des *Osservatore Romano* die Schlagzeile: »Trump: Kurswechsel bei der Zweistaatenlösung«. Im Vatikan herrscht Besorgnis. Israel ist eine hochgerüstete Atommacht, gestärkt durch ein ehernes, nun noch enger gewordenes Bündnis mit den Vereinigten Staaten, und hat in den Palästinensergebieten bereits 126 Siedlungen mit über 630 000 Bewohnern errichtet: Die Vorstellung, dass Israel und die palästinensischen Behörden auf Augenhöhe miteinander verhandeln könnten, ist illusorisch. Schon unter Johannes Paul II. hatte der damalige Kardinalstaatssekretär Angelo Sodano die Befürchtung geäußert, das Staatsgebiet des künftigen Palästina werde aufgrund der illegalen israelischen Siedlungen aussehen wie ein Schweizer Käse. Im Übrigen hat man im Apostolischen Palast nicht vergessen, dass Netanjahu bei den israelischen Wahlen 2015 unmittelbar vor dem Urnengang einen ultimativen Appell formuliert hatte: »Ich werde die Schaffung eines palästinensischen Staates nicht zulassen.«

Für den Frieden im Heiligen Land hat Franziskus sich immer energisch eingesetzt. Noch am Tag von Trumps Wahl erschien im *Osservatore Romano* ein Artikel über die kontinuierliche Ausdehnung des israelischen Siedlungsgebiets mit dem Titel: »Häuser, die dem Dialog im Wege stehen«. Wenige Wochen später begrüßte der Vatikan die am 23. Dezember 2016 verabschiedete Resolution des Sicherheitsrats der Vereinten Nationen, die »die anhaltende israelische Siedlungstätigkeit« negativ beurteilte und alle »Maßnahmen« verurteilte, »die darauf abzielen, die demografische Zusammensetzung, den Charakter und den Status des seit 1967 besetzten palästinensischen Gebiets, einschließlich Ost-Jerusalems, zu ändern«. Eine Resolution, die – dank der entscheidenden Enthaltung der Vereinigten Staaten, die Obama als letzten Akt seiner Präsidentschaft gewollt hatte, um die Chance auf eine »Zweistaatenlösung« zu wahren – einstimmig verabschiedet wurde.

Am 14. Januar 2017 empfängt Papst Franziskus den palästinensischen Leader Mahmud Abbas, der gleich im Anschluss die palästinensische Botschaft beim Heiligen Stuhl einweiht, in Audienz. »Wir hoffen, dass andere Staaten dem Beispiel des Heiligen Stuhles folgen und den Staat Palästina anerkennen werden«, so Mahmud Abbas' sehnlicher Wunsch. Den palästinensischen Leader sechs Tage vor Trumps Amtsantritt zu empfangen ist eine Geste, die zeigt, dass der Pontifex Mahmud Abbas angesichts der Tatsache, dass die neue amerikanische Führung völlig auf den israelischen Kurs eingeschwenkt ist, den Rücken stärken will. Der Vatikan hat Palästina 2015 als Staat anerkannt. Das Abkommen definiert die einseitigen Aktionen, die darauf ausgerichtet sind, den Status von Jerusalem zu verändern, als »moralisch und rechtlich inakzeptabel«. Die israelische Regierung reagiert irritiert. Dies »schadet den Friedensverhandlungen und schwächt die internationalen Bemühungen, die palästinensische Führung wieder in direkte Verhandlungen mit dem israelischen Gegenüber zu bringen«, heißt es in einer Note des israelischen Außenministeriums.[19]

Fakt ist jedoch, dass der Wind nicht in die Richtung weht, die Papst Bergoglio sich wünscht. Am 6. Dezember 2017 kündigt Präsident Trump offiziell an, dass die amerikanische Botschaft von Tel Aviv nach Jerusalem umziehen werde. Die Entscheidung, die er dem israelischen Premier Benjamin Netanjahu und dem Präsidenten der Palästinensischen Autonomiebehörde Mahmud Abbas telefonisch mitteilt, löst heftige Proteste seitens der PLO, wütende Reaktionen bei der Hamas und große Besorgnis in den arabischen Ländern aus. Es ist die Anerkennung der Eroberung des arabischen Ostjerusalem durch die Israelis, die Jerusalem 1980 zur »geeinten und ungeteilten Hauptstadt Israels« ausgerufen hatten. Der Schritt des amerikanischen Präsidenten stößt bei der Europäischen Union auf Widerstand und bricht die Front der internationalen Gemeinschaft auf, die – in der Hoffnung, dass neben Israel ein souveräner palästinensischer Staat in den Grenzen von 1967 geschaffen und in diesem Zusammenhang auch über den Status von Jerusalem entschieden werden wird – ihre Botschaften seit einem halben Jahrhundert in Tel Aviv unterhält. Und es ist ein Schlag gegen die Position, die die vatikanische Diplomatie im Einklang mit den Resolutionen der UNO seit Jahrzehnten vertritt.

Doch bei den amerikanischen Evangelikalen, den sogenannten zionistischen Christen, herrscht Feierstimmung. Der 77-jährige

John Hagee, Gründer der Megakirche *Cornerstone Church* (»Eckstein-Kirche«) im texanischen San Antonio und Geschäftsführer von *Global Evangelism Television*, jubelt: »Präsident Trump hat sich politisch unsterblich gemacht. Was er heute getan hat, wird auf ewig gefeiert werden. Es besteht Hoffnung auf eine bessere Zukunft in Christus.« Hagee ist Verfasser des Buches *Jerusalem Countdown*, in dem er sich eine russische und islamische Invasion in Israel ausmalt, die mit der Vernichtung der Feinde durch das Eingreifen Gottes endet. Für die zionistischen Christen haben die Gründung des Staates Israel und die Eroberung Jerusalems eine besondere Bedeutung im Kampf zwischen Gut und Böse. Ihre fundamentalistische und apokalyptische Sicht auf Israel wird jedoch – das geht aus einer Erhebung des *Pew Research Center* hervor – von der Mehrheit der amerikanischen Juden nicht geteilt. Auf die Frage, ob das heutige Israel mit dem Land identisch sei, das Gott dem jüdischen Volk geschenkt habe, antworten 82 Prozent der *White Evangelicals*, der weißen Mitglieder der evangelikalen Gemeinden, mit »Ja«. Das US-amerikanische Judentum ist da laikaler. Zwar haben immerhin 52 Prozent der US-Juden mit »Ja« geantwortet, allerdings wurde die Umfrage nur unter praktizierenden Juden durchgeführt.[20]

An Weihnachten 2017 äußert Papst Franziskus noch einmal mit Nachdruck seinen Wunsch, dass man zu einer Lösung gelangen werde, »die innerhalb von miteinander vereinbarten und international anerkannten Grenzen eine friedliche Koexistenz zweier Staaten ermöglicht.«[21] Im fernen Betlehem verurteilt Erzbischof Pierbattista Pizzaballa, apostolischer Administrator des Patriarchats von Jerusalem, in der Christmette den »Krieg«, den »der jeweils amtierende Herodes führt, um größer zu werden, um mehr Land zu besetzen, um Positionen und Grenzen zu verteidigen«.[22] Die Gläubigen verstehen. Wenige Tage später verweist der Papst vor dem diplomatischen Korps erneut auf die Notwendigkeit, die Resolutionen der Vereinten Nationen über den Status quo der für Christen, Juden und Muslime gleichermaßen heiligen Stadt Jerusalem zu respektieren und eine politische Lösung zu finden, die »zwei unabhängige Staaten« ermöglicht und »zu einer friedlichen Koexistenz der beiden Völker« führt.[23]

Doch die Stimme des Vatikans wird angesichts der Achse zwischen den Vereinigten Staaten und Israel und der strategischen Einigkeit von Israelis und Saudis im Hinblick auf das gemeinsame Feindbild Iran zunehmend schwächer. Im Juli 2018 bringt der nationalistisch-fundamentalistische Block, der die Regierung Netanjahu trägt, in der Knesset, dem israelischen Parlament, ein Gesetz mit Verfassungsrang durch, das Israel als die »nationale Heimat des jüdischen Volkes« definiert und das Arabische als Amtssprache abschafft. Damit ist der Traum des ersten Zionismus, der Juden und Araber als Brudervölker betrachtete, ausgeträumt. Der jüdische Kalender wird der offizielle Kalender. Die arabische Sprache erhält lediglich einen Sonderstatus. Das Gesetz ist das Produkt eines Parlaments, das in zwei Teile gespalten ist: 62 Jastimmen, 55 Neinstimmen, zwei Enthaltungen. Unverblümt ermutigt der Text zur territorialen Expansion auf Kosten der Palästinensergebiete. »Der Staat«, so heißt es da, »betrachtet die Entwicklung von jüdischen Siedlungen als einen nationalen Wert und wird seine Gründung und Konsolidierung bestärken und fördern.«

Der *Osservatore Romano* reagiert verschnupft angesichts der Ungeheuerlichkeit dieser Kehrtwende. Er bringt die Meldung in einer kleinen Spalte auf der dritten Seite. Jede Zeile ist mit Bedacht so formuliert, dass die negativen Folgen der Entscheidung deutlich werden. »In den vergangenen Tagen«, so liest man, »hatte der israelische Staatspräsident Re'uwen Riwlin einen Brief an die gemeinsame Kommission der Knesset und des Ausschusses für Verfassung, Recht und Justiz geschrieben und darauf hingewiesen, dass der Text des Gesetzes dem jüdischen Volk und Israel möglicherweise Schaden zufügen werde. Die Mitte-links-Parteien und die arabische Minderheit fürchten eine ethnische Abdrift, die zu einer Diskriminierung der nichtjüdischen Bewohner Israels führt. Die Tageszeitung

Haaretz wirft dem Gesetz vor, die Gleichheitsprinzipien zu verleugnen, die in der Unabhängigkeitserklärung von 1948 festgeschrieben sind, und das Ende der Demokratie einzuläuten. Für den palästinensischen Premier Rami Hamdallah handelt es sich um den ›letzten Nagel‹ zum Sarg der Zweistaatenlösung.« Der amtlichen Internetseite *Vatican News* zufolge geht das Gesetz zulasten eines Fünftels der israelischen Bevölkerung, die aus Arabern und verschiedenen anderen Minderheiten besteht. Innerhalb der römischen Kurie werden vernichtende Kommentare laut. Ein Kardinal, der seit vielen Jahren in einer bedeutenden Kongregation tätig ist, bemerkt: »Diese Politik der israelischen Regierung ist rassistisch, es ist inakzeptabel, das ›geoffenbarte Gesetz‹ zur Grundlage eines Staates zu machen. Der Staat Israel ist seit geraumer Zeit nicht den kleinsten Schritt auf die Araber zugegangen.« Seit Trumps Entscheidung, fügt der Purpurträger hinzu, seien die »Vereinigten Staaten im israelisch-palästinensischen Konflikt keine glaubwürdigen Vermittler mehr«.

Franziskus will keinen diplomatischen Zusammenstoß mit Netanjahu, deshalb lässt er zunächst die Ortskirchen sprechen. Der lateinische Patriarch von Jerusalem erhebt schwere Vorwürfe: Das neue Gesetz sei diskriminierend, weil es »den Rechten der Einheimischen und der anderen Minderheiten im Land keinerlei verfassungsrechtliche Garantien gibt. Die Palästinenser, die 20 Prozent der israelischen Staatsbürger ausmachen, werden unübersehbar ausgeschlossen.«[24] Noch härter und direkter äußert sich der libanesische Kardinal Béchara Raï, maronitischer Patriarch von Antiochien, der das Gesetz als »schändlich, antidemokratisch und antipluralistisch« brandmarkt.[25] Drei Monate später fordern alle katholischen Bischöfe des Heiligen Landes offiziell, das »Nationalstaatsgesetz« zurückzunehmen, weil es diskriminierend sei und den in Israels eigener Gesetzgebung festgeschriebenen demokratischen Prinzipien sowie den internationalen Konventionen widerspreche, die Israel unterzeichnet habe. Das neue Gesetz, so die Bischöfe, schaffe die verfassungsrechtlichen Voraussetzungen dafür, dass »die jüdischen Bürger im Vergleich zu anderen Bürgern privilegiert sein sollen«.[26] Diese Position wird auch von der Koordinationsgruppe der europäischen, nordamerikanischen und südafrikanischen Bischofskonferenzen für das Heilige Land (*Holy Land Coordination*) bekräftigt, nach deren Auffassung in Israel die »rechtliche Grundlage für die Diskriminierung« von Minderheiten gegeben ist.[27]

Die Zeiten, in denen der argentinische Papst den israelischen Staatspräsidenten Schimon Peres und den Palästinenserpräsidenten Mahmud Abbas zum gemeinsamen Gebet in die vatikanischen Gärten einladen konnte, liegen lange zurück: »Um Frieden zu schaffen, braucht es Mut, sehr viel mehr, als um Krieg zu führen«, hatte der Papst bei jenem außergewöhnlichen Ereignis im Juni 2014 gesagt, zu dem er auch den ökumenischen Patriarchen Bartholomäus eingeladen hatte. »Es braucht Mut, um Ja zu sagen zur Begegnung und Nein zur Auseinandersetzung [...]; Ja zur Verhandlung und Nein zu Feindseligkeiten; Ja zur Einhaltung der Abmachungen und Nein zu Provokationen; Ja zur Aufrichtigkeit und Nein zur Doppelzüngigkeit.«[28]

Auch in Israel, das wird dem Pontifex nun bewusst, steigt die Flut des identitären Integralismus und des Ethnizismus. Das ist auch die Wahrnehmung einiger der sensibelsten israelischen Intellektuellen und Künstler: Trotz der Rückwärtsgewandtheit eines nationalistischen und fundamentalistischen Regierungsblocks ist Israel nach wie vor eine große Demokratie mit einer blühenden Zivilgesellschaft. Daniel Barenboim, der berühmte Dirigent, gesteht: »Heute schäme ich mich, Israeli zu sein«, weil die Auswirkungen des Gesetzes offensichtlich seien: Die »Araber in Israel werden zu Bürgern zweiter Klasse ... das ist eine sehr eindeutige Form der Apartheid.«[29] Der Schriftsteller David Grossman entwirft eine politische Analyse. Das Spaltungspotenzial des besagten Gesetzes, das Israel zum Nationalstaat des jüdischen Volkes erklärt, sei derart augenfällig, erklärt er in einem Artikel in *la Repubblica*, dass die heimliche Absicht dahinter erkennbar werde: dafür zu sorgen, dass die Beziehungen zwischen dem Staat und der arabischen Minderheit eine offene Wunde bleiben. Premierminister Netanjahu, betont Grossman, »hat entschieden, dem Besatzungs- und Apartheidszustand in den palästinensischen Gebieten kein Ende zu bereiten, sondern […] ihn auf israelisches Gebiet zu holen.« Mit anderen Worten, das Gesetz ist Ausdruck des Verzichts auf ein Ende des Konflikts mit den Palästinensern.

Schon in seiner Zeit als Erzbischof von Buenos Aires hatte Franziskus die Beziehungen zum Judentum gepflegt. Der Rabbiner Abraham Skorka, Rektor des lateinamerikanischen Rabbinerseminars in der argentinischen Hauptstadt, ist ein alter Freund, der den Papst (gemeinsam mit Omar Abboud, dem damaligen Sekretär des islamischen Zentrums in Argentinien) im Mai 2014 nach Jerusalem begleitet hatte. »Ich habe das so verstanden, dass Gott uns zusammengeführt hat, damit wir gemeinsam eine Botschaft der Eintracht und des Verständnisses zwischen Juden und Katholiken schmieden können: eine Botschaft, die im Großen und Ganzen mit allen geteilt werden kann«, hatte der Rabbiner gesagt, nachdem Bergoglio auf den Stuhl Petri gewählt worden war.[30]

Auf seiner Reise ins Heilige Land hat der Pontifex seine Position in aller Deutlichkeit zum Ausdruck gebracht. Israel habe ein Recht darauf, in Frieden und Sicherheit zu leben, erklärte er gleich bei seiner Ankunft in Tel Aviv. Doch »ebenso möge anerkannt werden, dass das palästinensische Volk ein Recht auf eine souveräne, unabhängige Heimat […] hat«, wie der Papst vor den höchsten Autoritäten Israels unterstrich, denn die »Zweistaatenlösung« dürfe kein Traum bleiben, sondern müsse Wirklichkeit werden.[31]

Im Lauf des Jahres 2018 muss der Pontifex zu seinem Bedauern einsehen, dass die israelische Realpolitik offenbar nicht das geringste Interesse an der Entstehung eines palästinensischen Staates hat und den Hass der Hamas und die gegen Israel gerichteten Terrorakte nicht etwa zum Anlass nimmt, den Konflikt schnellstmöglich zu beenden, sondern ihn im Gegenteil auf unabsehbare Zeit zu verlängern. Stillschweigend driften die Positionen des Vatikans und der israelischen Regierung immer weiter auseinander. Franziskus' Appell an Weihnachten 2018, dass Israelis und Palästinenser einen Weg des Friedens beschreiten sollten, um jenen »mehr als siebzig Jahre« während Konflikt zu beenden, »der das Land zerreißt, das vom Herrn erwählt wurde«, wirkt beinahe trostlos. Und was die bilateralen Beziehungen betrifft, so hat Israel die Verhandlungen über das Abkommen, das den steuerrechtlichen Status der Einrichtungen der katholischen Kirche auf seinem Territorium regeln soll – und zu dem sich der Staat Israel 1993 anlässlich seiner diplomatischen Anerkennung durch den Heiligen Stuhl verpflichtet hatte – , nach 25 Jahren noch immer nicht zum Abschluss gebracht.

Doch auch auf theologischer und interreligiöser Ebene werden zwischen katholischen und jüdischen Kreisen vage, aber reale Spannungen spürbar. Zum 50. Jahrestag der Konzilserklärung *Nostra aetate*, die 1965 das Kapitel des Antijudaismus der katholischen Kirche offiziell beendet und einem intensiven Dialog zwischen Katholizismus und Judentum den Boden bereitet hat, bringen die europäische Rabbinerkonferenz und der rabbinische Rat von Amerika ein Dokument mit dem Titel *Zwischen Jerusalem und Rom* heraus, das sie dem Papst überreichen. Die Stellungnahme erkennt an, dass die katholische Kirche den Antisemitismus aus ihrer Lehre entfernt habe, und hebt die Bemühungen der verschiedenen Päpste von Johannes XXIII. bis Franziskus hervor, die Beziehungen zwischen den beiden Religionen zu fördern. Unterstrichen werden insbesondere die theologischen Errungenschaften von *Nostra aetate*: die Anerkennung der unwiderruflichen Erwählung Israels durch Gott und die entschlossene Zurückweisung jedweder Theorie, wonach die Juden von Gott verworfen seien. Das Dokument der europäischen und amerikanischen Rabbinate bewertet den 1993 von Johannes Paul II. gefassten Beschluss, diplomatische Beziehungen zwischen dem Vatikan und dem Staat Israel aufzunehmen, ebenso positiv wie die entschiedene Position von Papst Franziskus: »Juden angreifen ist Antisemitismus, aber ein expliziter Angriff auf Israel ist auch Antisemitismus. Zwar mag es politische Meinungsverschiedenheiten zwischen Regierungen und hinsichtlich politischer Fragen geben, aber der Staat Israel hat jedes Recht, in Sicherheit und Wohlstand zu existieren« (so zitierte der Präsident des *World Jewish Congress*, Ronald Lauder, den Pontifex im Anschluss an eine private Unterredung im Oktober 2015).

Mit Genugtuung hebt der Text die diplomatische Anerkennung Israels durch Johannes Paul II. hervor und würdigt die Klarstellung des Vatikans, wonach »die katholische Kirche keine spezifische institutionelle Missionsarbeit, die auf Juden gerichtet ist, kennt und unterstützt.« Mit anderen Worten, es wird vor dem Hintergrund der jahrhundertelangen dramatischen Zwangsbekehrungen von Juden keinerlei organisierten Proselytismus geben. »Wir Juden [betrachten] die Katholiken als unsere Partner, enge Verbündete und Brüder bei unserer gemeinsamen Suche nach einer besseren Welt, in der Friede, soziale Gerechtigkeit und Sicherheit herrschen mögen«, so die Schlussfolgerung.[32]

Doch obwohl die gemeinsamen Überzeugungen (vom göttlichen Ursprung der Tora und von der endgültigen Erlösung) hervorgehoben werden, pocht das Dokument wie besessen auf die theologischen Unterschiede zwischen den beiden Religionen. Natürlich versteht sich von selbst, dass das Judentum, wie es im Text heißt, die Menschwerdung eines Messias namens Jesus und die Lehre von der Dreifaltigkeit nicht akzeptieren kann. Doch das Wort »Unterschiede« kommt nicht weniger als achtmal in der Erklärung vor, und in seiner unmittelbaren Umgebung begegnet man Adjektiven wie »tiefgehend« oder »unüberbrückbar«. Das ist eine andere Sprache, als sie Franziskus gemeinhin verwendet. Als er am 31. August 2017 eine jüdische Delegation empfing, die ihm das Dokument überreichte, bat er Gott um seinen Segen für den »gemeinsamen Weg der Freundschaft und des Vertrauens, der uns erwartet«, und erinnerte über alle Unterschiede hinweg an »unser großes gemeinsames geistliches Erbe«, das insbesondere mithilfe der Bibelforschung zur Geltung gebracht werden solle.[33]

Zwischen dem christlichen Lager und den eher konservativen Kreisen des Judentums (die die Abfassung des Dokuments *Zwischen Jerusalem und Rom* maßgeblich beeinflusst haben) besteht eine Diskrepanz in der Wahrnehmung, die nicht unterschätzt werden darf. Beide Gemeinschaften haben einen weiten Weg miteinander zurückgelegt, doch auf der einen wie auf der anderen Seite machen sich subtile Spannungen bemerkbar. Zufällig (gewisse Koinzidenzen sind jedoch im Rhythmus der Kirchengeschichte niemals zufällig) befasst sich auch der emeritierte Papst Joseph Ratzinger gerade mit dem Thema. Ein von ihm verfasster Text mit dem Titel *Gnade und Berufung ohne Reue* berührt zwei neuralgische Punkte in der Beziehung zum Judentum: die Unwiderruflichkeit des göttlichen Bundes mit Israel und die Frage nach dem »Land der Verheißung«. Punkte, die in theologischer wie politischer Hinsicht derart heikel sind, dass auch der besagte Ratzinger-Beitrag auf jüdischer wie katholischer Seite die unvermeidlichen Polemiken hervorrief.

In den Jahren nach dem Konzil war die Frage der Unwiderruflichkeit als Abschied von der alten, unter Christen verbreiteten Denkweise verstanden worden, wonach das Alte Testament, also der alte Bund zwischen Gott und Mose, durch das Neue Testament endgültig abgelöst worden sei (was de facto bedeutet hatte, dass auch die Juden Christus anerkennen und sich taufen lassen mussten, um erlöst zu werden). Ratzinger erinnert daran, dass die Formel, wonach »der Bund, den Gott mit seinem Volk Israel geschlossen hat, bestehen bleibt und nie ungültig wird«, von Johannes Paul II. in einer Ansprache geprägt worden ist, die er 1980 in Mainz vor Vertretern des deutschen Judentums hielt. Danach fand sie Eingang in den Katechismus der katholischen Kirche. Wenngleich also die göttliche Erwählung des Volkes Israel unzerstörbar sei, fügt Ratzinger hinzu, so sei doch ebenso wahr, dass auch das Drama der geschichtlichen Ereignisse und menschlichen Verfehlungen – will sagen: Geschehnisse wie die Zerstörung des Jerusalemer Tempels und die Diaspora (die, wie der emeritierte Papst zu bedenken gibt, nicht als Bestrafung, sondern als Aussendung zu verstehen sei) – berücksichtigt werden müsse. Mithin, so die Schlussfolgerung von Ex-Papst Benedikt XVI., gebe »die Umstiftung des Sinai-Bundes in dem neuen Bund im Blute Jesu […] dem Bund eine neue und für immer gültige Gestalt.«[34]

Was den zweiten Punkt, nämlich den Charakter des Staates Israel betrifft, fällt das Urteil denkbar klar aus. Die Vorstellung, dass der jüdische Staat als die theologische und politische Erfüllung der göttlichen Verheißungen angesehen werden könne, so Ratzinger, sei nach christlicher Geschichtsauffassung nicht möglich: Der Vatikan habe den Staat Israel als modernen Rechtsstaat anerkannt und betrachte ihn aufgrund naturrechtlicher Erwägungen als legitime Heimat der Juden. Seine »Begründung« jedoch könne »nicht unmittelbar aus der Heiligen Schrift abgeleitet werden«, dürfe »aber dennoch in einem weiteren Sinn die Treue Gottes zum Volk Israel ausdrücken«.[35] In der nüchternen Sprache des Theologen reitet der Gelehrte Ratzinger damit eine entschlossene Attacke gegen jedwede messianische Manipulation der Staatlichkeit und der Politik Israels.

Eigentlich hatte er seine Überlegungen zu rein privaten Zwecken niedergeschrieben, doch der Schweizer Kardinal Kurt Koch, Präsident des päpstlichen Rates zur Förderung der Einheit der Christen und der Kommission für die religiösen Beziehungen zum Judentum, drängte auf eine Veröffentlichung in der theologischen Fachzeitschrift *Communio*. Die Positionen des emeritierten und des amtierenden Papstes stimmen in politischer Hinsicht also überein: Israel ist die rechtmäßige Heimat der Juden, seine Existenz infrage zu stellen, ist ein Akt des Antisemitismus – wie Franziskus erklärt hat –, doch der moderne israelische Staat ist ein Völkerrechtssubjekt und nicht die Verwirklichung eines göttlichen Plans. Das Gebiet dieses Staates wird durch die 1967 gezogenen Grenzen definiert, und der eroberte arabische Teil Jerusalems gehört nicht zu diesem Staatsgebiet dazu, wie die Vereinten Nationen mit der uneingeschränkten Zustimmung des Heiligen Stuhls seit einem halben Jahrhundert immer wieder betonen. Sein Status muss von Palästinensern und Israelis einvernehmlich definiert werden. Das ist die Überzeugung, die Konservative wie Reformer im Vatikan einhellig vertreten.

V

Europa bekommt Risse

Kniend und betend, den roten Umhang mit dem weißen Adler um die Schultern gelegt, den Rosenkranz in der einen und die Landesflagge in der anderen Hand verteidigte die Frau das polnische Territorium. Sie war nicht allein. Von der Ostsee bis an die Grenze zu Weißrussland, von der deutschen Grenze bis in die südlichen Waldgebiete machten eine Million polnische Katholiken und Nationalisten an jenem Tag Front gegen die »Feinde«: den Islam und die Invasionen der Einwanderer. Eine gigantische, 300 000 Kilometer lange Menschenkette: Männer, Frauen, Jugendliche, Priester, Messdiener, Kinder und Alte – mit dem Segen der Bischöfe und mit Fahnen und anderen Nationalsymbolen in den Händen. Katholische Patrioten, trunken vom Weihrauch der Frühmessen, die im ganzen Land gefeiert werden, und befeuert durch die Litaneien, die Radio Maria überträgt.

Es ist der 7. Oktober 2017, 22 der insgesamt 42 polnischen Diözesen haben sich in Bewegung gesetzt, in 319 Kirchen werden Andachten gehalten. An 4000 Sammelpunkten wird gebetet, um »für die Rettung Polens und der Welt die Fürsprache der Mutter Gottes zu erflehen«.[1] »Rosenkranz an der Grenze«, so hat man diesen Tag genannt. Die polnische Bischofskonferenz unter ihrem Vorsitzenden, Erzbischof Stanisław Gądecki, bezeichnet die Initiative verschämt als ein Gebet für den Frieden. Stolz fügt Gądecki hinzu, es handele sich um die größte Gebetsinitiative in Europa. Die Organisatoren berufen sich auf die Verehrung der Muttergottes von Fátima, doch in Wirklichkeit ist es der Jahrestag der Schlacht von Lepanto, der einst zum Gedenken an den Sieg der christlichen Nationen über die muslimischen Türken eingeführt worden war. Für die, die an der

Aktion teilnehmen, geht es um die Verteidigung Polens gegen die islamischen Terroristen, die Atheisten und die Bedrohung durch die Immigranten.

In Krakau ruft Erzbischof Marek Jędraszewski die Gläubigen dazu auf, zu beten, damit »Europa bleibt«. Premierministerin Beata Szydło von der regierenden Partei *Recht und Gerechtigkeit* (PiS), Mutter eines Neupriesters, twittert ein Bild vom Rosenkranz. Die Welt des internationalen Fundamentalismus, der die soziale Pastoral und Verkündigung von Papst Franziskus ein Dorn im Auge sind, feiert den Rosenkranzmarsch in den höchsten Tönen. In Italien berichtet *La Nuova Bussola Quotidiana* triumphierend, die polnischen Beter marschierten gegen »Islamismus und Atheismus, zur Buße für die Beleidigungen Gottes und für die Bekehrung der Sünder«. Die Vereinigung der Begleiter auf den Marienwallfahrten schlägt vor, man solle »die polnischen Brüder« in Italien nachahmen, um Europa vor dem islamistischen Nihilismus und dem Untergang des christlichen Glaubens zu retten.

Im Vatikan herrscht eisiges Schweigen, Franziskus will nichts davon hören. Der *Osservatore Romano* ignoriert das Ereignis. In einem Interview mit *Avvenire*, der Tageszeitung der Bischöfe, erklärt der Sprecher der polnischen Bischofskonferenz Paweł Rytel-Andrianik, die Initiative sei gegen niemanden gerichtet gewesen, und spricht von einer Instrumentalisierung durch die ausländischen Medien. Der ehemalige Sekretär des polnischen Episkopats, Bischof Tadeusz Pieronek, ist anderer Meinung: »Die polnischen Bischöfe«, erklärt er, »haben einen gefährlichen Kurs eingeschlagen.« Sie hätten nicht erkannt, dass die Regierung der (2001 von den Zwillingsbrüdern Lech und Jarosław Kaczyńzki gegründeten) nationalkonservativen und klar fremdenfeindlichen Partei *Recht und Gerechtigkeit* den Rosenkranz als ideologische Waffe einsetzt. In Polen, so der Prälat, tobe ein Kampf mit dem Ziel, die Menschen davon zu überzeugen, dass »jeder Flüchtling ein Verbrecher sei, der die polnische Identität angreift«. Es stehe außer Frage, dass die große Mehrheit derer, die an dem Marsch teilgenommen haben, »gegen das Denken und die Lehre von Papst Franziskus eingestellt« sind.[2] Tatsächlich unterstützt der Episkopat die Politik der Regierung, die er für eine Verteidigerin des christlichen Glaubens hält.

Gott–Vaterland–Familie, das Motto der katholischen und konservativen autoritären Ideologie, die den geistigen Horizont des 19. Jahrhunderts in Europa und Lateinamerika prägte, erlebt derzeit eine Renaissance in den osteuropäischen Ländern, die vom sowjetischen Kommunismus zum Neoliberalismus übergegangen sind, ohne die liberaldemokratische Kultur des Pluralismus, der Gewaltenteilung und der kulturellen Vielfalt verinnerlicht zu haben. Gott–Vaterland–Familie – das ist denkbar weit entfernt von der Art und Weise, wie Papst Franziskus die Dinge sieht. Zwei Jahre vor dem »Rosenkranz an der Grenze« hatte sich in Krakau eine andere national-klerikale Veranstaltung abgespielt: die Krönung Jesu Christi zum König Polens in Gegenwart von Staatsoberhaupt Andrzej Duda. Im selben Jahr, am 11. November 2015, dem Jahrestag der Unabhängigkeit, fand in Warschau eine erregte Demonstration statt, bei der die Teilnehmer mit Slogans vom »großen Polen« gegen Brüssel und die Bedrohung durch die Migranten protestierten und Fahnen der Europäischen Union verbrannten.

Das ist nicht das »Licht aus dem Osten«, das sich Johannes Paul II. am Ende des langen Befreiungskampfes für seine Heimat gewünscht hatte. Nach dem Fall der Berliner Mauer träumte Karol Wojtyła von einem Europa, das endlich mit zwei Lungen würde atmen können: der Lunge des Ostens und der Lunge des Westens. Schon im dritten Jahr seines Pontifikats hatte er die heiligen Kyrill und Methodius zu Mitpatronen des europäischen Kontinents erklärt, um das »gemeinsame geistliche und kulturelle Erbe« zu bekräftigen, das die europäischen Völker verbindet. Dem endlich von der Wunde des Eisernen Vorhangs geheilten Europa hatte Johannes Paul II. zwei Sonderversammlungen der Bischofssynode – 1991 und 1999 – gewidmet. »Wenn man ›Europa‹ sagt, soll das ›Öffnung‹

heißen«, erklärte er in seinem 2003 veröffentlichten nachsynodalen Schreiben *Ecclesia in Europa*. Denn »Europa ist in Wirklichkeit kein geschlossenes oder isoliertes Territorium; es hat sich dadurch aufgebaut, dass es über die Meere hinweg auf andere Völker, andere Kulturen, andere Zivilisationen zugegangen ist«. Es dürfe sich nicht in sich selbst verschließen, erklärte der polnische Papst, es könne und dürfe der übrigen Welt nicht mit Gleichgültigkeit begegnen, sondern müsse sich im Gegenteil voll und ganz der Tatsache bewusst sein, dass andere Länder, andere Kontinente von Europa konkrete Initiativen erwarteten, um den ärmeren Völkern die Mittel zu ihrer Entwicklung zur Verfügung zu stellen und zu einer solidarischen, gerechten und brüderlichen Globalisierung beizutragen.[3]

Papst Wojtyła hatte die europäische Einigung im Blick: ein sicherlich christlich, aber in keiner Weise nationalistisch motiviertes Ziel. Sein Nachfolger Benedikt XVI. verfolgte denselben Kurs, pflegte einen aufmerksamen Dialog mit den nichtglaubenden »Wahrheitssuchenden« und war nicht weniger weit von jedwedem politischen Klerikalismus entfernt. Und tatsächlich hatte der polnische Episkopat – noch unter dem Einfluss der universalistischen Botschaft Johannes Pauls II. – während des Ratzinger-Pontifikats zwei Mal das Ansinnen einer Gruppe von Parlamentariern zurückgewiesen, Christus zum König Polens auszurufen. Umgeschlagen war die Stimmung erst, als die polnische Wählerschaft in die nationalkonservative und souveränistische Richtung abzudriften begann.

Im siebten Jahr seines Pontifikats haben viele osteuropäische Regierungen und große Teile der jeweiligen katholischen öffentlichen Meinung Franziskus in Fragen, die für ihn entscheidend, weil eng mit der Vorstellung vom Gemeinwohl verbunden sind, den Rücken gekehrt. Es geht nicht nur um Polen. Eine weitere Nation, die seit Jahrhunderten mit dem römischen Papsttum verbunden ist, hat denselben Weg einer nationalistischen, katholisch-identitären und fremdenfeindlichen Verschanzung eingeschlagen: Ungarn. Die christlichen Wurzeln des Ostens, die, wenn es nach Wojtyła gegangen wäre, im 21. Jahrhundert eigentlich zu neuer Vitalität hatten finden sollen, treiben nun in einem klerikalen, aggressiven und integralistischen Klima schaurig entstellte Blüten.

In einer Gedenkrede zu Ehren des verstorbenen deutschen Kanzlers Helmut Kohl hat der ungarische Premier Viktor Orbán sein politisches Credo wie folgt zusammengefasst: »Die Zukunft der Europäischen Union hängt davon ab, ob sie in der Lage sein wird, ihre Außengrenzen [vor den Migranten] zu schützen.« Man müsse sich, so Orbán, von der Zwangsjacke der Brüsseler Ideologie befreien, der zufolge die Gründung der Europäischen Gemeinschaft eine von Kriegen und religiösen Konflikten belastete Geschichte der nationalen Zersplitterung beendet habe. »Die liberale Ordnung stürzt […] in sich zusammen«, betonte der ungarische Ministerpräsident, weil sie die Vorstellungen, die Europa geformt hätten, nicht berücksichtige: Glaube, Nation, Familie. Leitprinzip sei das Christentum. »Es muss nicht jeder Europäer an die Richtigkeit der christlichen Religion glauben«, führte er aus, »doch ganz gleich, was er sagt, herstellt, tut, das alles erhält seine Bedeutung aus dem christlichen Erbe.« Gewürzt ist seine Rede von der Warnung vor den muslimischen Gemeinschaften, denn: »Wir, Ungarn, kennen sie« – eine Anspielung auf Ungarns Vergangenheit unter osmanischer Herrschaft.[4]

In konservativeren katholischen Kreisen finden derartige Wortmeldungen ein begeistertes Echo. Gekennzeichnet ist die populistische und souveränistische Welle im europäischen Osten durch die Ablehnung der Aufnahmequoten für die in Europa (das heißt vor allem in Griechenland und Italien) gelandeten Flüchtlinge, durch obsessive Fremdenfeindlichkeit, durch den beharrlichen Hinweis auf die Notwendigkeit, die nationale Identität zu bewahren, und durch die ideologische Instrumentalisierung des Glaubens. Papst Franziskus ist alarmiert und beunruhigt angesichts der Tatsache, dass ähnliche politische Bewegungen in vielen europäischen Ländern des Ostens wie des Westens, des Südens wie des Nordens um sich greifen. Die Parolen aus Polen und Ungarn nimmt er ebenso besorgt zur

Kenntnis wie die Auslassungen des italienischen Vizepremiers Salvini oder der bei den Präsidentschaftswahlen 2017 als Kandidatin des *Front National* angetretenen Marine Le Pen. In einem Interview mit der katholischen Zeitschrift *La Croix* hatte sich Le Pen, die sich selbst als gläubig bezeichnet, irritiert darüber gezeigt, dass die Kirche sich in Dinge einmische, die sie nichts angingen. Der Papst wolle eine Willkommenskultur predigen? Dann solle er das auf individueller Ebene tun. Wenn er aber verlange, dass die Staaten gegen das Interesse der Völker handeln und der Invasion einer Masse von Migranten zusehen, ohne Bedingungen zu stellen, dann sei dies »Einmischung, weil auch er ein Staatsoberhaupt ist«.[5] Eine diplomatisch verhüllte und dennoch eindeutige Attacke.

Franziskus fürchtet das Virus der souveränistischen Ideologien. »Ich denke an Hitler im letzten Jahrhundert, der die Entwicklung Deutschlands versprochen hatte«, hat er vor einem jugendlichen Publikum in Rom gesagt. »Wir wissen, wie die Populisten anfangen: Sie säen Hass … ein Weg der Zerstörung, ein Selbstmord … So bereitet man den Dritten Weltkrieg vor«. Der Hass, so der Papst weiter, habe viele Gesichter. Gestern beschwor man die Reinheit der Rasse, heute verteufelt man die Migranten.[6]

Anders als in Frankreich oder Italien werden die populistischen Regierungen mit ihrem Bekenntnis zu einer »illiberalen Demokratie«, wie es die Politologen inzwischen nennen, in Polen und in Ungarn vom Episkopat unterstützt. Am 12. September 2018 hat das Europäische Parlament in Straßburg über eine Resolution abgestimmt, die die Verletzung wesentlicher verfassungsrechtlicher Grundsätze wie der Informationsfreiheit und der Freiheit der Wissenschaft in Ungarn verurteilen sollte. Seit geraumer Zeit führt die Regierung Orbán einen erbitterten Feldzug gegen die Stiftung Open Society und die Zentraleuropäische Universität (Central European University; CEU) in Budapest, die von dem jüdisch-ungarischen Magnaten George Soros finanziert werden: eine boshafte Kampagne gegen die »liberale Ideologie« des Unternehmers mit

US-amerikanischem Pass, die sich den latenten Antisemitismus der ungarischen Gesellschaft zunutze macht, um die Bevölkerung aufzuwiegeln. 13 Mitglieder der Europäischen Volkspartei aus neun europäischen Ländern haben im März 2019 verlangt, Orbáns *Fidesz*-Partei zu suspendieren oder auszuschließen, solange diese ihren Kurs nicht ändere.

Gegen Polen hat die Europäische Kommission zwischen 2017 und 2018 mehrere Vertragsverletzungsverfahren eingeleitet, die sich auf eine Reihe von Gesetzen bezogen: Einige unterstellen die Gerichtsbarkeit unmittelbar der Regierungsgewalt und untergraben dadurch die Unabhängigkeit des Verfassungsgerichts. Andere schwächen die Kontrollorgane der Wähler. Bezeichnend für das politische Klima unter der PiS-Regierung ist auch die große paneuropäische Demonstration von Ultranationalisten und Neofaschisten am 11. November 2017 in Warschau, auf der unter Berufung auf die *White Supremacy* fremdenfeindliche und antisemitische Parolen skandiert werden. Auch Roberto Fiore, der Vorsitzende der *Forza Nuova*, ist mit von der Partie.

Das Nationalismus-Revival beschränkt sich jedoch nicht nur auf Polen und Ungarn. Die beiden Länder bilden gemeinsam mit Tschechien und der Slowakei die Visegrád-Gruppe, die einer föderalistischen Entwicklung der Europäischen Union ablehnend gegenübersteht und beharrlich alle Pläne einer solidarischen Verteilung von Flüchtlingen konterkariert. Auf dem Treffen der Premierminister am 21. Juni 2018 in Budapest wurde die Union aufgefordert, die Grenzen zuzumachen, weil die unkontrollierte Einwanderung eine Gefahr darstellen könne, »wie die Zahl der terroristische Anschläge beweist, die in den letzten Jahren in den Ländern der Union verübt worden sind«.[7] Damit wird die Verkündigung des Papstes durch die Haltung einer wachsenden Zahl europäischer Staaten und Politbewegungen ins Abseits gedrängt.

Bei seinem Besuch in Straßburg zu Beginn seines Pontifikats hatte Franziskus das europäische Parlament dazu aufgerufen, die

Migrationswelle gemeinsam zu bewältigen: »Man kann nicht hinnehmen, dass das Mittelmeer zu einem großen Friedhof wird!« Auf den Schiffen seien Männer und Frauen, die Hilfe brauchen. Der Papst hatte eine gemeinsame Anstrengung gefordert, um Sklavenarbeit zu unterbinden und sozialen Spannungen vorzubeugen. Europa, so hatte er erklärt, müsse seine kulturelle Identität und die Rechte der europäischen Bürger schützen und gleichzeitig die Aufnahme der Migranten gewährleisten. Ohne darüber zu vergessen, dass die Herkunftsländer in ihrer Entwicklung unterstützt werden müssten. »Sie«, hatte er zu den Abgeordneten gesagt, »sind in Ihrer Berufung als Parlamentarier auch zu einer großen Aufgabe ausersehen […]: sich der Gebrechlichkeit anzunehmen, der Gebrechlichkeit der Völker und der einzelnen Menschen.«[8]

Seit 2017 jedoch, so beobachtet man im Vatikan, driftet Europa in eine entschieden andere Richtung. Protagonisten betreten die Bühne, deren Sichtweise der des Pontifex diametral entgegengesetzt ist, während diejenigen politischen Familien, mit denen es der Vatikan seit dem Zweiten Weltkrieg zu tun gehabt hatte – Christdemokraten, Sozialisten, Liberale –, in der Volksgunst zurückfallen. Die ganze politische Landschaft ist im Wandel begriffen. Bei den österreichischen Wahlen im Oktober 2017 siegen die Parteien der rechten Mitte (ÖVP) und der äußersten Rechten (FPÖ) und stellen gemeinsam die Regierung. Zu den vorrangigen Zielen, die in »unserem Europa« gewährleistet sein müssten, gehören Neukanzler Sebastian Kurz zufolge die Sicherheit, die Ordnung und der Schutz der Grenzen. Sein Rezept in Sachen Migration ist eindeutig: »Wir sollten verhindern, dass Schiffe mit Migranten in Nordafrika überhaupt ablegen und dass sie nach ihrer Rettung aus Seenot automatisch in die EU gebracht werden.«[9] In Österreich, wo acht Prozent der Bevölkerung muslimisch sind, wird der Vorsitzende der *Freiheitlichen Partei* (FPÖ) Heinz-Christian Strache Vizekanzler. Auf den Schild gehoben hatte ihn eine Wahlkampagne, die mit ihren Slogans »gegen die Islamisierung Österreichs« gewettert und dazu aufgerufen hatte, »die Interessen der echten Österreicher an die erste Stelle zu stellen«. (2019 zog sich Strache, nachdem seine Verwicklung in millionenschwere Finanzskandale aufgeflogen war und seine Partei bei den Wahlen eine Niederlage erlitten hatte, aus der Politik zurück.)

2018 vollzog sich die Wende in Italien. Im selben Zeitraum befinden sich in verschiedenen europäischen Ländern nationalistische und fremdenfeindliche Parteien auf dem Vormarsch. In Deutschland wird bei den Bundestagswahlen im September 2017 die *Alternative für Deutschland* (AfD) drittstärkste Partei (vor den Liberalen). Sie gewinnt 94 Sitze im Parlament, verkauft sich als Antisystempartei und beschwört das Gespenst einer Unterhöhlung der deutschen Identität durch den Islam, einer Ausbeutung des deutschen Sozialstaats durch die Immigranten und ihre Familien und einer bevorstehenden Invasion von 350 Millionen Afrikanern herauf, die bereit seien, nach Europa auszuwandern. »Wir wollen unseren Nachkommen ein Land hinterlassen, das noch als unser Deutschland erkennbar ist«, heißt es im Wahlprogramm.[10] Die AfD ist entschieden gegen die Vereinigten Staaten von Europa oder ähnliche Projekte – ein gemeinsames Merkmal aller europäischen souveränistischen Bewegungen.

Im darauffolgenden Jahr wird bei den Wahlen in Slowenien die SDS von Janez Janša stärkste Partei (ohne dass es ihr jedoch gelingt, im Parlament eine regierungsfähige Mehrheit zu bilden); Janša vertritt ähnliche ideologische Positionen wie der ungarische Premier Orbán. Seine Partei gewinnt 25 Prozent der Stimmen. Ihr Slogan: »Sicherheit und Wohlstand der Slowenen haben Vorrang.« In Schweden, dem Vorzeigestaat in Sachen Sozialwesen und Willkommenskultur, bleibt die SD von Jimmie Åkesson, der die Muslime als »unsere größte ausländische Bedrohung seit dem Zweiten Weltkrieg« bezeichnet, nur knapp unter 18 Prozent. Tatsächlich sind auch in Schweden muslimische Ghettos entstanden. Åkessons Programm fordert den Austritt Schwedens aus der Europäischen Union. Im

Süden des Kontinents, in Spanien, betritt 2018 die ultrakonservative und einwanderungsfeindliche Partei *Vox* mit einem überraschenden Ergebnis von elf Prozent bei den andalusischen Regionalwahlen die politische Bühne. Ihr Vorsitzender ist Santiago Abascal, der mit umgeschnalltem Pistolenhalfter die *Reconquista* Spaniens, die Vertreibung der Migranten und die Schließung der Moscheen predigt. Im November 2019 wird *Vox* bei den spanischen Parlamentswahlen mit 15 Prozent der Stimmen drittstärkste Partei.

2018 ist auch das Jahr, als ein Block aus EU-Nordländern gegen die Vorschläge des französischen Präsidenten Emmanuel Macron und der deutschen Kanzlerin Angela Merkel Front macht, die europäische Einigung weiter voranzutreiben. Holland, Dänemark, Irland, Schweden, Finnland, Litauen, Lettland und Estland sagen »Nein« zu der Idee, Brüssel weitere Vollmachten zu übertragen, und lehnen die Pläne eines europäischen Finanzministers und eines gemeinsamen Haushalts für die Eurozone ab. Eine zweite Vollbremsung. Die politische Landschaft Europas hat sich in kürzester Zeit grundlegend verändert. Das Brexit-Referendum, das die EU-Gegner (UKIP) unter Nigel Farage 2016 mit 52 Prozent für sich entschieden haben, war der Anfang des Erdrutschs. Das Projekt einer fortschreitenden europäischen Einigung, die man sich in der EU als einen allmählichen, aber kontinuierlichen Prozess vorgestellt hatte, scheint ins Stocken geraten oder droht sogar zu scheitern.

Die Begeisterung, mit der Papst Franziskus noch im Mai 2016 einen Neuanfang der Einigungsprozesse entworfen hatte, ist an der Mauer der Souveränisten, der Euroskeptiker und all derer zerschellt, die aus diesem oder jenem Grund eifersüchtig über die Macht der Nationalstaaten wachen. An jenem 6. Mai hatte Papst Bergoglio – bei der Entgegennahme des Karlspreises in der Sala Regia im Apostolischen Palast – vor den Spitzenvertretern der Brüsseler Institutionen und vor den Staats- und Regierungschefs der Europäischen Union, von Spaniens König Felipe bis Kanzlerin Merkel, seiner Hoffnung auf neuen Mut und Schwung für die europäischen

Institutionen Ausdruck verliehen. »Ich träume von einem jungen Europa«, hatte er ausgerufen, »das […] dem Armen brüderlich beisteht und ebenso dem, der Aufnahme suchend kommt, weil er nichts mehr hat und um Hilfe bittet.« Das Europa, das Franziskus vorschwebt, lebt von einer dynamischen Identität und Synthese vielfältiger Beiträge (wie es sich schon Papst Wojtyła vorgestellt hatte). Man müsse nur auf Rom oder andere europäische Städte blicken – hatte Franziskus erklärt –, um den Reichtum an kulturellen Stilen, Ansichten und Errungenschaften zu erkennen, die seine Schönheit ausmachen. Der Papst schlug ein Europa mit einer sozialen Wirtschaft vor, das es allen und insbesondere den Jugendlichen ermöglicht, durch eine »würdige, freie, kreative, beteiligte und solidarische Arbeit« ihre eigene Existenz aufzubauen.[11]

Schon damals waren Franziskus die Anzeichen nicht entgangen, die auf ein Auseinanderdriften der öffentlichen Meinung hindeuteten. Deshalb prangerte er ein Europa an, »das sich ›verschanzt‹«, und brachte die Vision der Gründerväter von einer gemeinsamen europäischen Heimat wieder neu ins Spiel. Einem inklusiven Haus, wo jeder, der einer anderen Kultur angehört, »als Subjekt« betrachtet wird, »dem man als anerkanntem und geschätztem Gegenüber zuhört.«[12] Das ist mehr als bloß ein ethischer Diskurs. Bergoglio ist Realist. Er entlarvt die von den Populisten ausgelöste Psychose und weist darauf hin, dass Europa die Einwanderer braucht, weil es ansonsten auf einen demografischen Winter zusteuert. Ohne sie werde Europa bald »leer stehen«, wie er es im Juni 2018 in einem Interview mit der Agentur Reuters formuliert hat.

Im derzeitigen Klima wirkt Bergoglio wie eine Stimme, die in der Wüste ruft. Im siebten Jahr seines Pontifikats kämpft der Papst gegen das Unverständnis neuer herrschender Klassen, die sich nicht mehr an die Begeisterung und den Idealismus jener in erster Linie katholischen Staatsmänner – Robert Schuman, Alcide de Gasperi, Konrad Adenauer – erinnern können, die in der Nachkriegszeit den Entschluss fassten, gemeinsam die ersten Schritte auf dem Weg zu einem geeinten Europa zu gehen. Noch härter kommt es ihn an, sich eingestehen zu müssen, dass sich wie schon in den Jahren vor dem Zweiten Weltkrieg in vielen europäischen Ländern ein beträchtlicher Teil der Wählerschaft wieder für nationalistische Parolen begeistert: »Italiener zuerst«, »Ungarn zuerst«, »Österreicher zuerst« usw. Franziskus weiß um die Orientierungslosigkeit der unteren Einkommensschichten angesichts der Wirtschaftskrise, der Globalisierung, des unaufhaltsamen Rückgangs der Arbeitsplätze. Faktoren, die das identitäre Aufbegehren und den Aufstieg populistischer Leader hervorrufen. Tatsächlich ist es gerade diese Krise, die den Pontifex drängt, an seinem sozialen Evangelium festzuhalten. Womit er den Attacken, die vonseiten der verschiedenen – sei es neoliberal, sei es identitär geprägten – rechten Strömungen gegen ihn geritten werden, paradoxerweise neuen Zündstoff liefert.

Das Christentum, so Papst Bergoglio, hat in der derzeitigen historischen Phase vieles zu bieten. Vor allem die Aufmerksamkeit für die Person und für die Gemeinschaft, die verhindern kann, dass ein ungezügelter und schädlicher Liberalismus die einzelnen Personen auf bloße Zahlen reduziert. »Es gibt nicht die Bürger, es gibt die Stimmen bei Wahlen. Es gibt nicht die Migranten, es gibt die Quoten. Es gibt nicht die Arbeiter, es gibt die Wirtschaftsindikatoren«, mahnt er beharrlich. Den Dialog zwischen den gesellschaftlichen Gruppen, den politischen Parteien und den Religionen zu begünstigen, ist für Franziskus wesentlich – vor allem dann, wenn die »Racheschreie« überhandnehmen und man den Eindruck gewinnt, dass die Politik nicht mehr dem Gemeinwohl dient. Auf diesem »fruchtbaren Boden«, so der Papst, gedeihen »die extremistischen oder populistischen Bewegungen […] , die aus dem Protest das Herzstück ihrer politischen Botschaft machen«, ohne ein konstruktives Projekt anzubieten. Wo ein permanenter Konflikt an die Stelle des Dialogs tritt, haben die Christen die Pflicht, eine inklusive Gemeinschaft zu favorisieren und so der Politik ihre Würde zurückzugeben. Und das betrifft wieder einmal auch die Flüchtlinge: Personen, »die nicht nach eigenem Belieben, entsprechend politischer, wirtschaftlicher oder sogar religiöser Gesichtspunkte ausgewählt oder abgewiesen werden können.«[13]

Um dieses Thema toben die Schlachten im heutigen Europa, und der Papst ist in Bedrängnis. In der identitären Frage hat Franziskus' Kirche mitten in Europa, im superkatholischen Bayern, eine wichtige Schlacht verloren. Die Geschichte beginnt am 24. April 2018. Die bayerische Landesregierung erlässt eine Vorschrift, wonach in allen öffentlichen Behörden ein Kreuz hängen muss. Erschrocken über das Vorrücken der *Alternative für Deutschland* beschließen die bayerischen Christsozialen (CSU), die von jeher die Regierung des Freistaates stellen, das religiöse Symbol als politischen Schild einzusetzen, um der extremen Rechten Stimmen abzunehmen. Ministerpräsident Markus Söder, übrigens Protestant, erklärt, dass ab dem 1. Juni in jeder öffentlichen Einrichtung sichtbar ein Kreuz hängen werde: »ein klares Bekenntnis zu unserer bayerischen Identität und christlichen Werten«. Nach der Kabinettssitzung bringt er persönlich ein kunstvoll gearbeitetes Kreuz in der Eingangshalle der Staatskanzlei an, das ihm seinerzeit der inzwischen 90-jährige emeritierte Münchner Erzbischof Friedrich Kardinal Wetter geschenkt hatte.

Unter den kirchlichen Würdenträgern bricht eine erregte Debatte los. Der Erzbischof von Bamberg, Ludwig Schick, begrüßt die Maßnahme. Das Kreuz, so sein Kommentar, sei ein Symbol der Einheit, des Friedens, der Gerechtigkeit und der Solidarität für alle. Der Münchner Weihbischof Wolfgang Bischof protestiert und kontert, dass das Kreuz nicht als »Wahlkampflogo« benutzt werden dürfe. Auch der neue Bischof von Würzburg, Franz Jung, sieht die Sache kritisch: »Das Kreuz ist ein genuin religiöses Zeichen und darf nicht auf bayerische Folklore […] reduziert werden.«[14] Schließlich schaltet sich der vatikanische Nuntius in Österreich, Peter Stephan Zurbriggen, in die hitzigen Diskussionen ein, an der sich katholische und nichtkatholische Priester, Theologen und Politiker beteiligen: »dass, wenn in einem Nachbarland Kreuze errichtet werden, ausgerechnet Bischöfe und Priester kritisieren müssen, das ist eine Schande […]. Das Kreuz ist ein Zeichen für die Erlösung. Das Kreuz ist aber auch ein Symbol für meine Heimat, für meine Ahnen, für alle, die uns diesen Glaubensschatz mitgegeben haben«.[15] Peter Kohlgraf, Bischof von Mainz, ist anderer Meinung. Jesus, so erklärt er, sei nicht am Kreuz gestorben, um einen kulturellen oder moralischen Standpunkt zu vertreten, und es sei unpassend, wenn das Kreuz benutzt werde, um eine politische Linie zu unterstützen oder gar eine Grenze zu ziehen und Andersdenkende auszuschließen.[16] Die bayerischen Protestanten sehen den Erlass positiv. »Religion«, so die Ansicht des lutherischen Landesbischofs Heinrich Bedford-Strohm, »lässt sich nicht in die Privatsphäre verbannen«.[17]

Die Reaktionen auf katholischer Seite spiegeln das gespaltene Verhältnis zum Bergoglio-Pontifikat wider. In der klaren Ablehnung einer identitären Instrumentalisierung des Kreuzsymbols erkennt man den Geist der Kirche von Papst Franziskus. Auf der entgegengesetzten Seite lassen die Befürworter des Erlasses die rückwärtsgewandte Sehnsucht nach einem christlichen Staat erkennen, der als Hüter der »abendländischen Kultur« agiert. Endlich ergreift auch der Münchner Erzbischof Reinhard Kardinal Marx das Wort. Er ist der Vorsitzende der deutschen Bischofskonferenz, noch einen Monat zuvor war er außerdem Präsident der Kommission der Bischofskonferenzen der Europäischen Gemeinschaft. Seine Stimme hat in der Weltkirche Gewicht. Der Erlass, so seine Kritik, habe Spaltung, Unruhe und Gegeneinander hervorgerufen. »Es steht doch dem Staat nicht zu, zu erklären, was das Kreuz bedeutet«, betont er, und in jedem Fall bringe das Kreuz kein bestimmtes politisches Programm mit sich.[18] Doch damit kommt die Debatte noch immer nicht zur Ruhe. Nun schaltet sich auch der Sekretär des emeritierten Papstes Ratzinger, Erzbischof Georg Gänswein, ein, der die Entscheidung des bayerischen Ministerpräsidenten positiv bewertet und Kardinal Marx wegen seiner »ersten wenig erleuchteten Wortmeldung« kritisiert.[19]

In Bayern sind einer Umfrage zufolge 56 Prozent für und 38 Prozent gegen den Erlass. Kardinal Marx muss den Rückzug antreten: Er erklärt, er befürworte das Aufhängen von Kreuzen in den öffentlichen Behörden; seine Kritik habe den Gründen gegolten, die für diese Maßnahme angeführt worden seien. Am 1. Juni 2018 tritt der Erlass in Kraft. Am selben Tag empfängt Papst Franziskus Ministerpräsident Söder in Audienz. Am 14. Oktober finden in Bayern Wahlen statt. Die Idee mit dem Kreuz hat nichts gebracht. Die Christsozialen stürzen von 47 auf 37 Prozent ab. Die Sozialdemokraten von 20 auf 9. Die Rechte ist auf dem Vormarsch: Die *Alternative für Deutschland* erhält zehn, die konservative Landesvereinigung *Freie Wähler Bayern* elf Prozent der Stimmen. Die einzigen Gewinner sind die Grünen mit 17 Prozent. Zwei Wochen später erleben die Christ- und die Sozialdemokraten in Hessen den nächsten Erdrutsch. Die äußerste Rechte von der AfD zieht mit 13 Prozent in den Landtag ein. Jetzt ist sie in allen gesetzgebenden Versammlungen Deutschlands auf Landes- und Bundesebene vertreten. Nach der Wahlniederlage in Hessen kündigt Angela Merkel an, dass sie auf dem Kongress der Christdemokraten (CDU) nicht wieder für den Parteivorsitz kandidieren und ihre Kanzlerschaft mit der laufenden Legislaturperiode beenden wird.

Die Parteien, die die politische Landschaft Europas in der Zeit nach dem Zweiten Weltkrieg geformt haben, geraten angesichts des vorrückenden Nationalpopulismus ins Wanken. Franziskus entgeht nicht, dass sich die Zeiten ändern: Die identitär-souveränistische Welle drängt seine Botschaft an den Rand. In seiner bislang letzten Ansprache vor den versammelten europäischen Staats- und Regierungschefs – anlässlich des 60. Jahrestages der Römischen Verträge – hat er darauf hingewiesen, dass die Mühe, die der Aufbau der Union gekostet hat, in Vergessenheit zu geraten droht. Die Menschen wüssten die lange Friedenszeit, die sie genießen durften, nicht mehr zu schätzen, so seine Mahnung: Die Populismen erdrücken und die Angst scheint das einzige Konzept. Wehe denen, die sich von der Angst davor beherrschen lassen, »dass der andere uns aus den festen Gewohnheiten herausreißt«. Europa müsse in »authentisch laikale[n] Gesellschaften« wiederaufleben, »die frei von ideologischen Gegensätzen sind und in denen Fremde und Einheimische, Gläubige und Nichtgläubige gleichermaßen Platz finden.« Franziskus wird nicht müde, uns das Bild einer solidarischen Union vor Augen zu halten, in der der Schnellere dem Langsameren die Hand reicht.[20]

Es ist nicht mehr das Europa, das Johannes Paul II., Benedikt XVI. und Bergoglio zu Beginn seines Pontifikats gekannt haben. Der internationalen Politik des Heiligen Stuhls bricht ein weiterer Stützpfeiler weg. Der Papst fürchtet das aktuelle politische Klima, es gemahnt ihn an die Situation zwischen den beiden Weltkriegen, »als die populistischen und nationalistischen Tendenzen sich [...] durchsetzten.« Die Erinnerung an damals drängt ihn zu dem Hinweis, dass emotionale und vorschnelle Politiken, die sich nicht um Recht und Gerechtigkeit kümmern, zwar kurzfristig einen Konsens herstellen können, langfristig aber nicht dazu angetan sind, die »grundsätzlichen Probleme« zu lösen, »sondern sie vielmehr verstärken.«[21] So hat er es kurz vor Beginn seines siebten Pontifikatsjahres in der Ansprache an das diplomatische Korps ausgedrückt. Das Projekt eines geeinten Europa, auf das sich die Päpste jahrzehntelang verlassen hatten, hat Risse bekommen. Angela Merkel hatte es mit Sorge vorausgesehen. Zum hundertjährigen Gedenken an das Ende des Ersten Weltkriegs hatte sie gesagt, dass die europäischen Staaten – wie schon 1914 – wie Schlafwandler dem Chaos entgegentaumeln.

VI
Der elfte September des Pontifikats

Langsam fährt das Papamobil durch die Straße. Franziskus beugt sich nach rechts und nach links und segnet die Menge, die dicht gedrängt auf den Bürgersteigen der chilenischen Hauptstadt Santiago steht. Plötzlich fliegt etwas durch die Luft und trifft den Pontifex. Kein Stein, auch kein Sprengkörper, nur eine zusammengerollte Zeitung. Sie trifft Bergoglio voll auf die linke Wange und fällt dann auf den Boden des Wagens. Für den Bruchteil einer Sekunde zuckt Franziskus zusammen, dann segnet er weiter. Doch die höhnische und zornige Geste wird auf Video festgehalten und kursiert im Netz. Es ist das erste Mal, dass jemand die Hand gegen Franziskus erhebt. Ein Kratzer auf einem Heiligtum.

Die Atmosphäre ist aufgeheizt, als der Papst im Januar 2018 Chile besucht. Militante Gruppen der indigenen Mapuche haben aus Zorn über die Landenteignungen Anschläge auf Kirchen verübt. Katholische Gruppen und Laien protestieren gegen Bischof Juan Barros, dem *Omertà* vorgeworfen wird: Er soll von systematischem Missbrauch in seinem Klerus gewusst und nach Art der Mafia darüber Stillschweigen bewahrt haben. Am Vorabend des Papstbesuchs werden vier Gotteshäuser in der Hauptstadt zur Zielscheibe. Auf der brandgeschwärzten Schwelle der Kirche Santa Isabel de Hungría haben die Attentäter ein Flugblatt hinterlassen: »Freiheit für das Mapuche-Land ... Papst Franziskus, die nächsten Bomben explodieren unter deiner Soutane.« Demonstranten haben die Nuntiatur besetzt und skandieren: »Die Gelder des Fiskus geh'n alle an Franziskus«. Am 16. Januar, als der Papst bereits in Santiago eingetroffen ist, werden drei weitere Anschläge auf chilenische Kirchen verübt.

Das Gespenst, das über der Reise schwebt, ist ein 87-jähriger Priester. Er heißt Fernando Karadima und ist ein Serientäter. Ein Vierteljahrhundert lang war er Pfarrer an der Kirche El Bosque in Santiago de Chile, die er zu einem Zentrum der Jugend- und Berufungspastoral ausbaute. Der charismatische Karadima war das Hätschelkind der gutkatholischen Hauptstadtgesellschaft, der Liebling der Bischöfe, die sich mit der Pinochet-Diktatur (1973 bis 1990) arrangiert hatten. Etliche Priester und vier Bischöfe gehörten zu seinen Schülern. Bis 2003 der Jesuit und Bischofsvikar Juan Díaz den damaligen Erzbischof von Santiago, Francisco Errázuriz (unter Bergoglio Mitglied im Kardinalsrat »K9«, der die Kurienreform vorbereitet und den Papst bei der Leitung der Kirche unterstützt), auf die Aussage des ehemaligen Messdieners José Andrés Murillo aufmerksam macht, der von Karadima missbraucht worden ist. Die Sache verläuft nach dem altbekannten Muster. Errázuriz rührt sich nicht, obwohl sich die Aussagen gegen den Priester häufen. Eine Frau aus Karadimas Gemeinde, Verónica Miranda, wird später erzählen, sie habe den vergötterten Priester eines Tages in seiner Wohnung gesehen, den Kragen aufgeknöpft, das Gesicht schweißüberströmt, den Gürtel offen und vor ihm auf den Knien ein Mitbruder im geistlichen Amt.[1] 2005 erreicht Errázuriz ein ausführlicher Diözesanbericht. Der Kardinal blockiert die Ermittlungen und versucht, Karadima auf bürokratischem Weg in eine andere Pfarrei zu versetzen. Erst 2009 leitet Errázuriz kirchenrechtliche Ermittlungen ein. 2010 wird das Dossier in den Vatikan geschickt und Karadima im darauffolgenden Jahr (noch unter Ratzinger) zu einem klösterlichen Leben in »Gebet und Buße« verurteilt. Verglichen mit einem Ausschluss aus dem Klerus eine schonende Behandlung.

Die Sache ist damit jedoch nicht erledigt, sondern kocht im Januar 2015 wieder hoch, als Papst Bergoglio einen von Karadimas Schützlingen, Juan Barros, den ehemaligen chilenischen Militärbischof (und in den Achtzigerjahren – als aus Karadimas Pfarrei die ersten Hinweise auf sein irreguläres Verhalten eingingen und unverzüglich im erzbischöflichen Papierkorb landeten – Sekretär von Juan Francisco Fresno, dem damaligen Erzbischof von Santiago), zum Bischof von Osorno ernennt. Barros' Amtseinführung in der Kathedrale von Osorno wird von Massentumulten begleitet, und in den darauffolgenden Jahren gehen die Proteste ohne Unterlass weiter. Ein Priester aus dem Bistum Osorno, Peter Kliegel, schreibt sofort an den vatikanischen Nuntius in Chile und beschwert sich gegen die Ernennung eines Bischofs von zweifelhaftem moralischem Ruf.[2]

Der neue Erzbischof von Santiago de Chile, Ricardo Kardinal Ezzati, lässt später verlauten, er habe Papst Bergoglio von seinem Vorhaben abbringen wollen[3], doch James Hamilton, eines von Karadimas Opfern, erklärt, für seine Vertuschungsmaßnahmen hätte Ezzati es verdient, gemeinsam mit Errázuriz »ins Gefängnis zu gehen«.[4]

Kardinal Errázuriz, der inzwischen zu einem engen Mitarbeiter des Papstes aufgestiegen ist, bewahrt eisernes Stillschweigen. Bergoglio verschanzt sich hinter der Behauptung, die ganze Angelegenheit werde aufgebauscht. Im darauffolgenden Mai trifft der Papst auf dem Petersplatz auf den ehemaligen Sprecher der chilenischen Bischofskonferenz Jaime Coiro, der ausruft: »Osorno leidet!« Franziskus' Antwort fällt ungewöhnlich schneidend aus: Die Gläubigen sollten sich nicht von »den Linken« an der Nase herumführen lassen. Die einzige Anklage gegen den Bischof – so der Papst – sei vor Gericht entkräftet worden. Verleumdungen Glauben zu schenken sei »dumm«: »Ich bin der Erste, der solche Verbrechen verurteilt und bestraft ... aber in diesem Fall fehlt der Beweis ... ja, im Gegenteil ...«[5] Das bekräftigt Franziskus während seiner Chilereise: »An dem Tag, an dem man mir einen Beweis gegen Bischof Barros vorlegt, werde ich sprechen. Es gibt keinen einzigen Beweis gegen Barros. Alles ist Verleumdung. Ist das klar?«, so seine harsche Antwort auf die Frage eines Reporters in der Stadt Iquique.

Ein Purpurträger erkennt, dass Papst Bergoglio im Begriff ist, in eine Sackgasse einzubiegen. Der amerikanische Kardinal Sean

O'Malley, ebenfalls ein Mitglied des K9-Rats und Präsident der von Franziskus eingerichteten Kommission für den Schutz von Minderjährigen, geht auf Distanz. Eine solche Äußerung, erklärt er, sorge »für großen Schmerz bei Überlebenden sexuellen Missbrauchs«. Ohne irgendetwas zu beschönigen, fügt O'Malley hinzu: »Die Worte des Papstes vermitteln die Botschaft: Wenn du deine Vorwürfe nicht belegen kannst, glaubt man dir nicht.« Solche Worte ließen die Opfer allein und »erklärten die Überlebenden für unglaubwürdig«.

O'Malleys Eingreifen – der Papst ist nach seinem Chilebesuch inzwischen in Peru angekommen – veranlasst Franziskus zu einem teilweisen Rückzug. Auf dem Rückflug nach Rom erklärt der Pontifex den Journalisten: »Hierfür muss ich mich entschuldigen, denn das Wort ›Beleg‹ hat verletzt, hat viele Missbrauchsopfer verletzt.« »Zu hören, dass der Papst ihnen ins Gesicht sagt: ›Bringt mir ein Schreiben mit einem Beweis‹, ist ein Schlag ins Gesicht. Und nun merke ich, dass mein Ausdruck nicht glücklich war«, räumt Franziskus ein. Er habe von Beweismitteln sprechen wollen, stellt er klar, Beweismitteln im streng juristischen Sinn, denn ohne Beweismitteln könne man niemanden verurteilen. Des Weiteren, so betont Franziskus, habe er vertiefte Ermittlungen im Fall Barros veranlasst: »Da wurde viel daran gearbeitet, und es gibt da wirklich keinen Beweis […] der Schuld, und es scheint, dass ein solcher Beweis auch nicht zu erwarten ist, denn es gibt eine Kohärenz in anderem Sinn.«[6]

Jener Nachtflug am 21. Januar 2018 von Lima nach Rom ist ein dramatischer Scheitelpunkt auf der Kurve des Pontifikats. Weil ans Licht kommt, dass man Franziskus im Vatikan eine beschönigte oder oberflächliche Dokumentation vorgelegt hat. Weil sich im Hintergrund die ambivalente Haltung des chilenischen Episkopats abzeichnet. Weil die unerschütterliche Gewissheit, mit der der Pontifex darauf beharrt, dass man keine Schuldbeweise finden wird, schon bald ins Wanken geraten wird. Die Affäre bestätigt die eiserne Regel, die sich im letzten Vierteljahrhundert im Hinblick auf den massenweisen klerikalen Missbrauch und dessen systematische Vertuschung herauskristallisiert hat: Man findet nur, wenn man wirklich sucht.

Rund um die päpstliche Chilereise hagelt es Enthüllungen über bis dato geheim gehaltene Dokumente. Am 11. Januar 2018 veröffentlicht die *Associated Press* ein Schreiben des Papstes an die Spitzen der chilenischen Bischofskonferenz, aus dem hervorgeht, dass man schon 2014 über die Frage diskutiert hatte, ob Barros und zwei weitere Karadima-Schüler, Horacio Valenzuela Abarca, Bischof von Talca, und Tomislav Koljatic, Bischof von Linares, nicht besser von ihren Ämtern zurücktreten und ein Sabbatjahr einlegen sollten (ein vierter Bischof und Karadima-Schützling leidet an Parkinson). Der vatikanische Nuntius in Santiago de Chile hatte mit Barros darüber gesprochen und ihn davon überzeugt, einen entsprechenden Brief zu schreiben. Barros hatte das Rücktrittsgesuch auch tatsächlich verfasst, in dem offiziellen Dokument aber schwarz auf weiß auch die Rücktritte der beiden anderen Bischöfe aus Karadimas Dunstkreis erwähnt. Mit diesem kalkulierten Fauxpas hatte Barros alles blockiert.[7] Und war so im darauffolgenden Jahr von Papst Bergoglio zum Bischof von Osorno ernannt worden.

Auf dem Rückflug von seiner Reise nach Chile und Peru ist Franziskus in der Defensive. In der Pressekonferenz im Flugzeug berichtet er, dass ein Mitglied des chilenischen Episkopats das Sabbatjahr der drei Bischöfe, aus dem dann nichts geworden sei, als Ausweg vorgeschlagen habe. Franziskus enthüllt, dass Barros seinen Rücktritt angeboten, er aber abgelehnt habe: »Nein, so geht das nicht. Denn das käme einem verfrühten Schuldbekenntnis gleich.« Nach dem Streit über seine Ernennung in Osorno hatte Barros erneut seinen Rücktritt angeboten. Und Franziskus hatte zum zweiten Mal abgelehnt. Es gebe keine Beweise, beharrt der Papst gegenüber den Journalisten, »auch ich bin überzeugt, dass er unschuldig ist.«[8]

Verstrickt in das Netz der *Omertà*, des mafiosen Stillschweigens, das die hohen Amtsträger der chilenischen Kirche gesponnen haben, erfährt Papst Bergoglio nach seiner Rückkehr nach Rom, dass die

Associated Press einen weiteren Knüller veröffentlicht hat: »Ein Brief von 2015 widerlegt die Behauptung des Papstes, er habe nichts gewusst.« Der besagte Brief stammt von einem Karadima-Opfer, Juan Carlos Cruz, der sich persönlich an den Pontifex hatte wenden wollen. Cruz war Gemeindemitglied in Karadimas Pfarrei gewesen und erzählt in seinem Brief schonungslos, wie der charismatische Priester und Triebtäter die Jungen aus seiner Gemeinde auf den Mund geküsst und an den Genitalien berührt habe, »und wenn Juan Barros nicht gerade damit beschäftigt war, Karadima zu küssen, sah er zu, wie er uns Minderjährige berührte und dazu brachte, ihn zu küssen, und sagte, ›streckt die Zunge heraus‹, und seine herausstreckte und uns mit seiner Zunge küsste«. Barros habe alles vertuscht, schreibt Cruz an Bergoglio. »Heiliger Vater, die Tatsache, dass wir durch den sexuellen und psychologischen Missbrauch Schmerz und Angst erleiden mussten, ist schon schlimm genug, aber die furchtbare Misshandlung, die wir durch einen Teil unserer Bischöfe erlitten haben, ist beinahe noch schlimmer.« Dieser Hinweis bezieht sich auf die hartnäckige Weigerung der Amtskirche, Ermittlungen anzustellen. Acht Seiten, die mit Präzision den homoerotischen Zirkel beschreiben, den Karadima geschaffen und in den er Priester, Seminaristen und Minderjährige aus seiner Pfarrei hineingezogen hat.[9]

Cruz will sichergehen, dass Franziskus den Brief auch wirklich bekommt. Er wagt es nicht, ihn an den vatikanischen Nuntius in Chile, Erzbischof Ivo Scapolo, zu schicken, der es schon mehrfach abgelehnt hat, ihn alleine oder mit zwei anderen Opfern, José Andrés Murillo und James Hamilton, zu treffen. Also schickt Cruz sein Schreiben an Marie Collins, selbst Opfer klerikalen Missbrauchs und Mitglied der päpstlichen Kommission für den Schutz von Minderjährigen. Collins begibt sich mit drei weiteren Mitgliedern der Kommission nach Rom, um mit deren Vorsitzendem, Kardinal O'Malley, zusammenzutreffen. Vor diesen Zeugen übergibt sie ihm den Brief. Catherine Bonnet, eine französische Psychiaterin und ebenfalls Angehörige der Kommission, fotografiert die Übergabe.

Das war 2015. »Wir übergaben [O'Malley] den Brief, und er versicherte uns, dass er ihn dem Papst geben würde … und garantierte uns später, dass ebendies geschehen sei«, bezeugt Collins.[10]

Seit Cruz' Brief veröffentlicht worden ist, nimmt die Affäre Fahrt auf. Franziskus erkennt, dass er die Dinge selbst in die Hand nehmen muss. Am 20. Januar 2018 wird bekannt, dass der Erzbischof von Malta, Charles Scicluna (ein Mitglied des Heiligen Offiziums), der seinerzeit die Verbrechen des Legionäre-Christi-Gründers Marcial Maciel aufgedeckt hatte, nach Chile abgereist ist. Mit ihm reist der Priester Jordi Bertomeu, auch er ein Angehöriger der Kongregation für die Glaubenslehre. Rasch kommt die Wahrheit ans Licht. Am 20. März legen Scicluna und Bertomeu dem Papst ein 2300 Seiten starkes Dossier vor. In einem Brief an die chilenischen Bischöfe zieht der Papst das folgende Fazit: »Alle in ihnen gesammelten Zeugnisse [sprechen] nüchtern, ohne Zusätze oder Verharmlosungen, von vielen gekreuzigten Leben […], und ich bekenne euch, dass dies mir Schmerz und Scham bereitet.« Franziskus kann nicht umhin, Selbstkritik zu üben: »Was mich betrifft, so bekenne ich – und möchte, dass Ihr es treu weitergebt –, dass ich schwerwiegende Fehler gemacht habe in der Bewertung und Wahrnehmung der Situation, besonders aus Mangel an wahrhaftiger und ausgewogener Information. Bereits jetzt bitte ich alle um Vergebung, die ich verletzt habe«.[11] In Chile hat Franziskus' Charisma, wie ein Fürsprecher des Papstes im Vatikan mit Besorgnis vermerkt, zum ersten Mal Kratzer bekommen.

Ein paar Wochen später empfängt der Papst in seiner Wohnung im Vatikan drei Karadima-Opfer: Juan Carlos Cruz, James Hamilton und José Andrés Murillo. Sie sind mehrere Tage bei Franziskus zu Gast, um in aller Ruhe über die Missbräuche, über Macht und Manipulation, über die Vertuschungspraxis und über die Vielzahl der bekannten und nicht bekannten Verbrechen zu sprechen: eine »Epidemie«. Nach dem Treffen sind die drei erleichtert. Sie fühlen sich nicht mehr als Feinde behandelt, sagen sie. Sie sind der Ansicht, dass Franziskus falsch informiert worden sei. Sie erzählen, der Papst habe sie »förmlich in eigenem Namen und im Namen der Weltkirche um Vergebung gebeten«. Doch sie sprechen auch eine indirekte Warnung aus: »Wir hoffen, dass der Papst seinen Worten der Liebe und Vergebung beispielhafte Taten folgen lässt, denn sonst wäre das alles nur toter Buchstabe gewesen.«

Am 15. Mai kommen die chilenischen Bischöfe zu Franziskus in den Vatikan. Einen Tag zuvor lässt der Papst Texte für eine stille Betrachtung verteilen. Am 16. und am 17. Mai wird debattiert. Am Ende übergibt der Pontifex jedem der 34 Kirchenmännern einen von ihm verfassten Brief und ein zehnseitiges Dokument, das auf den Ermittlungen von Scicluna und Bertomeu beruht. Den Bischöfen und Ordensoberen wird vorgeworfen, dass sie es versäumt hätten, die Minderjährigen zu schützen und den Opfern zuzuhören. Notwendige Ermittlungen wurden nicht durchgeführt, schwerwiegende Hinweise auf Missbrauch als unwahrscheinlich abgetan und Ordensleuten, die wegen Missbrauchs aus ihren Gemeinschaften ausgeschlossen worden waren, in den Diözesen neue Arbeitsbereiche zugewiesen, wo sie mit Kindern in Kontakt kamen. Kompromittierende Schriftstücke wurden vernichtet, und wer mit der Durchführung der Prozesse betraut war, wurde unter Druck gesetzt. Franziskus' Schlussfolgerungen sind hart: Die chilenische Kirche sei von »Messianismus, Elitarismus und Klerikalismus« gekennzeichnet, Phänomenen, die der Papst als »eine Perversion des Kircheseins« bezeichnet. Es gehe nicht nur darum, einzelne Posten neu zu besetzen: Mit dem ganzen System stimme etwas nicht, betont der Papst. Dann richtet er eine deutliche Warnung an die Bischöfe: »Man hüte sich vor der Versuchung, die eigene Haut retten zu wollen.«[12]

Am 18. Mai reichen die chilenischen Bischöfe geschlossen ihren Rücktritt ein und gestehen schwere Fehler und Unterlassungen. In den darauffolgenden Wochen beginnen die Säuberungsmaßnahmen. Am 11. Juni akzeptiert Franziskus den »Amtsverzicht« von Juan Barros, Cristián Caro Cordero und Gonzalo Duarte de Cortázar. Am 28. Juni sind Horacio Valenzuela Abarca und Alejandro Goić Karmelić an der Reihe. Am 21. September treten Carlos Pellegrín Barrera und Cristián Contreras Molina zurück. Sieben chilenische Bischöfe verlieren ihre Diözese. Am 27. September unterzeichnet der Papst das Dekret über die Laisierung des Priesters und Triebtäters, mit dem alles angefangen hat: Fernando Karadima. Am 9. November begibt sich Kardinal Errázuriz in den Vatikan zum Papst, um seinen »Abschied« aus dem Rat der neun Kardinäle zu nehmen. In seinem Heimatland bestellt ihn die Staatsanwaltschaft ein, damit er in einem anderen Fall der Vertuschung von Pädophilie aussagt: dem Fall des Priesters Jorge Laplagne. In der Zwischenzeit hat Franziskus zwei chilenische Bischöfe, denen Missbrauch an Minderjährigen vorgeworfen wird, aus dem Klerikerstand entlassen: Francisco José Cox, den emeritierten Erzbischof von La Serena, und Marco Antonio Órdenes Fernández, den emeritierten Bischof von Iquique.[13]

Die Skandale scheinen der katholischen Kirche keine Atempause zu gönnen. Am 14. August 2018 wird in den Vereinigten Staaten der Bericht der Grand Jury der Staatsanwaltschaft des US-Bundesstaats Pennsylvania veröffentlicht. Er ist verheerend. Seit den Vierzigerjahren des vergangenen Jahrhunderts sind demnach von etwa 300 Priestern mehr als eintausend Kinder und Minderjährige vergewaltigt worden. Die tatsächliche Zahl der Opfer ist vermutlich höher, viele Überlebende sind noch nicht mit ihrer Geschichte an die Öffentlichkeit getreten, viele Anzeigen sind verlorengegangen. Beinahe alle Vergehen sind verjährt. Generalstaatsanwalt Josh Shapiro hat zwei Jahre lang in sechs Diözesen des Staates ermittelt. Der 1400 Seiten starke Bericht enthält Entsetzliches. Die kirchlichen Hierarchien – das ist dokumentiert – haben nicht eingegriffen, haben vertuscht, haben die kriminellen Priester geschützt.

Der Bericht basiert auf einer 500 000 Seiten umfassenden Dokumentation und benennt in aller Deutlichkeit die Techniken einer richtiggehenden Verdunkelungs- und Irreführungsstrategie. Dass man Euphemismen verwendet und nicht etwa von »Vergewaltigung«, sondern von »unpassenden Kontakten« spricht. Dass man die Ermittlungen nicht den Fachleuten überlässt, sondern andere Kleriker – und in völlig unzureichendem Rahmen – damit beauftragt. Dass man die Verantwortlichen in psychiatrische Behandlung schickt. Dass man den Pädophilen in eine andere Pfarrei versetzt. Dass man die eigentlichen Gründe der Versetzung nicht bekanntmacht. Dass man ihm auch weiterhin Wohnung und Gehalt garantiert. Dass man nie bei der Polizei Anzeige erstattet, obwohl man weiß, dass der Missbrauch von Minderjährigen nach staatlichem Recht eine Straftat darstellt. Unter den Verantwortlichen für die Vertuschungspraktiken wird auch der Erzbischof von Washington genannt, Donald Kardinal Wuerl, der von 1988 bis 2006 Bischof der Diözese Pittsburgh war.[14]

Andere US-Bundesstaaten machen sich bereit, ähnliche Ermittlungen in Gang zu bringen. Die US-amerikanische Organisation der Überlebenden klerikalen Missbrauchs (SNAP) fordert eine landesweite Untersuchung. Im Vatikan räumt der ehemalige Sprecher Greg Burke ein, dass der Heilige Stuhl den Bericht der Grand Jury sehr ernst nehme. Die Kirche, so fügt er hinzu, müsse aus den harten Lektionen der Vergangenheit lernen, und es sollte »sowohl vonseiten derer, die den Missbrauch begangen, als auch vonseiten derer, die ihn zugelassen haben, Verantwortung übernommen werden«.[15] Burke weist jedoch darauf hin, dass die Zahl der Fälle seit dem Jahr 2000 deutlich zurückgegangen sei, weil die amerikanischen Bischöfe entsprechende Leitlinien in Anwendung brächten.

Einen Monat später, im September 2018, ist Deutschland an der Reihe. Der deutsche Episkopat veröffentlicht eine nationale Erhebung über Missbräuche, die seit dem Ende des Zweiten Weltkriegs von Klerikern verübt worden sind. Zwischen 1946 und 2014 haben mehr als 1600 Priester, Diakone und Ordensleute 3677 Minderjährige (60 Prozent davon männlich) missbraucht. 4,4 Prozent des noch aktiven deutschen Klerus ist in die Affäre verstrickt. Obwohl sie mangels Kooperationsbereitschaft oder aufgrund der Vernichtung von Dokumenten gewisse Defizite aufweist, ist die Erhebung ein mutiger Schritt. Zum allerersten Mal hat eine Bischofskonferenz beschlossen, eine Untersuchung über die Verbrechen des Klerus einem unabhängigen Forscherteam der Universitäten Mannheim, Heidelberg und Gießen anzuvertrauen.[16]

Chile, Pennsylvania, Deutschland: Der Ansehensverlust der katholischen Kirche ist immens. Was für Papst Ratzinger das schwarze Jahr 2010 gewesen war, wird für Papst Bergoglio das Katastrophenjahr 2018. Seine Reise zum Weltfamilientreffen nach Irland ist komplett von den Pädophilie-Skandalen und dem beispiellosen Netz der *Omertà*, des mafiosen Stillschweigens überschattet, das die kirchlichen Hierarchien gesponnen haben, um die kriminellen Priester zu schützen. Als Franziskus am 25. August 2018 in Irland eintrifft, wird er von Demonstranten begrüßt, die Spruchbänder in die Höhe halten: »Wir werden nie vergessen«, steht darauf, oder: »Weg mit denen, die die Kinderschänder schützen!« Am historischen Postgebäude, dem General Post Office in Dublin, prangen die Fotos der Missbrauchsopfer. Kinderschuhe mit schwarzen Schnürsenkeln werden auf die Gehwege vor dem Schloss geworfen, wo der Papst mit dem Premierminister, den Autoritäten und dem diplomatischen Korps zusammentrifft. Das Dossier des *National Board for Safeguarding Children*, der bischöflichen Einrichtung zum Schutz der Minderjährigen, dokumentiert, dass es in Irland seit 1975 1259 Missbrauchsanzeigen gegen 489 Priester und Ordensleute gegeben hat. 37 Verantwortliche sind vor Gericht gebracht worden. Die entscheidende Erkenntnis ist (hier wie in anderen Ländern), dass, wenn erst einmal funktionierende Strukturen zur Anhörung der Opfer und wirkungsvollen Bestrafung der Täter geschaffen worden sind, die Zahl der Verbrechen signifikant zurückgeht. 2017 gab es in Irland 35 Anzeigen gegen Priester, die sich aber alle bis auf eine auf Taten bezogen, die vor dem Jahr 2000 begangen worden waren. Das beweist, dass die Schaffung von Mechanismen, die bei der Aufdeckung der Verbrechen Transparenz gewährleisten, die Opfer ermutigt, Anzeige zu erstatten, und zu konkreten Resultaten führt.

Schon in den Jahren zuvor waren vier Berichte über Missbrauchsfälle in Irland veröffentlicht worden: drei staatliche und einer, den der Heilige Stuhl in Auftrag gegeben hatte. Neben den Missbräuchen durch Kleriker ist das Land durch den Skandal der »Magdalenen« erschüttert worden: minderjährige Mütter, die oft nach einer Vergewaltigung schwanger geworden und von ihren Eltern in von Nonnen geführte Heime – die sogenannten *Magdalene Laundries* – gebracht worden waren, wo sie, von der Außenwelt isoliert, als Wäscherinnen arbeiteten. Ihre Kinder hatte man ihnen weggenommen und widerrechtlich an fremde Familien übergeben. Es ist die Geschichte einer im Namen der »Sünde« auferlegten Sklaverei. Hunderttausend Opfer im Lauf der Jahrzehnte, so schätzt man. Während Karol Wojtyła, der Irland auf dem Weg in die USA 1979 einen Besuch abgestattet hatte, bei seiner Messe dort noch von einer Million Gläubigen bejubelt worden war, ist die Gesellschaft, die Bergoglio heute die Rechnung präsentiert, deutlich säkularisierter (und hat z. B. die Scheidung, die Abtreibung und die Homo-Ehe legalisiert). Premier Leo Varadkar, der den Papst im Dubliner Schloss willkommen heißt, spricht mit harscher Offenheit von den »brutalen Verbrechen, die von Leuten der katholischen Kirche begangen und sodann vertuscht worden sind, um die Institutionen zu schützen […]. Die Wunden sind noch immer offen, und es gibt viel zu tun, um Gerechtigkeit und Wahrheit zu erlangen […]. Heiliger Vater, es kann hier nur null Toleranz geben«.

Für Franziskus verwandelt sich die zweitägige Reise in einen *Mea-Culpa*-Rosenkranz. »Das Versäumnis der kirchlichen Autoritäten – Bischöfe, Ordensobere, Priester und andere –, mit diesen abscheulichen Verbrechen angemessen umzugehen, hat zu Recht Empörung hervorgerufen und bleibt eine Ursache von Leid und Scham für die katholische Gemeinschaft«, gesteht der Papst vor den Behörden und dem diplomatischen Korps. »Ich selbst teile diese

Gefühle.« Man wird sich noch intensiver dafür einsetzen, garantiert er, »diese Geißel in der Kirche auszumerzen«.[17] In der Prokathedrale bringt er Blumen in die Kapelle des heiligen Josef, wo seit 2011 eine Kerze zur Erinnerung an die Missbrauchsopfer brennt. Am Marienwallfahrtsort Knock hinterlässt er einen goldenen Rosenkranz als Geschenk für die Gottesmutter und ruft anschließend aus: »Ich bitte den Herrn inständig um Vergebung für diese Sünden, für den Skandal und Verrat, den so viele in der Familie Gottes empfinden.« Man müsse bei der Suche nach Wahrheit und Gerechtigkeit fest und entschlossen vorgehen, verspricht er erneut.[18]

Außerdem trifft Franziskus mit acht Pädophilie-Opfern zusammen. »Bestechung und *Omertà* sind Scheiße«, bricht es auf Spanisch aus ihm heraus.[19] Dann bespricht er das Thema mit den irischen Bischöfen. Bei der Abschlussmesse im Phoenix Park in Dublin wiederholt der Papst bei Regen und Wind feierlich seine Bitte um Vergebung für alle diejenigen Fälle, in denen die Kirche den Überlebenden jedweder Art von Missbrauch keine Gerechtigkeit hat widerfahren lassen, und verspricht erneut eine Wende. 130 000 Menschen nehmen an der Papstmesse teil, deutlich weniger als die erwarteten 500 000. Symptomatisch ist, dass Hunderttausende im Vorfeld reservierte »Eintrittskarten« für die Eucharistiefeier nicht abgeholt worden sind.

2018 ist ein Schockjahr für das Bergoglio-Pontifikat. Die chilenische Affäre fügt seinem Image erheblichen Schaden zu. »Heute schaut in der Tat auch die katholische Kirche voller Befremden auf ihren eigenen 11. September«, klagt Erzbischof Georg Gänswein, Mitarbeiter von Benedikt XVI. und Franziskus, im Herbst 2018, »auch wenn sich diese Katastrophe leider nicht auf ein einziges Datum bezieht, sondern auf viele Tage und Jahre und auf unzählige Opfer«.[20] Dabei hatte Papst Franziskus sein Amt mit allergrößter Entschlossenheit angetreten. Gleich nach seiner Wahl wurde die Parole »null Toleranz« ausgegeben. Wenige Wochen nach seiner Amtseinführung erfährt Franziskus, dass der Nuntius in Santo Domingo, der polnische Erzbischof Józef Wesołowski, beschuldigt wird, eine Reihe von Minderjährigen missbraucht zu haben. Im August 2013 beruft der Papst den Nuntius zurück und eröffnet das kirchenrechtliche Verfahren bei der Kongregation für die Glaubenslehre.

Im Juni 2014 wird Wesołowski aus dem Klerikerstand entlassen, und im September stellt ihn die vatikanische Gendarmerie unter Hausarrest: Papst Bergoglio will, dass ihm auch strafrechtlich nach den Gesetzen des Vatikanstaats der Prozess für sexuellen Missbrauch und den Besitz von kinderpornografischem Material gemacht wird. Am 11. Juli 2015 beginnt der Prozess, wird jedoch aus gesundheitlichen Gründen ausgesetzt. In der Nacht des 27. August stirbt der ehemalige Nuntius an einem Herzinfarkt. Der Fall Wesołowski ist ein anschauliches Beispiel für den von Franziskus eingeschlagenen Kurs.

Schon 2013 bewegt sich der Pontifex mit zügigen Schritten voran. Am 11. Juli erlässt er Änderungen am vatikanischen Strafrecht: Kinderhandel, Prostitution, sexuelle Gewalt und Einbeziehung in diese sowie sexuelle Handlungen mit Minderjährigen werden fortan verfolgt. Unter Strafe stehen Kinderpornografie und Verbreitung von kinderpornografischem Material. Verfolgt werden können sämtliche Angestellte von Behörden, die mit dem Heiligen Stuhl verbunden sind, unabhängig davon, ob diese sich auf dem Gelände der Vatikanstadt befinden oder nicht. Einschließlich der apostolischen Nuntien, des diplomatischen Personals und der Mitarbeiter der römischen Kurie. Im September 2013 laisiert der Papst den pädophilen Weihbischof von Ayacucho in Peru, Gabino Miranda Melgarejo, und enthebt ihn all seiner Ämter.

Am 22. März 2014 richtet Franziskus die päpstliche Kommission für den Schutz von Minderjährigen ein. Ihre Aufgabe ist es, »mir die geeignetsten Initiativen für den Schutz der Minderjährigen und der Erwachsenen mit Behinderung vorzuschlagen, damit alles Mögliche getan wird, um zu gewährleisten, dass Verbrechen wie jene geschehenen sich in der Kirche nicht mehr wiederholen.« Gemeinsam mit der Kongregation für die Glaubenslehre soll die Kommission die Ortskirchen in aller Welt in die Verantwortung rufen. Auch zwei Missbrauchsopfer gehören der Kommission an: die Irin Marie Collins und der Engländer Peter Saunders, Gründer einer Vereinigung von Menschen, die als Kinder missbraucht worden sind (NAPAC). Am 10. Juni 2015 wird die Einrichtung eines Sondergerichtshofs für die Verfahren gegen Bischöfe angekündigt, die es unterlassen haben, Missbrauchsfälle in ihren Diözesen zu verfolgen. Bei der Kongregation für die Glaubenslehre soll eine entsprechende Justizabteilung ins Leben gerufen werden, der ein Erzbischof als Sekretär vorsteht wird.[21]

Im darauffolgenden Jahr unterzeichnet der Papst das Motu Proprio *Come una madre amorevole*, das die Verfahren für die Amtsenthebung von Bischöfen festlegt, die sich in Missbrauchsfällen Versäumnisse haben zuschulden kommen lassen. Während in den anderen im Kodex des kanonischen Rechts vorgesehenen Fällen eine »sehr schwerwiegende« Verletzung der Sorgfaltspflicht vorliegen muss, damit ein Bischof seines Amtes enthoben werden kann, genügt in Missbrauchsfällen eine »schwerwiegende« Nachlässigkeit. Es ist ein Weg, Vertuschungen zu ahnden, ohne in übertriebene juristische Spitzfindigkeiten zu verfallen. Die Ermittlungen werden je nachdem von der Kongregation für die Bischöfe, der Kongregation für die Evangelisierung der Völker, der Kongregation für die orientalischen Kirchen oder der Ordenskongregation (Kongregation für die Institute des geweihten Lebens und die Gesellschaften apostolischen Lebens) durchgeführt. Die abschließende Entscheidung obliegt dem Papst, dem ein eigenes, von ihm selbst zusammengestelltes Juristenkollegium zur Seite steht.

Als er die Kommission für den Schutz von Minderjährigen im Juni 2017 in Audienz empfängt, teilt Franziskus mit, dass für die kirchenrechtliche Verurteilung der Missbrauchsvergehen in Zukunft ein erstinstanzliches Urteil genügen wird. »Wenn es Beweise gibt, ist es endgültig«. Der Papst warnt vor der Tendenz, aufgrund einer subjektiven Einschätzung zu vergeben: »Heute bereut er, wir vergeben ihm, und nach zwei Jahren wird er rückfällig. Wir müssen uns bewusst machen, dass das eine Krankheit ist«. Das bedeutet, es gibt keine Ausnahmen. In diesem Zusammenhang, so lässt der Papst verlauten, habe er noch nie eine Begnadigung unterschrieben, und »ich werde auch nie eine unterschreiben«. Selbstkritisch erzählt er den Kommissionsmitgliedern vom Fall eines des Missbrauchs überführten Priesters, Don Mauro Inzoli von *Comunione e Liberazione*, den er – auf Anraten des Ortsbischofs – mit größerer Milde, nämlich (anstelle der von Benedikt XVI. verfügten Laisierung) mit einem zurückgezogenen Leben ohne Ämter bestraft hatte: »Doch nach zwei Jahren ist er rückfällig geworden. Das ist das einzige Mal, dass ich das getan habe, und ich werde es nicht wieder tun.«[22] Die Wachsamkeit lässt nicht nach. Im Juni 2018 verurteilt der vatikanische Strafgerichtshof den ehemaligen Berater der Nuntiatur in Washington, Msgr. Carlo Alberto Capella, wegen Besitz und Verbreitung kinderpornografischen Materials zu fünf Jahren Haft.

Auch hinter dem Kardinalspurpur kann sich niemand mehr verstecken. Am 28. Juli 2018 entlässt der Papst den ehemaligen Erzbischof von Newark, Theodore Kardinal McCarrick (bzw. »akzeptiert dessen Rücktrittsgesuch«, wie es in solchen Fällen heißt). Es ist das zweite Mal, dass der Pontifex ein unwürdiges Mitglied aus dem Kardinalskollegium ausschließt: Dasselbe hatte er 2015 mit dem ehemaligen Primas von Schottland, Keith Kardinal O'Brien, getan, der Seminaristen und Priester belästigt und dem Papst Benedikt XVI. 2013 die Teilnahme am Konklave verweigert hatte. Am 12. Oktober des darauffolgenden Jahres wird der Rücktritt des Erzbischofs von Washington, Donald Kardinal Wuerl, bekannt: Nach dem Bericht der Grand Jury von Pennsylvania, der ihn für versäumte oder verspätete Maßnahmen gegen priesterlichen Missbrauch verantwortlich gemacht hatte, war seine Position unhaltbar geworden. Im November 2018 dann wird der New Yorker Weihbischof John Jenik seines Amtes enthoben. Der Erzbischof der amerikanischen Metropole,

Timothy Kardinal Dolan, teilt mit, ein eigens mit der Angelegenheit betrauter Laienrat habe die Aussagen über einen zehn Jahre zuvor begangenen Missbrauch als »glaubwürdig« beurteilt.

Dies alles sind unumkehrbare Schritte in Richtung null Toleranz. Doch auf der anderen Seite sind die Widerstände, das Sich-Sträuben und die Sabotagen im Vatikan und in den Episkopaten der Welt mit Händen zu greifen. Sie manifestieren sich in symbolischen Gesten, offener Untätigkeit und Druckausübung auf den Pontifex. Am Tag seiner Beisetzung hüllt man den Leichnam des Triebtäters und ehemaligen Nuntius und Erzbischofs Wesołowski in ein Priestergewand und steckt ihm den Bischofsring an den Finger – eine stillschweigende Auflehnung gegen seine von Bergoglio gewollte und nach einem regelkonformen kirchenrechtlichen Verfahren von der Glaubenskongregation verhängten Bestrafung.

Inzwischen bekommt auch die Kommission für den Schutz von Minderjährigen erste Risse. Peter Saunders, der britische Überlebende und Vorkämpfer der Missbrauchsopfer, gerät im Februar 2016 ins Abseits, weil er laut ausspricht, was alle denken: Wie kann der australische Kardinal George Pell, der in seinem Heimatland der Vertuschung von Missbrauchsvergehen angeklagt ist und unter dem Verdacht steht, selbst Missbrauch begangen zu haben, noch ernsthaft ein Mitglied der K9, des Kronrats von Papst Franziskus sein? Das vatikanische Kommuniqué, das seine Entlassung verkündet, scheint aus einer anderen Epoche zu stammen: »[Es] wurde entschieden, dass Herr Peter Saunders eine Zeit der Abwesenheit von seiner Mitgliedschaft nehmen werde, um darüber nachzudenken, wie er am besten die Arbeit der Kommission unterstützen kann«. Ein Jahr später reicht die zweite Überlebende, die Irin Marie Collins, ihren Abschied ein.

Kurz darauf kündigt auch die Psychiaterin Catherine Bonnet, Expertin auf dem Gebiet der Gewalt an Minderjährigen, ihren Rückzug aus der Kommission an. Sie hatte sich dafür starkgemacht, dass der betreffende Ortsbischof ausdrücklich dazu verpflichtet werden sollte, einen des Missbrauchs schuldigen oder aufgrund ernstzunehmender Hinweise verdächtigen Priester bei den Polizei- oder Justizbehörden zu melden. Eine rechtliche Verpflichtung, von der man in der Kurie und bei den meisten Episkopaten weltweit (einschließlich der italienischen Bischöfe) nichts hören will. Es kommt sogar vor, dass man sich auch noch nach der kirchenrechtlichen Verurteilung eines triebtäterischen Priesters dafür entscheidet, alles unter der Decke zu halten. In Apulien wurde ein Priester aus Foggia, Gianni Trotta, aufgrund wiederholten Missbrauchs aus dem Klerikerstand entlassen und gleichzeitig von der Kongregation für die Glaubenslehre die Empfehlung ausgesprochen, der Ortsbischof solle »die Gründe seiner Entlassung nicht publik machen, um einen Skandal zu vermeiden«. Mit der Konsequenz, dass Trotta im Schutz der *Omertà* weitere Missbrauchstaten an rund zehn Kindern begehen konnte. Unterzeichnet war die Note des ehemaligen Heiligen Offiziums vom damaligen Kongregationspräfekten William Kardinal Levada und dem damaligen Sekretär Luis Francisco Ladaria.[23]

Derweil ist in den Bulletins des vatikanischen Presseamts eine seltsame Neuerung zu beobachten: Wenn gemeldet wird, dass ein Bischof sich aus seiner Diözese zurückzieht, wird nicht mehr erläutert, ob der Rücktritt altersbedingt oder aus »schwerwiegenden Gründen« erfolgt.[24] Im März 2018 berichtet das Bulletin, dass der Bischof von Guam, Anthony Sablan Apuron, der des Missbrauchs beschuldigt wird, von der Kongregation für die Glaubenslehre dazu verurteilt worden sei, seine Diözese aufzugeben und dem Gebiet des Bistums Guam fernzubleiben. Doch der Text der Meldung ist unverständlich. Ohne weitere Erläuterungen heißt es darin lediglich, der Angeklagte sei »in einigen Anklagepunkte schuldig« gesprochen worden.[25] Ungeachtet der schweren Strafe der Entfernung aus der Diözese, die eine schwere Schuld voraussetzt, wird er nicht laisiert. Apuron ist ein Neokatechumenaler, Don Inzoli war Mitglied von *Comunione e Liberazione*, Karadima hatte Beziehungen zu den höchsten Gesellschaftskreisen von Santiago de Chile. Marcial

Maciel konnte sich auf die von ihm gegründeten und geleiteten Legionäre Christi stützen. Es ist kein Zufall, dass sich diejenigen unter den Missbrauchstätern, die mächtige Organisationen im Rücken haben oder mit einflussreichen Personen befreundet sind, in der kirchlichen Institution wenigstens auf den ersten Blick einer wohlwollenderen strafrechtlichen Behandlung erfreuen können.

Anfang 2018 schließlich wird die Kommission für den Schutz von Minderjährigen neu zusammengestellt: Wenn ihr noch Missbrauchsopfer angehören, dann ist über ihre Identität jedenfalls nichts bekannt. Um ihre Privatsphäre zu schützen, so die offizielle Erklärung, die den muffigen Geruch der alten Zeiten an sich trägt. Vor allem aber werden die Pläne bezüglich der angekündigten und sehnlichst erwarteten Einrichtung eines Gerichtshofs zur Verurteilung pflichtsäumiger Bischöfe, die es jedem einfachen Gläubigen hatte ermöglichen sollen, Vertuschungsfälle zur Anzeige zu bringen, zwischen 2015 und 2017 auf Eis gelegt. Eine Geschichte, die nur entschlüsseln kann, wer die inneren Funktionsweisen des »Systems Kurie« kennt.

Die heute 71-jährige Marie Collins wurde mit 13 Jahren bei einem Klinikaufenthalt vom Krankenhausseelsorger missbraucht. Der Täter war 27 Jahre alt und erst ein Jahr zuvor zum Priester geweiht worden. »Ich verstand nicht, was vor sich ging. Ich sagte mir, dass das ja keine Sünde sein kann, weil er doch Priester ist. Für mich stand ein Priester über den Menschen, er war fast so etwas wie ein Gott.«[26] Und so nimmt der Mechanismus seinen Lauf, den die Überlebenden nur allzu gut kennen. »Ich fühlte mich erniedrigt und angeekelt, ich fühlte mich schlecht, ich hatte das Gefühl, dass Gott zornig auf mich war. Der Geistliche machte auch gerne Fotos. Ich beichtete bei ihm, am Tag danach spendete er mir die Kommunion. Ich hatte kein Selbstvertrauen. Der Geistliche sagte mir, ich sei dumm. Denn das ist ein weiterer Aspekt solcher Geschichten: Der psychologische Missbrauch ist sogar noch schlimmer als der physische.« Aus der

Distanz der vielen Jahre, die seither vergangen sind, erinnert sich Marie Collins: »Der Missbrauchstäter hat eine ganz außerordentliche Macht über sein Opfer.«

Marie wächst heran, sie hat ständig Panikattacken, muss immer wieder ins Krankenhaus. Sie arbeitet als Buchhalterin und heiratet mit 29 einen Wissenschaftler. Die Ehe hält bis heute, sie haben einen Sohn. Doch Marie geht es weiterhin nicht gut, sie hört auf zu arbeiten und sucht einen Psychiater auf. Inzwischen schreiben wir das Jahr 1985. »Beim Psychiater kam meine Missbrauchsgeschichte ans Licht. 25 Jahre danach!« Marie wendet sich an einen Priester: »Er sagte mir, ich solle keine Namen nennen, es sei meine Schuld, ich hätte den Krankenhausgeistlichen in Versuchung geführt. Doch mir wurde vergeben.« Marie versteift sich. »Ich habe weitere zehn Jahre geschwiegen. 1995 bin ich zum Erzbischof von Dublin gegangen, Desmond Kardinal Connell. Der Priester war noch immer Pfarrer in einer Gemeinde. Connel hat ihn nicht entlassen, er ist nicht einmal zur Polizei gegangen. Der Kardinal sagte zu mir, man dürfe den guten Ruf eines Priesters nicht zerstören. Ich gab zur Antwort: ›Er hat keinen guten Ruf, er ist ein Triebtäter.‹ Nach dem Gespräch mit dem Erzbischof war ich am Boden zerstört. Ich war eine normale Katholikin, eine praktizierende Katholikin, und ich habe nie meinen Glauben verloren. Ich hatte mir Hilfe erwartet, den Erzbischof ernstgenommen … und in der Zwischenzeit war der Priester, der mich missbraucht hatte, nach wie vor für zwölfjährige Kinder verantwortlich.«

Tatsächlich, so Collins, wusste Kardinal Connell über alles Bescheid. Der pädophile Priester, der seine Opfer gerne fotografierte, hatte die Negative im selben Jahr ans Kodak-Labor in London geschickt. Das Labor hatte die Dubliner Polizei verständigt, und 1960 hatte man Kardinal Connell in Kenntnis gesetzt.

»Der Erzbischof war also schon auf dem Laufenden. Der pädophile Priester wurde aus dem Krankenhaus abberufen, für einen Monat beurlaubt und danach in eine Pfarrei versetzt. Niemand forschte nach, ob es andere Opfer gegeben hatte. Das war schon damals ein strafrechtlich relevanter Tatbestand. Der Missbrauchspriester fühlte sich vor allem von Jungen im vorpubertären Alter angezogen. Er konnte jahrzehntelang ungehindert weitermachen. Der Kanzler der erzbischöflichen Kurie teilte mir mit, es habe sich noch nie jemand über ihn beschwert. In Wirklichkeit hatte es viele Beschwerden gegeben. Auch er sagte mir, dass man den guten Ruf des Priesters nicht zerstören dürfe. 1997 ist er für Missbrauchsvergehen verurteilt worden, die er in den 1970er- und 1980er-Jahren begangen hat. Unter anderem schrieben schon die 1996 erlassenen Richtlinien der irischen Bischofskonferenz vor, dass Missbrauchsfälle der Polizei gemeldet werden mussten, doch Kardinal Connell behauptete, diese Richtlinien seien kirchenrechtlich nicht verbindlich.«

Das ist die Frau, die Franziskus 2014 in die Kommission für den Schutz von Minderjährigen berufen hat. »Wir haben uns am 8. Mai 2014 zum ersten Mal versammelt«, erinnert sich Collins, »und Kardinal O'Malley sagte uns, dass wir eine Kommission anderer Art und vom vatikanischen Apparat gänzlich unabhängig sein würden. Wir waren unabhängig vom Staatssekretariat, wir würden nur dem Papst Rechenschaft schulden, wir würden unsere Statuten selbst schreiben, die übrigen Kommissionsmitglieder selbst auswählen, denn wir waren erst zu acht, und wir würden selbst entscheiden, wer den Vorsitz führen sollte. Bei der zweiten Versammlung im Juni verkündete der Vatikan, dass Kardinal O'Malley den Vorsitz übernehmen würde; das erfuhren wir aus den Zeitungen. Im September wurde angekündigt, dass Msgr. Robert Oliver (von der Kongregation für die Glaubenslehre) Kommissionssekretär werden sollte. Wir hatten das Gefühl, dass uns alles aus den Händen glitt. Anfangs war angedacht gewesen, dass wir uns viermal im Jahr treffen würden. Dann sagte man uns: ›Es ist kein Geld da.‹ Also beschlossen wir, uns dreimal im Jahr zu treffen. Wir wollten in Gruppen und nach Themen sortiert arbeiten: 1) Betreuung der Überlebenden; 2) Übernahme von Verantwortung (*Accountability*); 3) Schutzmaßnahmen; 4) Bildungsmaßnahmen; 5) strukturelle Veränderungen. Entscheidungen werden mit Zweidrittelmehrheit gefällt. Wir wollten einen Stab aus Fachangestellten. Daraufhin wurde uns gesagt, dass nur überschüssiges Vatikanpersonal zur Verfügung stehe. Am Ende bekamen wir einen Web-Administrator, einen Logistikmanager und einen Angestellten. Aber niemanden für die Recherchen. Dabei hätte diese neue Kommission doch mit allen nur möglichen Ressourcen ausgestattet werden sollen.«

Als die Kommission schließlich ihre Arbeit aufnimmt, treten weitere Seltsamkeiten zutage. »In der ersten Zeit durften wir dem Papst keine schriftlichen Empfehlungen übermitteln. Wir durften nur mit Kardinal O'Malley sprechen, der sodann dem Papst Bericht erstattete. Das heißt nicht, dass der Kardinal dem Pontifex nicht auch unsere Arbeitsunterlagen übermittelt hätte. Doch die Vorgehensweise war lächerlich, ich war schon in anderen Kommissionen tätig und habe Erfahrungen mit der Kommissionsarbeit. Außerdem wurde nie Protokoll geführt. Msgr. Oliver machte sich ›Notizen‹. Als ich das erste Mal fragte, wer Protokoll führe, bekam ich zur Antwort: ›Im Vatikan ist keiner frei [den man einstellen könnte], um sie anzufertigen‹. Wir hatten das Gefühl, wie Idioten behandelt zu werden. Uns war gesagt worden, dass wir unsere Kommuniqués unabhängig würden abfassen dürfen. Also verfassten wir unser erstes Kommuniqué und übergaben es Oliver, damit er es an Pater Federico Lombardi [den damaligen Leiter des vatikanischen Presseamts] weiterreiche. Er blieb lange fort, dann bat er um Entschuldigung und sagte: ›Ich war im Staatssekretariat wegen der Übersetzung, und sie haben nur ein paar Kleinigkeiten vorgeschlagen, die geändert werden sollen‹. Ich hatte den Eindruck, dass sie uns zum Narren hielten und dass irgendjemand im Vatikan nicht wollte, dass wir unabhängig arbeiteten.«

Das waren nicht die Voraussetzungen, unter denen sich Collins bereit erklärt hatte, in der Kommission mitzuarbeiten. »Ich wollte von Anfang an nicht, dass unsere Arbeit nur eine PR-Maßnahme sein sollte. Als O'Malley mich anrief, garantierte er mir, dass wir transparent und unabhängig arbeiten würden. Erst später konnten wir richtige und echte Protokolle von unseren Sitzungen anfertigen.«

Dennoch nimmt die Kommission ihre Arbeit auf, und 2015 wird auch die Einrichtung des Gerichtshofs für die pflichtsäumigen Bischöfe angekündigt. Der Rahmen ist besonders feierlich: Bei der Versammlung des Rats der neun Kardinäle und in Anwesenheit von Papst Franziskus erläutert O'Malley die (mit Zweidrittelmehrheit beschlossenen) Empfehlungen der Kommission für den Schutz von Minderjährigen. »Es wird vorgeschlagen, dass der Heilige Vater [...] die Einrichtung einer neuen Rechtsabteilung innerhalb der Kongregation für die Glaubenslehre genehmigt«, die zum einen über den Amtsmissbrauch der Bischöfe urteilen und zum anderen in Fällen des Missbrauchs von Minderjährigen und schutzbedürftigen Erwachsenen durch den Klerus die Strafrechtsprozesse führen soll. Die Entscheidung wird dem Presseamt übermittelt. Alle, die beim Briefing von Vatikansprecher Lombardi dabei sind, haben den Eindruck, Zeugen eines historischen Ereignisses zu sein.

»In den darauffolgenden Monaten«, erinnert sich Collins, »wartete ich darauf, zu erfahren, wer an dieses Gericht berufen werden und wie es strukturiert sein würde. Nichts geschah. Bei uns in der Kommission war ein Funktionär von der Kongregation für die Glaubenslehre, der Jurist Professor Claudio Papale. ›Können Sie uns sagen, wie es mit dem Gerichtshof steht?‹, fragte ich. Irgendjemand versuchte, meine Frage zu unterbinden, unter dem Vorwand, dass man Papale nicht in Verlegenheit bringen wolle, doch Kardinal O'Malley erklärte, die Frage sei berechtigt. Papale antwortete: ›Die Sache ist festgefahren, es wird keinen Gerichtshof geben.‹ Wir sahen ihn nicht wieder. Bei der nächsten Sitzung im Februar erschien er nicht, und uns wurde gesagt, er habe zu viel zu tun. ›Meinen Sie, dass wir uns eine so unglaubwürdige Antwort bieten lassen?‹, fragte ich. Papale teilte uns per E-Mail mit, dass er sich [aus der Kommissionsarbeit] zurückziehe. Eine Zeit lang bekamen wir zu hören, dass sie dabei seien, die Angelegenheit mit dem Gerichtshof zu prüfen ... Ich fing an, über meinen Rücktritt aus der Kommission nachzudenken, aber dann dachte ich aus Verantwortungsgefühl, dass es wichtig sei, sich ohne viel Aufhebens dafür einzusetzen, dass die Dinge sich von innen heraus ändern.«

Der Sondergerichtshof wird letztlich sabotiert. Dominique Kardinal Mamberti, Präfekt des Gerichtshofs der apostolischen Signatur (der höchsten gerichtlichen Instanz des Heiligen Stuhls) und Gerhard Ludwig Kardinal Müller, der damalige Präfekt der Kongregation für die Glaubenslehre, stellen sich quer. Doch auch andere Kurienvertreter zeigen sich verärgert oder befremdet. »Es besteht die Gefahr einer Hexenjagd«, erklärt ein in Rechtsfragen erfahrener Purpurträger auch jetzt noch. In Wirklichkeit geht in der Kurie die Angst um, man werde die Büchse der Pandora öffnen, wenn einfache Gläubige bei den vatikanischen Behörden Anzeige erstatten könnten.

Marie Collins beobachtet weitere Formen der Sabotage. »Wir begannen, im Sinne der Leitlinien zu arbeiten. Damals wie heute hat jede Bischofskonferenz ihre eigenen. Wir hatten in der Kommission nicht die nötige Zweidrittelmehrheit, um die Empfehlung zu verabschieden, dass es verpflichtend sein sollte, einen schuldigen Priester bei den Zivilbehörden anzuzeigen. Die Gründe, die dagegen ins Feld geführt wurden, betrafen ›kulturelle Unterschiede‹ zwischen den verschiedenen Ländern und die Existenz nicht-demokratischer Regimes, deren Behörden man nicht trauen kann. Doch wir wollten wenigstens einige grundsätzliche Regeln aufstellen, *golden standards*, an die sich die Bischofskonferenzen würden halten müssen. Also schickten wir die Richtlinien an den Papst und an die Kongregation für die Glaubenslehre. Vor allem mit der Kongregation hätten wir gerne darüber diskutiert. Doch von der Kongregation haben sie nie jemanden geschickt, um mit uns zu sprechen. Sie antworteten uns, dass die Verantwortung bei den Bischofskonferenzen der einzelnen

Länder liege. Das war das Ende der von uns erarbeiteten Richtlinien. Jetzt stehen sie im Netz, auf der Seite der Kommission, ohne je angewandt worden zu sein.«

Die Mauer aus Gummi hat viele Wände. »Wir fanden heraus, dass die Kongregation für die Glaubenslehre nicht auf die Briefe der Überlebenden antwortete. Briefe, in denen die Betroffenen erzählten, was ihnen widerfahren war, oder sich über den Bischof beklagten. Sie wurden nicht beantwortet, und darüber waren die Opfer frustriert, weil sie das Gefühl hatten, dass man ihnen nicht zuhörte. Natürlich erwarteten sie nicht, dass ihr Fall gleich zum Abschluss gebracht wurde, aber wenigstens eine Empfangsbestätigung hätten sie doch gerne bekommen. Als minimales Zeichen des Respekts. Man sagte uns, dass es einfach zu viele Briefe seien. Dann fanden wir heraus, dass es vielleicht hundert pro Jahr waren. Daraufhin sagte uns die Kongregation für die Glaubenslehre, dass man das Subsidiaritätsprinzip einhalten müsse: Die Kongregation richte ihre Antwortschreiben nur an den betreffenden Bischof. Irgendwann wurde uns dann gesagt, der Papst hätte an alle Dikasterien geschrieben und verlangt, dass sie jeden Briefeingang bestätigten. Das ist nicht geschehen.«

Es gibt viele Wege, eine Initiative ins Stocken geraten zu lassen und zu verlangsamen. Der Vatikan ist, je nach Bedarf, eine höchst effiziente oder überaus träge, eine denkbar subtile oder erstaunlich tumbe Maschinerie. Als die Kommission 2016 ein Treffen mit denjenigen Dikasterien anberaumen will, die am unmittelbarsten mit dem Thema der Pädophilie befasst sind, ist der Bescheid abschlägig. »Wir wollten lediglich einige Ideen verfolgen und Einschätzungen hören«, erinnert sich Collins, »es sollte einfach nur ein Meinungsaustausch sein. Uns wurde gesagt, wir müssten schriftlich kommunizieren. Ich war völlig frustriert. Mit der Hilfe des Nuntius in Irland schrieb ich einen persönlichen Brief an den Papst, um ihn über die mangelhafte Kooperationsbereitschaft der Dikasterien in Kenntnis zu setzen. Von da an konnten wir schriftliche Empfehlungen aussprechen, und es wurde auf Eingreifen des Papstes hin entschieden, dass die Dikasterien jeweils Vertreter benennen sollten, die für die Kommunikation mit der Kommission zuständig waren. Doch ich fragte mich, wie man arbeiten sollte, wenn man sich direkt an den Papst wenden musste, um weiterzukommen.«

Collins wirft das Handtuch, ihr Rücktritt wird Anfang März 2017 bekannt. Die Richtlinien, die irgendwo im Orkus schwebten, und die mangelnde Kooperationsbereitschaft der Kurie haben den Ausschlag gegeben. Kardinalstaatssekretär Parolin kommentiert mit orakelhafter Eleganz, angesichts einiger Vorfälle habe »Signora Collins das Gefühl gehabt, dass die einzig mögliche Reaktion – auch, um ein bisschen ›am Baum zu rütteln‹ – darin bestand, ihren Rücktritt einzureichen«.[27]

Rückblickend fasst Collins ihre Erfahrung im Vatikan so zusammen: »Es waren drei aufreibende und frustrierende Jahre. Der Papst ist nicht ein einziges Mal gekommen, um an unserer Arbeit Anteil zu nehmen. Kardinal O'Malley ist in der Missbrauchsfrage sehr engagiert, aber er hat keine Vatikan-Erfahrung …« Die Ortsbischöfe, fügt sie hinzu, bräuchten Abschreckung, um nicht nachlässig zu werden. Man müsse aus der chilenischen Lektion lernen. »Man muss verhindern, dass es zu einem weiteren Chile kommt. Der Papst hat Kirchenführer lügen, vertuschen und ihre Macht missbrauchen sehen. Es muss unbedingt etwas geschehen, damit in allen Ortskirchen alles anders wird.« Was denkt Marie Collins über Papst Franziskus, zu dem sie weiterhin ein gutes Verhältnis hat? »In vielen Dingen hat er recht, in anderen täuscht er sich. Was die Umsetzung betrifft, ist er nicht energisch oder zumindest nicht energisch genug.«

Es sei wesentlich, die Null-Toleranz-Haltung zu verbreiten und »Rechenschaft zu fordern von allen, die diese Verbrechen begehen oder decken«, so der Pontifex in seinem gleich nach dem dramatischen Bericht aus Pennsylvania veröffentlichten *Schreiben an das Volk Gottes*. »Wir haben diese so notwendigen Aktionen und Sanktionen mit Verspätung angewandt«, fügt er hinzu.[28] Das *Schreiben*, eines der erhellendsten Dokumente des Pontifikats, enthält eine scharf-sichtige Analyse der Wurzeln, die die verheerende Verflechtung aus Verbrechen und mafiosem Stillschweigen über Jahrhunderte hinweg haben wachsen lassen. Der Papst spricht von drei Formen des Über-griffs: dem sexuellen, dem Macht- und dem Gewissensmissbrauch.

Der Klarheit der Analyse steht zumindest bislang kein Mecha-nismus gegenüber, der transparent und effizient genug wäre, um Bi-schöfe und Kardinäle, die höchsten kirchlichen Autoritäten in den jeweiligen Situationen vor Ort, dazu zu bringen, dass sie über ihre eigenen Handlungen und Unterlassungen Rechenschaft ablegen. Auf dem Rückflug von Irland hat Papst Franziskus den Journalisten treuherzig erklärt, Marie Collins, die er sehr schätze, sei »ein wenig fixiert auf diese Idee [...], dass es gut wäre, für die Rechtsprechung über die Bischöfe ein besonderes Tribunal einzurichten.« Das Pro-jekt, so seine Begründung, sei wegen der verschiedenen Kulturen, in denen die fraglichen Bischöfe tätig seien, nicht praktikabel. Deshalb sei es besser, jedes Mal eine Ad-hoc-Jury einzurichten.[29] Die Jurys sind jedoch gar nicht das eigentliche Problem: Das Problem ist, dass man einen transparenten Kommunikationskanal braucht, durch den das Opfer die *Omertà* eines Bischofs anzeigen, sich den Eingang seiner Anzeige bestätigen lassen und konkrete Informationen über das laufende Verfahren und die Dokumentation erhalten kann, die dem Vatikan zur Prüfung vorliegt.

Im September 2018 organisierte eine Gruppe von Nonnen in Kerala in Indien Straßenproteste und beschuldigte Bischof Fran-co Mulakkal der mehrfachen Vergewaltigung einer Ordensfrau. Sie verlangten Gerechtigkeit: 76 Tage nach Eingang der Anzeige beim vatikanischen Nuntius Giambattista Diquattro und bei Oswald Kardinal Gracias, dem Vorsitzenden der Konferenz der katholi-schen Bischöfe Indiens und Mitglied des K9-Rats im Vatikan, hatte man ihnen noch nicht einmal mitgeteilt, ob ein Ermittlungsverfah-ren eingeleitet worden war. Abgehörte Telefongespräche enthüllten, dass ein weiterer Kardinal, George Alencherry, Vorsitzender der örtlichen syro-malabarischen Synode, bereits über den Vorfall mit der vergewaltigten Ordensschwester informiert gewesen war.

Auf Dauer erweist sich das Schweigen für die Kirche als fatal. In Frankreich hat der Erzbischof von Lyon, Philippe Kardinal Barbarin, die von einem Priester aus seinem Bistum, Bernard Preynat, begangenen Verbrechen – Preynat hatte 67 Jugendliche missbraucht – über Jahre hinweg nicht bei den Behörden angezeigt (obwohl er gesetzlich dazu verpflichtet war). Auch wenn die Missbrauchsvergehen aus der Zeit vor Barbarins Amtsantritt stammten, wurde sein Stillschweigen in Frankreich als ein klares Beispiel dafür gewertet, wie die Kirche den Opfern Gerechtigkeit verweigert. Weder die französische Bischofskonferenz noch der Heilige Stuhl hatten es für nötig befunden, den Purpurträger für sein Schweigen zur Verantwortung zu ziehen. Das Gericht von Lyon verurteilte ihn am 7. März 2019 zu sechs Monaten Haft wegen Nichtanzeige. Gleich danach bot Barbarin dem Papst seinen Rücktritt an. Franziskus – der das Ende des Berufungsverfahrens abwarten wollte – lehnte das Rücktrittsgesuch ab, stellte es dem Kardinal jedoch frei, die Leitung der Diözese vorübergehend an seinen Generalvikar Yves Baumgarten abzugeben. Die Reaktion der französischen Öffentlichkeit war über die Maßen negativ. Im Verlauf einer außerordentlichen Sitzung verlangten der Priester-, der Diakonen- und der Laienrat des Bistums Lyon geschlossen eine »rasche Lösung der Leitungskrise« in der Diözese: ein Vorstoß, um den Rücktritt des Kardinals zu erzwingen. Im Juni 2019 schließlich ernannte Franziskus unter dem Druck der Proteste einen apostolischen Administrator für das Erzbistum Lyon: den 77-jährigen Ruhestandsbischof Michel Dubost.

Doch nicht nur diese Affäre versetzte die französische Öffentlichkeit in Unruhe. Im Januar 2019 wurde ein Verfahren gegen den vatikanischen Nuntius Luigi Ventura eröffnet, den ein Funktionär des Pariser Stadtrats, Mathieu de la Souchère, des »sexuellen Übergriffs« beschuldigte. Nach sechs Monaten – in denen Ventura die Vorwürfe entschieden zurückgewiesen hatte – gab der Vatikan aus

Furcht vor einem sich ausweitenden Skandal bekannt, dass die Immunität des Nuntius aufgehoben sei.

Laut Kardinal O'Malley, dem Präsidenten der Kommission für den Schutz von Minderjährigen, lässt die echte Kehrtwende in der katholischen Kirche bislang auf sich warten. Als in den Vereinigten Staaten der Missbrauch an Minderjährigen und das ungeordnete Sexualleben des ehemaligen Erzbischofs von Washington, Kardinal McCarrick, ans Licht kamen, fand O'Malley klare Worte: »Diese und andere Fälle erfordern mehr als bloß Entschuldigungen. Was Vorwürfe betrifft, die gegen einen Bischof oder einen Kardinal erhoben werden, so weist die Kirche in ihrem Umgang mit sexuellem Verhalten und Missbrauch noch große Defizite auf«. O'Malley zufolge sind klare und transparente Protokolle vonnöten. Der Kardinal hat eine Liste von Neuerungen aufgestellt, die eingeführt werden müssten: 1) eine ausgewogene und schnelle Auswertung der Vorwürfe; 2) eine Effizienzprüfung der Verfahrensweisen auf lokaler Ebene; 3) und insbesondere die Notwendigkeit, den katholischen Gläubigen und allen Opfern mit größerer Klarheit zu vermitteln, auf welche Weise sie gegen Bischöfe oder Kardinäle Anzeige erstatten können. O'Malley hat Alarm geschlagen. Die moralische Autorität der Kirche gerät ins Wanken, in der öffentlichen Meinung breitet sich der Verdacht aus, dass die Kirche die Missbrauchskatastrophe nicht wirkungsvoll anpackt, das Vertrauen in die Institution Kirche ist in Gefahr.[30]

In Buenos Aires erhebt ein berühmter Anwalt, der Missbrauchsopfer vertritt, Juan Pablo Gallego, Vorwürfe gegen Papst Franziskus, die seine Zeit als Vorsitzender der argentinischen Bischofskonferenz betreffen. Gegenstand ist die Affäre um den Priester Julio César Grassi, Gründer einer Vereinigung für arme und drogenabhängige Straßenkinder. Grassi, eine charismatische Persönlichkeit, ist ein Serientriebtäter, der letztlich wegen wiederholten Missbrauchs zu 15 Jahren Haft verurteilt wurde. Als der Skandal an die Öffentlichkeit kam, wollte das kirchliche Umfeld den Vorwürfen keinen

Glauben schenken. Gallego beschuldigt die argentinische Bischofs-konferenz, unter dem Vorsitz von Kardinal Bergoglio eine »Gegen-ermittlung« in Auftrag gegeben zu haben, »die darauf abzielte, die Glaubwürdigkeit der Opfer zu untergraben […]. Grassi wurde von 25 der renommiertesten Anwälte vertreten, von denen einige erklär-ten, sie seien von der Kirche bezahlt worden«. Nach dem Urteil, so der Anwalt, habe Grassi im Gefängnis weiterhin Soutane getragen, während es dem Opfer »Gabriel« nicht einmal ermöglicht worden sei, den Papst zu treffen.[31]

»Das Haus brennt«, warnt der amerikanische Jesuit Tom Reese. Jeder Monat bringt neue Hiobsbotschaften. Das Jahr 2019 hatte ge-rade erst begonnen, als sich schon die Nachricht verbreitete, dass im Vatikan ein Ermittlungsverfahren gegen einen argentinischen Bischof eingeleitet worden sei, der des Missbrauchs und der Miss-wirtschaft beschuldigt werde: Gustavo Óscar Zanchetta, ein per-sönlicher Bekannter des Papstes, den er im Dezember 2017 in den Vatikan berufen und mit dem Amt eines »Assessors« der APSA, der Güterverwaltung des apostolischen Stuhls, betraut hatte: einer ad hoc geschaffenen Leitungsfunktion.

Die *Omertà* und die Bagatellisierungspraktiken der Kurie sind extrem verkrustet. Ein Priester, der eine Ordensfrau im Beichtstuhl mehrfach zum Sex habe überreden wollen und schließlich ver-sucht habe, sie zu küssen, soll noch Jahre danach eine Abteilung der Kongregation für die Glaubenslehre geleitet haben. Die Ordensfrau Doris Wagner – aus dem Institut, dem sie angehörte, der »geistlichen Familie ›Das Werk‹«, ist sie inzwischen ausgetreten – erzählt, dass der zudringliche Geistliche der Beichtvater des Priesters gewesen sei, der sie wenige Monate nach ihren ewigen Gelübden vergewaltigt habe. Doris Wagner hat ihre Geschichte in einer Pressekonferenz mit Vertretern der ausländischen Presse in Rom öffentlich gemacht, 2012 hat sie Hermann Geißler angezeigt.[32] Laut Kirchenrecht wür-de es sich hierbei um das überaus schwere Delikt eines *Crimen Solli-citationis* handeln: ein Verbrechen der Verführung. Der Kodex des kanonischen Rechts ist in diesem Punkt streng: »Ein Priester, der bei der Spendung des Bußsakramentes oder bei Gelegenheit oder unter dem Vorwand der Beichte einen Pönitenten zu einer Sünde gegen das sechste Gebot des Dekalogs zu verführen versucht, soll, je nach Schwere der Straftat, mit Suspension, mit Verboten, mit Entzug von Rechten und, in schwereren Fällen, mit der Entlassung aus dem Klerikerstand bestraft werden« (Can 1387).

Am Ende des internen Verfahrens, das durchgeführt wurde, als Kardinal Müller Präfekt der Kongregation für die Glaubenslehre war, verlautete, dass der Priester um Vergebung gebeten habe. Er sei »ermahnt und [...] angewiesen worden, in Zukunft besonnen und vorsichtig zu sein«.[33] Erst Anfang 2019 habe der beschuldigte Kirchenmann seine leitende Funktion bei der wichtigsten Kongregation des Heiligen Stuhls aufgegeben, deren Sendungsauftrag darin besteht, »die Lehre über Glaube und Sitten auf dem ganzen katholischen Erdkreis zu fördern und zu schützen«. Der der Vergewaltigung beschuldigte Priester dagegen soll aus der »geistlichen Familie ›Das Werk‹« entlassen und mit einer Arbeit im Staatssekretariat betraut worden sein; eine typische Versetzung anstelle der unverzüglichen Anklage nach Maßgabe des Kirchenrechts.

Dies sind keine Fälle von Missbrauch an Minderjährigen, doch ebenfalls schwerwiegende Vergehen in den Augen der katholischen Kirche und der Gesellschaft. Valentina Alazraki, altgediente Journalistin im vatikanischen Pressewesen, hat dem Papst und den Kardinälen gegenüber erklärt, dass wir »an der Schwelle zum nächsten Skandal stehen, dem der Schwestern und Ordensfrauen, die von Priestern und Bischöfen missbraucht worden sind«.[34] Dieses Problem ist nicht etwa aus dem Nichts entstanden. Schon Mitte der Neunzigerjahre lagen dem Vatikan diesbezügliche Berichte vor. Im Auftrag des damaligen Präfekten der Kongregation für die Ordensleute, Eduardo Kardinal Martínez Somalo, hatte eine von Schwester Maria O'Donohue koordinierte Arbeitsgruppe die Lebenswirklichkeit von Ordensfrauen beschrieben, die von Priestern und Missionaren sexuell ausgebeutet, verführt und in vielen Fällen vergewaltigt worden waren. Der Missbrauch war weit verbreitet. Ordensanwärterinnen, die von ihren geistlichen Leitern vergewaltigt wurden, katholische Ärzte, die bezeugen konnten, dass Priester »Nonnen und andere junge Frauen dazu brachten, abzutreiben«. Die Vorwürfe kamen aus 23 Ländern der Welt: von Burundi bis Brasilien, von Kolumbien bis Indien, von Irland bis Italien, von Neuguinea bis zu den Philippinen oder den Vereinigten Staaten.[35]

Jahrzehntelang erschallt der Ruf in der Wüste. Im November 2018 fordert die internationale Vereinigung von Generaloberinnen (UISG) die missbrauchten Schwestern auf, die Vorfälle ohne Zögern bei den kirchlichen sowie bei den zivilen Behörden zur Anzeige zu bringen. Daraufhin widmete *Frauen, Kirche, Welt*, das Monatsmagazin des *Osservatore Romano*, das sich mit der Frauenfrage im kirchlichen Bereich befasst, den sexuell missbrauchten Ordensfrauen ein Sonderheft. Im Februar 2019 erkannte der Papst auf dem Rückflug aus den Arabischen Emiraten die Existenz dieser Plage an. »Wir arbeiten daran«, gab er zu. Missbrauchsfälle aller Art sind vor allem in jenen Ländern eine tickende Zeitbombe, in denen das Gesetz der *Omertà* nicht die Ausnahme, sondern die Regel war.

Die italienische Kirche solle sich nicht täuschen, mahnt der Jesuit Hans Zollner, Mitglied der Kommission für den Schutz von Minderjährigen. Was in anderen Nationen geschehen sei, könne auch in Italien ans Licht kommen. »Besser jetzt ein schlechtes Image riskieren, als die Sache erst in ein paar Jahren angehen und von den Skandalen mitgerissen werden«. Die CEI, die italienische Bischofskonferenz, hat unter Führung von Kardinal Bassetti auf ihrer Versammlung im November 2018 einen ersten Teilschritt unternommen und einen nationalen Dienst zum Schutz der Minderjährigen eingerichtet. Vorgesehen sind regionale Teams und Diözesanverantwortliche.

Und doch hat sich das Bewusstsein, dass die Praxis der Pädophilie-Bekämpfung dringend und von Grund auf verändert werden muss, in den vatikanischen Strukturen und in der Mehrheit der nationalen Episkopate nach sechs Jahren Bergoglio-Pontifikat noch immer nicht wirklich durchgesetzt. Auch die Verbrechen der Vergangenheit will man nicht aufarbeiten. Ein Kurienkardinal, aufrichtiger Befürworter des von Papst Franziskus eingeschlagenen Reformkurses, vertritt bis auf den heutigen Tag die Meinung, das sei alles »übertrieben. Die Kirche steht unter Beschuss. Wenn es auch nur einen einzigen Missbrauch gibt, dann ist ja klar, dass der bestraft werden muss. Aber wir haben auch noch andere Sorgen!« Mehrere Bischöfe sind entsetzt, als innerhalb der Kirche eine *#metoo*-Welle um sich greift. Indessen macht sich in Kurienkreisen wieder die Auffassung breit, dass die Missbrauchsfälle zwar verwerflich seien, aber doch nur zwei oder allerhöchstens vier bis fünf Prozent des Klerus beträfen. Noch besorgniserregender ist die Tatsache, dass das Abschlussdokument der im Oktober 2018 im Vatikan abgehaltenen Jugendsynode kein einziges Wort zur »Null-Toleranz-Politik« enthält. Das Wort ist sogar aus der ersten Fassung herausgestrichen und durch den weniger beunruhigenden Begriff der »Prävention« ersetzt worden.

Diese Einschätzung wird der Lage nicht gerecht und nimmt keine Rücksicht auf die veränderte Wahrnehmung der öffentlichen Meinung, wonach *Mea-Culpa*-Erklärungen und Papst-Opfer-Treffen der Vergangenheit angehören, weil ihre Symbolkraft ausgereizt ist. Unter dem Druck der Ereignisse hat Franziskus nach seiner Irlandreise beschlossen, für Februar 2019 im Vatikan eine außerordentliche Versammlung der Vorsitzenden der Bischofskonferenzen in aller Welt einzuberufen, um Regeln für das gemeinsame Handeln festzulegen. Doch auch dieser Schritt macht Probleme. Die amerikanische Bischofskonferenz hatte die Diskussion über einige konkrete Maßnahmen – eine Verpflichtungserklärung für jeden Bischof, einen »Schalter«, um die von kirchenexternen Personen erstatteten Anzeigen über Missbrauchsvergehen von Klerikern und Bischöfen entgegenzunehmen, und ein erstes Untersuchungsgremium, das zur

Hälfte aus Laien und zur Hälfte aus Kirchenvertretern bestehen soll – bereits für November 2018 angesetzt. Jetzt pfeift der Vatikan den US-Episkopat zurück, damit er dem von Bergoglio anberaumten internationalen Treffen der Kirchenspitzen nicht vorgreift. Das hat für Unmut unter den amerikanischen Bischöfen gesorgt, die sich auch durch einen nachfolgenden Brief des Papstes nicht haben besänftigen lassen. Die Bischöfe fühlen sich in ihrer Autonomie eingeschränkt – und das, nachdem der Papst jahrelang von der Notwendigkeit einer gesunden Dezentralisierung gesprochen hat!

VII
»Franziskus, tritt zurück!«

Es ist der 26. August 2018. Eigentlich will sich Papst Franziskus auf die Predigt konzentrieren, die er in der Abschlussmesse des Weltfamilientreffens in Dublin halten wird. Doch es sind andere, die die Agenda diktieren. Kurz nach Tagesanbruch sind die Handys der Reporter heißgelaufen, und im Netz kursiert die von traditionalistischen italienischen und US-amerikanischen Webseiten lancierte Nachricht, dass ein vatikaninterner Erzbischof den Rücktritt des Papstes verlangt hat. Der frühere Nuntius in den Vereinigten Staaten, Carlo Maria Viganò, erklärt in einer langen Anklageschrift, dass der Vatikan seit dem Jahr 2000 über das ungeordnete Sexualleben des Bischofs (und späteren Kardinals) Theodore McCarrick informiert gewesen sei, der sich gewohnheitsmäßig Grüppchen aus Seminaristen und Priestern in sein Haus am Meer und in sein Bett geholt habe. Zwei Nuntien, Erzbischof Gabriel Montalvo und Erzbischof Pietro Sambi, hätten ausführliche Dossiers nach Rom geschickt, die er selbst bearbeitet und über die er dem Staatssekretariat präzise Notizen vorgelegt habe. Genannt werden die Staatssekretäre Angelo Sodano (unter Johannes Paul II.) und Tarcisio Bertone, die rechte Hand Benedikts XVI. Papst Ratzinger, so Viganò, hatte den Purpurträger, der inzwischen im Ruhestand war, zu einem zurückgezogenen Leben des Gebets verpflichtet und ihm untersagt, im Seminar zu wohnen, zu reisen und öffentlich aufzutreten. Sanktionen, die – so Viganòs Anklageschrift – mit dem Amtsantritt von Franziskus de facto aufgehoben worden seien, weil McCarrick bei der Wahl des argentinischen Pontifex eine wichtige Rolle gespielt habe.

Das Memorandum des ehemaligen Nuntius gipfelt in einem bühnenwirksamen Knalleffekt. Gleich nach Franziskus' Wahl, am

23. Juni 2013, habe er eine private Unterredung mit dem Papst gehabt. Als Franziskus ihn gefragt habe: »Wie ist Kardinal McCarrick?«, habe Viganò geantwortet: »Wenn Sie die Kongregation für die Bischöfe fragen, dann gibt es da ein so großes Dossier über ihn. Er hat Generationen von Seminaristen und Priestern verdorben und Papst Benedikt hat ihm auferlegt, sich zu einem Leben des Gebets und der Buße zurückzuziehen.«[1] Der Papst, merkt Viganò an, habe dazu nichts gesagt, und McCarrick habe man von da an frei in der Öffentlichkeit auftreten und internationale Reisen unter anderem nach China unternehmen sehen. Nach einer ganzen Flut aus Namen von Bischöfen und Kardinälen, die mit McCarrick verbündet oder praktizierende Homosexuelle oder der Homosexualität gegenüber jedenfalls tolerant seien, endet die Denkschrift mit einem mahnenden Appell: Im Namen des von ihm selbst ausgegebenen Null-Toleranz-Prinzips solle Papst Franziskus »der Erste sein, der den Kardinälen und Bischöfen, die die Missbrauchshandlungen McCarricks gedeckt haben, ein gutes Beispiel gibt und gemeinsam mit ihnen allen zurücktritt.«[2]

Viganòs Memorandum ist ein vergifteter Köder. Es mischt Wahrheiten und falsche Behauptungen, doch die Wirkung ist durchschlagend. Viganò ist bekannt für seine langjährige Tätigkeit als Diplomat und gewissenhafter Beamter des Staatssekretariats. Er war mit Kardinal Bertone aneinandergeraten, weil er die Veruntreuungen im Vatikan nicht tolerierte (was ihm die Medien damals hoch angerechnet hatten), und Benedikt XVI. persönlich hatte ihn – ein Höhepunkt in der Laufbahn eines Vatikandiplomaten – für das Amt des Nuntius in den Vereinigten Staaten gewollt. In den darauffolgenden Wochen werden die in seinem Schreiben enthaltenen Manipulationen durch geduldige Recherchen nach und nach offengelegt[3], doch an jenem 26. August verfolgt er nur ein einziges Ziel: dem Image des Pontifex größtmöglichen Schaden zuzufügen und seine Glaubwürdigkeit zu beschmutzen.

Viganò ist Teil jener Gruppe im Vatikan und im Weltepiskopat, die sich in der »Option Benedikt« wiedererkennt: der bewusst eingesetzten Sehnsucht nach der rigiden dogmatischen Linie des Ratzinger-Pontifikats im Unterschied zu dem, was die konservativen Hardliner bei Papst Bergoglio für echte Abweichungen von der rechtgläubigen Lehre und den unter den Päpsten Johannes Paul II. und Benedikt XVI. verkündeten nicht verhandelbaren Prinzipien halten. Viganòs Schachzug ist ein politischer Akt im heimlichen Bürgerkrieg, der seit 2014 in der katholischen Welt gegen Franziskus tobt. An der Peripherie des katholischen Imperiums, in Westafrika, erklärt ein Bischof in privater Runde mit brutaler Offenheit: »Dieser Papst lebt in der Sünde und ist der Überbringer einer falschen Botschaft. Es gibt Widerstand gegen ihn: Die wahren Bischöfe und Kardinäle werden ihn zu Fall bringen.« Franziskus weiß genau, dass derartige Stimmungen im Inneren der Kirche wurzeln. »Es gibt eine Gruppe von Priestern, die für meinen Tod betet«, hat er einem katholischen Journalisten anvertraut.

Die Attacke, die der ehemalige Nuntius im August 2018 reitet, ist wohlüberlegt und subtil. Der Zeitpunkt ist mit Bedacht gewählt. Sein Memorandum fällt in die Zeit gleich nach der chilenischen Affäre, die den argentinischen Pontifex geschwächt hat, und der Veröffentlichung des Missbrauchsberichts in Pennsylvania. Die Polemik über Missbrauch und *Omertà* in Irland hat soeben ihren Höhepunkt erreicht. Der Text ist geschickt aufgemacht und mit der Hilfe eines Journalisten verfasst, der den Vatikan genau kennt und dem traditionalistischen Lager angehört.[4] An keiner Stelle wird gesagt, dass McCarrick Missbrauchsvergehen an Minderjährigen begangen habe, über die der Papst 2013 informiert gewesen sei. (Das Dossier, das die ehemaligen Nuntien Montalvo und Sambi in den Vatikan geschickt haben, erwähnt nichts dergleichen, sondern spricht nur von Sex-Wochenenden mit Erwachsenen. Der von McCarrick verübte Missbrauch an Minderjährigen wird erst Ende 2017 publik, und sobald der derzeitige Erzbischof von New York, Timothy Kardinal Dolan, den Vorwurf für glaubwürdig erklärt hat, wird McCarrick von Franziskus aus dem Kardinals- und dem Klerikerstand entlassen.) Dennoch lancieren die Schlagzeilen der Massenmedien eine heimtückische Frage: Hat Franziskus die Missbrauchsvergehen eines Kardinals gedeckt oder nicht?

Am Abend des 26. August, auf dem Rückflug von Dublin nach Rom, tritt Bergoglio den Journalisten von Angesicht zu Angesicht gegenüber. Seine Worte sind ungewöhnlich. »Ich habe diese Erklärung heute Morgen gelesen«, erklärt der Pontifex bedächtig. »Ich habe sie gelesen, und ich muss Ihnen aufrichtig sagen [...]: Lesen Sie die Mitteilung aufmerksam durch und bilden Sie sich Ihr eigenes Urteil. Ich werde dazu kein Wort sagen. [...] Sie haben ausreichend journalistische Fähigkeit, Ihre Schlussfolgerungen zu ziehen. Es ist ein Akt des Vertrauens [...] ich möchte, dass Ihre berufliche Reife diese Arbeit erledigt«.[5] Wenn ein wenig Zeit vergangen sei, so der Pontifex abschließend, »werde ich vielleicht sprechen.« Es ist ein Manöver, um Zeit zu gewinnen und den Sturm auszusitzen. Die öffentliche Meinung ist nicht überzeugt. In Amerika verlangen viele Bischöfe unter dem Druck der Gläubigen Klarstellungen. Im September ergibt eine Umfrage des *Pew Research Center* einen signifikanten Rückgang der Zustimmung zu Papst Franziskus: Nur 31 Prozent der Gläubigen sind davon überzeugt, dass der Papst die Missbrauchsskandale gut handhabt. Drei Jahre zuvor hatten noch 55 Prozent der Katholiken ein positives Urteil gefällt. Einige Tage später erinnert Franziskus in der Frühmesse in Santa Marta an das Schweigen Jesu angesichts der Meute »wilder Hunde«, die ihn verfolgt, und lädt dazu ein, den Herrn um »die Gnade zu bitten, zu unterscheiden, wann wir reden müssen und wann wir schweigen sollen.«

Angesichts der Flut von Schmähungen, die einige Bergoglio-Anhänger gegen Viganò ausstoßen, den sie als frustrierten Karrieristen und Verräter bezeichnen, bemerkt der amerikanische Jesuit Tom Reese trocken, dass es in großen Unternehmen häufig frustrierte Informanten gewesen seien, die verborgene Wahrheiten ans Licht gebracht hätten. Reese, damals Chefredakteur der angesehenen US-amerikanischen Jesuitenzeitschrift *America*, erklärt mit angelsächsischem Pragmatismus: »Wie jedes Bistum der Vereinigten Staaten vollumfänglich und transparent über die klerikalen Missbrauchsvergehen Rechenschaft ablegen muss, so muss auch der Vatikan offenlegen, was er gewusst, seit wann er es gewusst und was er getan oder nicht getan hat.« Da Viganò und Franziskus sich unter vier Augen getroffen haben, weiß nur der Pontifex, was der ehemalige Nuntius gesagt oder nicht gesagt hat und ob die Dinge sich anders verhalten.

40 Tage vergehen, ehe der Vatikan eine Teilantwort gibt. Hinter den leoninischen Mauern herrschen Anspannung und Unbehagen. Was in jenen Wochen auffällt, ist das Zögern, mit dem ein Teil der kirchlichen Hierarchien dem Pontifex ihre Unterstützung bekundet. Es dauert zwei Wochen, bis die Kardinäle des K9-Rats Franziskus ihre volle Solidarität aussprechen. Eine Massenbewegung, die für ihn Partei ergreift, gibt es nicht, obwohl sich in der Anklageschrift des ehemaligen Nuntius bereits erste Risse zeigen.

Acht Monate später wird der Papst in einem Interview mit Valentina Alazraki vom mexikanischen Fernsehsender *Televisa* erklären, dass er sich nicht erinnere, ob der ehemalige Nuntius Viganò ihn auf McCarrick hingewiesen habe: »Ich erinnere mich nicht, ob er mit mir darüber gesprochen hat, ob es wahr ist oder nicht. Ich habe keine Ahnung!«[6] Der *Osservatore Romano* streicht diesen wenig hilfreichen Satz im ersten Augenblick, muss die Streichung jedoch in der Übersetzung des Interviews letztlich rückgängig machen.

Die Familiensynoden von 2014 und 2015, die Ereignisse in Chile und die Affäre Viganò sind drei Knackpunkte, an denen die Schwächen des Franziskus-Pontifikats sichtbar werden. Die Entschlossenheit, mit der der argentinische Pontifex seine Reformziele verfolgt – um die Kirche von Klerikalismus, Dogmatismus, Korruption und Karrierismus zu befreien und ihr wieder das Gesicht einer gemeinschaftlichen Kirche zu geben, die den Schwachen mit Barmherzigkeit begegnet und auf die Ausgegrenzten, Fernstehenden und

Anderen zugeht, um sie zu umarmen –, steht außer Frage. Die großen Komiker beherrschen die Kunst, eine Situation durch Lachen zu erhellen. Roberto Benigni ist einer von ihnen. Er stellt den Papst als jemanden dar, der ständig in Bewegung ist und sich dabei mit einer großen Last abmüht: »Franziskus schleppt die Kirche an einen vergessenen Ort … er zieht sie in Richtung Evangelium.«

In den fatalen Momenten des Pontifikats zeigt sich jedoch ein Riss in der Kirche und insbesondere in ihren Kadern. Franziskus' Regierung ist von der Herausbildung einer harten konservativen Front gekennzeichnet, die über beträchtliche organisatorische und mediale Ressourcen verfügt und deren Widerstand Monat für Monat und Jahr für Jahr massiver wird. Verglichen mit diesem aggressiven Kern ist die Mobilmachung aufseiten der Befürworter von Franziskus' Reformkurs eher schwach. Bischöfe und Kardinäle treten recht selten auf die Bühne, um den Papst zu verteidigen oder sich für die angestrebten Veränderungen auszusprechen. Die große Maschinerie der kirchlichen Organisation bleibt im Großen und Ganzen schwerfällig. Zwischen Reformern und Bewahrern erstreckt sich der Sumpf der vielen Amtsträger, die an ihrer Routine hängen und denen es widerstrebt, sich mit den Neuerungen der Geschichte auseinandersetzen zu müssen – dem, was das Zweite Vaticanum die »Zeichen der Zeit« genannt hat.

Fatal für Franziskus sind vor allem diejenigen Bischöfe und Priester, die sagen: »Ich habe meinen Teil getan«, und sich still verhalten. Ein Kardinal, ehemaliger Leiter eines wichtigen Kurienressorts, erklärt den passiven Widerstand, der im Vatikan verbreitet zu beobachten ist (und sich früher oder später zu einem aktiven Widerstand aufaddiert), wie folgt: »Für diejenigen, die im Klima eines gewissen Quietismus gelebt haben, sind die Neuerungen eine Erschütterung, und dann wehren sie sich und versuchen, das, was sie als Störung wahrnehmen, aus dem Weg zu räumen. Wer sich an warme und verbrauchte Luft gewöhnt hat, der macht schnell das Fenster zu, wenn ein kalter und reiner Luftstrom hereinweht.« Angesichts des päpstlichen Aktivismus, so erzählt ein anderes Kurienmitglied, »sagt sich die massige vatikanische Maschinerie: ›Der Papst vergeht, die Kurie bleibt‹, und stellt sich aus purer Trägheit quer.« Doch es geht nicht nur um die Kurie. Don Damiano Modena, der letzte Assistent des Kardinals Carlo Maria Martini, erzählt, dass er schon kurz nach Bergoglios Wahl mit etlichen Priestern gesprochen habe, die es nicht erwarten konnten, ihn wieder loszuwerden.

Die beiden Familiensynoden 2014 und 2015 haben deutlich werden lassen, dass Franziskus unter den Bischöfen der Welt keine starke Mehrheit besitzt, um seinen Reformkurs durchzusetzen. Auf der ersten Familiensynode im Oktober 2014 verhindert der Gegenangriff der Konservativen die Verabschiedung der von Walter Kardinal Kasper vertretenen Thesen bezüglich der Möglichkeit, wiederverheiratete Geschiedene nach einem Weg der Buße zur Kommunion zuzulassen, wie es die barmherzige Tradition der orthodoxen Kirche vorsieht, die, genau wie die katholische, apostolischen Ursprungs ist. Seine Argumentation verfehlt bei der Synode die erforderliche Zweidrittelmehrheit.

Die zweite Synode, die 2015 stattfindet, ändert nichts an der Situation. Das Abschlussdokument geht nicht über die Mahnung hinaus, die wiederverheirateten Geschiedenen stärker in das Gemeindeleben einzubeziehen und alle Aspekte bezüglich der verschiedenen Grade der Verantwortung für den Bruch des ehelichen Bandes zu berücksichtigen. Die größte Offenheit findet sich noch in dem Hinweis, dass ein enges Gespräch zwischen dem Beichtvater und dem geschiedenen Paar »zur Bildung einer rechten Beurteilung dessen bei[trägt], was die Möglichkeit einer volleren Teilnahme am Leben der Kirche behindert«, und helfen kann, »Wege zu finden, diese zu begünstigen und wachsen zu lassen.« Die sperrige Formulierung macht deutlich, wie schwierig es gewesen sein muss, einen Kompromiss zu finden, der das für die Gültigkeit der abschließenden Empfehlungen erforderliche Zwei-Drittel-Quorum erreichen würde. Auch in der Frage der Homosexualität geht man nicht über die bereits von Ratzinger (in seiner Zeit als Präfekt des Heiligen Offiziums) verfochtene Achtung und Nichtdiskriminierung homosexueller Personen hinaus, ohne ihr partnerschaftliches Leben irgendwie positiv in Betracht zu ziehen. Die Synoden sind wie ein Parlament: ein Mann, eine Stimme, und der Ausgang der Abstimmung zeigt, wie stark der Konsens und wie stark die Opposition ist.

Franziskus hatte nicht mit einem so zähen Widerstand gerechnet. Darin spiegeln sich die tief sitzenden Ängste derer, die in der kirchlichen Hierarchie eine »Protestantisierung« der katholischen Kirche fürchten. Ein unverbrüchlicher Widerstand – auch wenn er sich oft recht vage ausdrückt. Der emeritiert Erzbischof von Ancona Edoardo Menichelli, der unter Franziskus zum Kardinal ernannt worden ist, auf der ersten Synode *Relator* einer Arbeitsgruppe (eines sogenannten *Circulus minor*) und auf der zweiten Synode Moderator war, schildert nicht ohne Eleganz, wie er den schwierigen Übergang von der ersten zur zweiten Synode erlebt hat: »Bei meiner einleitenden Ansprache habe ich sofort gesagt, dass wir nicht die Herren des Wortes sind, das nicht eingesperrt werden darf, nicht die Herren der Eucharistie oder die Herren der Barmherzigkeit und auch nicht die Herren der Gewissen. Wir sind Diener!« Das ist die Auffassung der Reformer, für die die Kirche, wie Franziskus deutlich gemacht hat, keine Zollstation ist, die entscheidet: »Du darfst herein, du bleibst draußen«. Eine Auffassung, die sicherlich über die Thesen Johannes Pauls II. und Benedikts XVI. hinausgeht. Menichelli erinnert sich: »Bei der ersten Synode hat ein Bischof zu mir gesagt: ›Exzellenz, ändern sie ein Wort, geben Sie mir meinen Seelenfrieden wieder.‹ Danach sagte er: ›Ich fahre ein bisschen verwirrt nach Hause.‹ Bei der zweiten Synode kam derselbe Bischof die Stufen herunter und rief aus: ›Ich fahre sehr zufrieden nach Hause, denn der Geist hat uns besser geholfen!‹« Weil die Reformer bei der Abfassung des Abschlusstexts nachgegeben hatten. Walter Kardinal Kasper gab nach der zweiten Synode im Oktober 2015 schweren Herzens zu: »Der

Papst ist enttäuscht. Der Widerstand der Konservativen war sehr hart.«

Die Jahre 2014 und 2015 zeigen, wie gut sich die konservative Front organisieren und die von Papst Franziskus in Aussicht gestellte Wende schon im Vorfeld attackieren kann. Zwei Monate vor Beginn der ersten Familiensynode gibt der Präfekt der Kongregation für die Glaubenslehre, Kardinal Müller, ein Buch in Druck, das den wiederverheirateten Geschiedenen jedwede Möglichkeit des Kommunionempfangs abspricht. Kurz danach erscheint ein weiterer Band, *Permanere nella verità di Cristo*, mit den Beiträgen von vier Kurienkardinälen – Müller, Brandmüller, Burke, de Paolis –, einem residierenden Kardinal, Caffarra, dem Erzbischof von Bologna, und einem Kurienbischof, Vasil', dem Sekretär der Kongregation für die orientalischen Kirchen.

Unmittelbar vor Beginn der Synode von 2015 erscheint ein weiterer Band mit dem Titel *Matrimonio e famiglia*. Dieses Mal sind elf Kardinäle beteiligt. Der Guineer Robert Sarah, Präfekt der Kongregation für den Gottesdienst und die Sakramentenordnung, und der Deutsche Paul Josef Cordes, ehemaliger Präsident des päpstlichen Rates *Cor Unum*, die der Kurie angehören, sowie weitere neun residierende Kardinäle: wieder Carlo Caffarra aus Bologna, Baselios Thottunkal aus Trivandrum in Indien, Dominik Duka aus Prag, Jacobus Eijk aus Utrecht, Joachim Meisner, der ehemalige Erzbischof von Köln, der Nigerianer John Onaiyekan aus Abuja, Antonio Rouco Varela, früherer Erzbischof von Madrid, Camillo Ruini, der einstige Vorsitzende der italienischen Bischofskonferenz, und Jorge Urosa Savino aus Caracas. Weitere elf afrikanische Kardinäle und Bischöfe veröffentlichen ein Buch mit dem vielsagenden Titel *Africa. La nuova patria di Cristo*, das ebenfalls dem zähen Ringen um die traditionelle Lehre gewidmet ist. Und wirklich wird bei der Synode der afrikanische Block – gemeinsam mit Bischöfen aus Nordamerika und Vertretern Osteuropas wie Stanisław Gądecki, dem Vorsitzenden der polnischen Bischofskonferenz – das Rückgrat des Lagers bilden, das sich den Öffnungen Bergoglios widersetzt. Die Liste der Namen zeichnet die internationale Landkarte der Opposition gegen den Pontifex.

Auch wenn manche im Vatikan nach wie vor bemüht sind, von einer Minderheit zu sprechen, die nicht zähle, wird im Lauf der Jahre doch deutlich, wie effektiv der Anti-Bergoglio-Block Entwicklungen zu verlangsamen und zu behindern vermag. In den beiden Synodenjahren werden dogmatische Treffen organisiert, die ganz offen gegen die Linie des Pontifex sind. Es entstehen Gebetsnetzwerke zur Verteidigung der Tradition. Eine »Bittschrift an Papst Franziskus«, die diesen auffordert, die traditionelle Lehre über die Familie zu verteidigen, wird konservativen Webseiten zufolge von fast 800 000 Personen unterzeichnet, zu denen auch 200 Bischöfe aus 178 Ländern gehören.[7] Den Appellen zugunsten des Pontifex – darunter eine Sonderpetition aus dem Jahr 2017, die ihn ermutigen soll, »nicht von dem eingeschlagenen Weg abzuweichen« – gelingt es dagegen nie, die Hürde von 100 000 Unterschriften zu nehmen.

Nachdem er auf den beiden Synoden seine Kräfte erprobt hat, geht der Anti-Bergoglio-Block erneut zum Angriff über, als Franziskus das nachsynodale Schreiben *Amoris laetitia* veröffentlicht, in dem er der Kommunion für die wiederverheirateten Geschiedenen in einer Fußnote behutsam den Weg ebnet. Der gewundene Text des fraglichen Abschnitts zeigt, wie schwer es dem Pontifex fällt, sich aus dem Käfig des negativen Synodenausgangs zu befreien. »Aufgrund der Bedingtheiten oder mildernder Faktoren«, schreibt der Papst, »ist es möglich, dass man mitten in einer objektiven Situation der Sünde – die nicht subjektiv schuldhaft ist oder es zumindest nicht völlig ist – in der Gnade Gottes leben kann, dass man lieben kann und dass man auch im Leben der Gnade und der Liebe wachsen kann, wenn man dazu die Hilfe der Kirche bekommt.« Hinter diesem Satz hängt eine winzige Fußnote mit der Nummer 351: »In gewissen Fällen könnte es auch die Hilfe der Sakramente sein.«[8] Für die Beichtväter und Pfarrer in aller Welt, die die Unerbittlichkeit der offiziellen vatikanischen Lehre schon seit geraumer Zeit ablehnen, genügt diese kleine Anmerkung. Es ist das Signal, dass die Tür nun offensteht. Im Privaten erzählt Franziskus von einem Gespräch mit einem alten römischen Pfarrer, der zu ihm gesagt habe: »Heiligkeit, Sie haben uns den Ball zugespielt … aber ich mache das schon seit Jahren so.« Als Erzbischof in Buenos Aires hatte Bergoglio dieselbe Strategie verfolgt.

Für seine Gegner jedoch ist die Fußnote eine Kriegserklärung. Im März 2016 hat Franziskus das apostolische Schreiben *Amoris laetitia* veröffentlicht. Bereits im Juli trifft ein Protestschreiben ein. Es ist an Kardinal Sodano, den Dekan des Kardinalskollegiums, gerichtet und von 45 Priestern und Theologen unterzeichnet, die sich hinter der Anonymität verstecken. Sie haben einen Sprecher: Joseph Shaw, Dozent in Oxford, der eine Warnung formuliert: »Einige Punkte aus *Amoris laetitia* können als häretisch ausgelegt werden«. Zwei Monate später betreten die Kardinäle Caffarra, Meisner, Brandmüller und Burke den Kampfschauplatz und wenden sich direkt an den argentinischen Pontifex. In ihrem Schreiben – den *Dubia* – legen sie theologische Zweifel dar und vergleichen Franziskus' Standpunkt mit dem des apostolischen Schreibens *Familiaris consortio* und der Enzyklika *Veritatis splendor* Johannes Pauls II. Das Dokument ist starker Tobak, ein solcher Schritt ist unerhört. Kurienkardinal Cordes unterstützt die Initiative zunächst, zieht seine Unterschrift dann jedoch im letzten Moment zurück. Der Brief wirft provozierende Hypothesen auf: ob Papst Franziskus der Aussage zustimme, dass eine Übertretung der göttlichen Gebote wie Ehebruch, Diebstahl oder Meineid niemals – auch nicht unter Umständen, die die individuelle Verantwortung abmildern – »entschuldbar oder auch gut werden kann.« Die mangelnde Klarheit einiger Passagen aus *Amoris laetitia*, so die vier Purpurträger mit theologischer Perfidie, machten »Fälle von tugendhaftem Ehebruch, legalem Mord und verpflichtendem Meineid mindestens vorstellbar.«[9] Der im November veröffentlichte Brief stößt bei Franziskus auf zorniges Schweigen. Der traditionelle Empfang mit dem gesamten Kardinalskollegium nach dem Konsistorium im November 2016 wird abgesagt.

Sieben Monate vergehen. Am 25. April 2017 schreibt Kardinal Caffarra ein weiteres Mal an den Papst: Er beklagt den Zustand der Verwirrung und Spaltung im Schoß der kirchlichen Gemeinschaft und bittet um ein direktes Gespräch mit den Unterzeichnern der *Dubia*. Franziskus antwortet nicht. Drei Tage zuvor wird auf einem Treffen des gegnerischen Lagers im Hotel Columbus in Rom die Möglichkeit erörtert, den argentinischen Pontifex einer »brüderlichen Zurechtweisung« zu unterziehen. Nach einigen weiteren Monaten erscheint eine Petition, in der 62 Persönlichkeiten (später wächst ihre Zahl auf 245, einer von ihnen ist der ehemalige IOR-Bankier Ettore Gotti Tedeschi) Papst Franziskus eine »brüderliche Zurechtweisung« wegen Häresie aussprechen. Durch »Worte, Taten und Unterlassungen und durch […] Stellen im Dokument *Amoris laetitia*«, so die an den Pontifex gerichtete Anschuldigung, »hat Eure Heiligkeit auf direkte oder indirekte Weise (mit welchem und wie viel Bewusstsein wissen wir nicht noch wollen wir das beurteilen) […] falsche und häretische Thesen unterstützt, die in der Kirche sowohl mit dem offiziellen Amt als auch durch private Handlungen propagiert werden.« Auf einer Zusammenkunft in Rom hatte Gotti Tedeschi im Vorjahr unter den Ovationen der Anwesenden ein Loblied auf Benedikt XVI., »den Großen« gesungen und erklärt, dass die »höchste Autorität der katholischen Kirche [Papst Franziskus] sich um das Überleben des Katholizismus sorgen sollte«.

Es ist ein systematisches Sperrfeuer. Im Januar 2018 unterzeichnet eine Gruppe von Bischöfen, darunter der emeritierte Weihbischof von Salzburg, Andreas Laun, Ex-Nuntius Viganò und der 88-jährige lettische Kardinal Jānis Pujats, ein Dokument, in dem sie unterstreichen, dass Christus die Scheidung unmissverständlich und ausnahmslos verboten habe. Ein Jahr später bekräftigen ungefähr 20 Theologen und Kirchenvertreter in einem offenen Brief an die katholischen Bischöfe die Häresievorwürfe gegen Franziskus und erklären, er habe »eine der schlimmsten Krisen in der Geschichte der katholischen Kirche ausgelöst«.

Als im Juni 2019 – in der direkten Verantwortung des Kurienkardinals Lorenzo Baldisseri, Generalsekretär der Bischofssynode – das Arbeitspapier (*Instrumentum Laboris*) für die Amazonas-Synode veröffentlicht wird (das von der Möglichkeit verheirateter Priester, neuer kirchlicher Funktionen für die Frauen und der Weltanschauung der Indigenen handelt), erklärt der deutsche Kardinal Brandmüller lapidar, dass der Text »in entscheidenden Punkten der verbindlichen Lehre der Kirche widerspricht, und darum als häretisch zu qualifizieren ist. Sofern sogar die Tatsache der Göttlichen Offenbarung in Frage gestellt bzw. missverstanden wird, ist darüber hinaus von Apostasie zu sprechen.«

In der zweiten Halbzeit des Franziskus-Pontifikats scheint es völlig normal geworden zu sein, dass Kardinäle oder Theologen den Papst öffentlich der Häresie beschuldigen und kein Hahn danach kräht.

»Es schmerzt mich, Kardinäle zu sehen, die sich ganz offen vom Papst distanzieren, und sogar zu hören, dass man ihn der Häresie beschuldigt«, erklärt Francesco Kardinal Monterisi, Sekretär des Kardinalskollegiums auf dem Konklave, das Benedikt XVI. gewählt hatte. »Die Kurie, die ich kannte, war eine kompakte Truppe, die tat, was der Papst ihr sagte.« Die Frage der *Dubia* spaltet die kurialen Kreise. Manche glauben an die guten Absichten der vier Kardinäle, andere gestehen ihnen das Recht auf Kritik zu, sind jedoch der Ansicht, sie hätten diese nicht öffentlich äußern dürfen, und wieder andere halten sie für Fossilien, die in der Zeit Pius' XII. stecken geblieben sind. Und manche teilen ihre Ansicht. Ein Kurienvertreter, der in puncto Kultur und Mentalität ratzingerianisch geprägt ist, erklärt, dass es richtig sei, sich hinter die vier zu stellen, denn »es herrscht Ungewissheit, nicht nur unter den Bischöfen, sondern auch unter den Gläubigen. Es kommt sogar vor, dass die Gläubigen zu ihrem Beichtvater sagen: ›Du bist noch nicht so weit wie der Papst.‹ Franziskus sollte den vieren eine Antwort geben, er antwortet immer allen, sogar Scalfari, und ihnen nicht?« Doch noch schlimmer als die, die Position ergreifen, sind die, die hinter vorgehaltener Hand murren. Die Kurie des Franziskuspontifikats ist eine gespaltene und schweigsame Kurie. Priester und Prälaten aus dem Ausland nehmen im apostolischen Palast eine unruhige Stille war. »Wenn ich in den Vatikan komme, fällt mir auf, dass niemand reden will, das ist kein gutes Zeichen«, gesteht ein Priester von jenseits der Alpen.

In den vergangenen Jahren musste Papst Bergoglio es hinnehmen, dass mitten in Rom Plakate aufgehängt wurden, die ihn verhöhnten. Plakate mit seinem grimmigen Konterfei und einer rohen, dialektgefärbten Sprache. »He, Franzis', du hast Gemeinschaften unter kommissarische Leitung gestellt, Priester entlassen, den Malteserorden und die Franziskaner der Immakulata führungslos gemacht, Kardinäle übergangen … wo bleibt deine Barmherzigkeit?« Der Polizei ist es nicht gelungen, die Verantwortlichen dingfest zu machen. Nach wie vor unbekannt sind auch die Urheber eines gefälschten *Osservatore Romano*, der im Internet veröffentlicht wurde und den Papst und ihm nahestehende Prälaten lächerlich machte: eine Rekonstruktion der Titelseite der Zeitung mit der auf die *Dubia* der vier Kardinäle bezogenen Schlagzeile: »Er hat geantwortet!«, darunter ein sarkastischer (fiktiver) Papsttext, der Bergoglio Satz für Satz eine Aussage treffen und gleich darauf das Gegenteil erklären lässt. »Über die Plakate hat der Papst gelacht«, erzählt Giovanni Maria Vian, der damalige Chefredakteur des *Osservatore Romano*, »aber über die falsche Zeitung ist er sehr wütend geworden, weil darin seine engsten Mitarbeiter angegriffen wurden.«

Das ist die Bilanz des Jahres 2017. Der Pontifex steht pausenlos unter Beschuss. Die unaufhaltsame Eskalation dient dem Zweck, den argentinischen Papst zu delegitimieren. Eine ausländische Reporterin, die das Leben im Vatikan seit Jahrzehnten beobachtet, zeigt sich angewidert: »Du gehst durch das Sant'Anna-Tor und hörst sie ununterbrochen schlecht über Bergoglio reden.« Inmitten dieser Spannungen legt Franziskus eine unerschütterliche Ruhe an den Tag. »Ich schlafe gut, sechs Stunden lang wie ein Stein … Am Tag des Erdbebens [in Rom] habe ich nichts bemerkt«, erklärt er im Bischofsfernsehen *TV2000*. Das ist Veranlagung – und eine politische Entscheidung. »Mir hilft jede Kritik, woher sie auch kommt«, erklärt der Pontifex in privater Runde. Ganz und gar unredliche Kritik jedoch betrachtet Franziskus als »vom Fürsten dieser Welt [dem Satan] inspiriert«.

Seine Haltung hat beinahe etwas Fatalistisches. Langfristig gibt sich Bergoglio zuversichtlich. Ein Kurienkardinal bemerkt: »Franziskus ist derart gelassen, er vertraut darauf, dass Gott auch auf krummen Zeilen gerade schreibt.« Doch die beständigen Polemiken sind zermürbend. Die Existenz eines harten Kerns aus Purpurträgern, deren Denken und Tun sich ganz unverhohlen gegen die päpstlichen Reformbestrebungen richtet – und die durch ein Netz aus Beziehungen mit Bischöfen in allen Teilen der Welt verbunden sind –, nimmt dem Wandel den Schwung und trübt die Begeisterung, die ein konzertiertes Vorgehen kennzeichnen müsste. Die Opposition hinterlässt Spuren in der Agenda des Pontifikats. Die Theologin Marinella Perroni[10] erzählt, dass sie Kardinal Parolin gefragt habe, warum für das Jahr 2018 keine Synode über die »Dienstämter« anberaumt worden sei (auf der man auch über verheiratete Priester und die Frauenordination hätte sprechen können), und dass der Staatssekretär ihr geantwortet habe: »Nach dem, was mit der Familie passiert ist, kann man die Kirche nicht noch tiefer spalten.«

Die internationale Präsenz von Kardinälen, die Bergoglio systematisch in den Rücken fallen, ist ein permanenter Stachel im Fleisch seines Pontifikats. Der amerikanische Kardinal Burke wirft ihm seit Jahren vor, die Kirche in die falsche Richtung zu führen, und betont immer wieder: »Wenn der Papst sich weigert, die gravierenden Fehler in der Art seines Lehrens und Handelns zu korrigieren, muss die Kritik zum Besten der Kirche und der Welt publik gemacht werden.«[11] Der guineische Kardinal Sarah, Präfekt der Kongregation für den Gottesdienst, ist das Idol der Reformgegner, die davon träumen, den »Bergoglianismus« hinwegzufegen. Sein Buch *Gott oder nichts* ist zur Bibel der selbst ernannten Hüter der Tradition und der Lehre geworden, weil es sich gegen eine moderne Zivilisation stellt, die sich »von Gott entfernt« habe. Kardinal Müller hat in seiner Funktion als Präfekt der Kongregation für die Glaubenslehre jahrelang erklärt, Bergoglio sei kein Superman, verfüge über geringe theologische Kenntnisse und habe um sich herum einen Clan geschaffen. In seiner Schlüsselposition scheute der deutsche Purpurträger nicht davor zurück, einigen zentralen Entscheidungen des Papstes öffentlich zu widersprechen. Als Franziskus beschloss, im Oktober 2016 nach Schweden zu reisen, um an den Gedenkfeierlichkeiten zum 500. Jahrestag der Reformation teilzunehmen, merkte Müller an, für die Katholiken sei dies kein Grund zum Feiern, weil Luther die Spaltung des abendländischen Christentums herbeigeführt habe.

Schließlich wird er am 1. Juli 2017 bei einer Audienz, die eigentlich ein Routinetreffen hatte sein sollen, fristlos entlassen. »Der Papst vertraute mir an: Einige haben mir anonym gesagt, dass Sie mein Feind sind, ohne zu sagen in welchem Punkt«, erzählt Müller anschließend in einem Interview. »Nach 40 Jahren im Dienst der Kirche musste ich mir das sagen lassen: eine Absurdität«.[12] Auch danach stellt der Kardinal weiterhin öffentlich den Kurs des Pontifex in Frage. Franziskus benennt den Klerikalismus als Wurzel des sexuellen, des Macht- und des Gewissensmissbrauchs? Von der Kanzel der Kirche Sant'Agnese an der Piazza Navona aus geht Müller zum Frontalangriff über: »Nicht der Klerikalismus, was immer das auch sein mag, sondern die Entfernung von der Wahrheit und die moralische Freizügigkeit sind die Wurzeln des Bösen. Der Verfall der Lehre zieht immer den Verfall der Sitten nach sich«.[13] Der ehemalige Präfekt der Kongregation für die Glaubenslehre ist zum Anführer der »deutschen Mannschaft« in der Kurie geworden, deren Vertreter hinter den Kulissen immer dasselbe Mantra vor sich hinmurmeln: »Der Papst sollte der Garant der Einheit sein, doch stattdessen spaltet Franziskus die Kirche.«

Es gibt allerdings auch noch andere Protagonisten des kirchlichen Lebens: Sie sind diskret, loyal, nicht auf Widerstand aus und stimmen doch in wesentlichen Punkten – wie etwa dem Kommunionempfang der wiederverheirateten Geschiedenen – nicht mit Bergoglios pastoralem Kurs überein. Auch sie haben ihre Gefolgsleute innerhalb der kirchlichen Hierarchie und des Klerus. Einer von ihnen ist Angelo Kardinal Scola, ehemaliger Erzbischof von Mailand und Patriarch von Venedig. »Ich weiß nicht, wie er da herauskommen will«, rief er in kleiner Runde am Sitz des Mailänder Erzbischofs aus, als der Konflikt um die von den vier Kardinälen geäußerten Zweifel ausbrach. In der Sache selbst ist er vermutlich einer Meinung mit dem emeritierten Papst Ratzinger, der nach der Lektüre der *Dubia* ausgerufen hat: »Das scheint von Caffarra zu sein«. Um sich nach einigen Tagen vorsichtig zu Wort zu melden: »Ich hoffe und warte auf eine Klarstellung.« Scola erklärt in seiner Autobiografie: »Dass wiederverheiratete Geschiedene nicht zur Eucharistie zugelassen werden können, ist keine Strafe, die einfach aufgehoben oder gemindert werden kann, sondern liegt im Wesen der christlichen Ehe selbst begründet«. Die neuen Partner können mithin nur dann die Kommunion empfangen, wenn sie, wie von Johannes Paul II. festgelegt, in Keuschheit leben. Hiervon aber sei in Franziskus' Schreiben *Amoris laetitia* gar nicht die Rede. »Es wird nicht gesagt, dass dieser Hinweis [auf die vollkommene Keuschheit] nicht mehr gültig wäre, doch es wird auch nicht gesagt, dass er noch gültig ist. Er wird einfach ignoriert.« Eine schonungslose Momentaufnahme des Zickzackkurses, zu dem der argentinische Pontifex gezwungen ist.[14]

Die theologischen Differenzen und die deutlichen Unterschiede in der pastoralen Herangehensweise betonen den Riss, der im Innern des Katholizismus klafft, und machen Franziskus' Reformkurs zu einem beschwerlichen Gang. Mit einer Zustimmung von 50 Prozent lässt sich die katholische Kirche nicht lenken, und auch nicht mit knappen 60 Prozent. Eine weitere Generation wird vergehen müssen, bis die Szene ganz von Bischöfen beherrscht ist, die nicht in den langen 35 Jahren des Wojtyła-Ratzinger-Pontifikats ernannt und geprägt worden sind. In der Zwischenzeit bleibt Franziskus' Regierung für jede Erschütterung anfällig. 2017 sterben zwei seiner großen Gegner: die Kardinäle Caffarra und Meisner. Beim Begräbnis des deutschen Purpurträgers am 16. Juli in Köln verliest Erzbischof Georg Gänswein, Sekretär des emeritierten und Protokollchef des amtierenden Papstes, eine Botschaft Benedikts XVI. Es ist eine Lobrede auf den Kardinal, der Ratzingers Freund und bei dessen Wahl einer seiner großen Befürworter gewesen war. Doch mitten in der Botschaft spricht der emeritierte Papst mit einem Mal über die Gegenwart: darüber, dass die Kirche »überzeugender Hirten bedarf, die der Diktatur des Zeitgeistes widerstehen«, und über Meisners Gewissheit, »dass der Herr seine Kirche nicht verlässt, auch wenn manchmal das Boot schon fast zum Kentern angefüllt ist.«[15]

Die Worte des emeritierten Papstes schlagen in das Bergoglio-Pontifikat ein wie ein Blitz. Franziskus' Unterstützer im apostolischen Palast sind außer sich. Tatsächlich hatte Kardinal Meisner am Abend vor seinem Tod mit Ratzinger telefoniert und ihm sein Herz ausgeschüttet: Er war nicht mit Kardinal Müllers Entlassung einverstanden und darüber verärgert gewesen, dass Papst Franziskus nicht auf die theologischen »Zweifel« geantwortet hatte, die Meisner und die anderen Kardinäle ihm vorgelegt hatten. Der emeritierte Papst hatte ihn angehört, aber weder dieses Mal noch sonst je öffentlich zu Fragen Stellung nehmen wollen, die die Amtsführung von Papst Franziskus betrafen. »Ich bin keine Kontrollinstanz und auch nicht so etwas wie ein Berufungsgericht«, hat Benedikt XVI. seiner Entourage gegenüber mehrfach gesagt, wenn wieder einmal ein Bischof oder Kardinal zu ihm gekommen war, um sich zu beklagen. »Der Papst muss wissen, was er tut, und er weiß, was er tut!« – das ist die Linie, an die sich Ratzinger hält, und wenn er »Papst«

sagt, dann meint er nur einen, nämlich Franziskus. In Wirklichkeit war Benedikts Botschaft zu Meisners Begräbnis in Teilen von den Bedenken des deutschen Kardinals beeinflusst, aber vor allem von dem tiefen Pessimismus inspiriert, der Kardinal Ratzinger in der Messe im Petersdom vor dem Konklave von 2005 veranlasst hatte, die Stürme aufzuzählen, die das »Boot« des Christentums bedrohen.

In diese Gemengelage jahrelanger Spannungen, die durch die chilenischen Ereignisse und den geradezu »herodianischen« Missbrauch der unschuldigen Kinder in Pennsylvania, in Irland und in Deutschland noch verschärft werden, platzt im August 2018 die Forderung von Ex-Nuntius Viganò: »Franziskus soll zurücktreten!« Es ist ein Schrei, der an weit zurückliegende Jahrhunderte erinnert, als im Zuge innerkirchlicher Grabenkämpfe noch Päpste abgesetzt wurden. Viganòs Schritt ist ein politischer Akt. Seine Denkschrift zielt darauf ab, Franziskus' Glaubwürdigkeit zu untergraben und bei jenem – auch aus Nichtglaubenden bestehenden – Publikum, das das Abenteuer des argentinischen Papstes seit Jahren empathisch verfolgt und sich von seiner Botschaft inspirieren lässt, Verwirrung zu stiften.

Während das Thema der Kommunion der wiederverheirateten Geschiedenen eine rein kircheninterne Angelegenheit war, geht der Pädophilie-Skandal unabhängig von der Glaubensausrichtung jedes Einzelnen die öffentliche Meinung in ihrer gesamten Bandbreite an. Und er betrifft vor allem die katholische Kirche, obwohl bekanntlich zwei Drittel aller Missbrauchsfälle in den Familien geschehen. Doch die katholische Kirche ist die einzige Konfession, die über staatsähnliche Strukturen verfügt, auf allen fünf Erdteilen vertreten ist und an deren Spitze ein absolutes Oberhaupt steht, das symbolisch für alles die Verantwortung übernimmt. Obendrein schwingt sich die katholische Kirche zur moralischen Lehrmeisterin der Menschheit auf, predigt die Reinheit und stützt sich auf einen Klerus, der sich feierlich zu einem zölibatären Leben ohne sexuelle Beziehungen verpflichtet. Deshalb sind die Missbrauchsfälle verheerend für die Glaubwürdigkeit der katholischen Hierarchien.

Getragen von konservativen Kreisen, die der bloße Gedanke an ein unwahrscheinliches *Impeachment* des Pontifex schon jubeln macht, birgt Viganòs Attacke ein bislang ungekanntes Gefahrenpotenzial, weil sich hier zum ersten Mal die theologische Wut derer, die sich gegen die pastoralen Öffnungen des argentinischen Papstes sperren, mit der Empörung der öffentlichen Meinung über das Ausmaß der klerikalen Pädophilie-Skandale verbündet. Es ist der perfekte Sturm. Franziskus' Gefolgsleute warnen, dass man es neben der kirchlichen auch mit einer politisch-ökonomischen Front zu tun habe, deren Absicht es sei, den argentinischen Papst in die Ecke zu drängen. Die einen wollen seinen kirchlichen Reformgeist sabotieren, die anderen das internationale Ansehen des Mannes beschädigen, den sie als »Kommunisten« bezeichnen, weil ihnen sein Engagement gegen Ungleichheit, räuberische Finanzwirtschaft und Umweltzerstörung und die Beharrlichkeit unerträglich ist, mit der er wieder und wieder auf das Problem der Migranten hinweist. »Die in der Enzyklika *Laudato si'* vertretenen Standpunkte sorgen für Verdruss. Gewisse große Kohle- und Erdölkonzerne wollen solche Reden nicht hören«, erklärt ein Purpurträger, der dem K9-Rat angehört. Kardinal Kasper äußert sich ähnlich: »Es steckt auch Geld hinter den Attacken auf den Papst. Denn eine internationale Medienkampagne mit Texten zu führen, die in viele Sprachen übersetzt werden, das kostet. Dieser Papst ist gegen den aggressiven Kapitalismus, gegen den Neoliberalismus und die Manöver der Finanzunternehmen, und deshalb gibt es Gruppen, die den Pontifex nicht direkt angreifen, sondern behaupten, dass Menschen innerhalb der Kirche gegen Franziskus seien«.[16] Die verhüllte *Character Assassination* in Viganòs Denkschrift ist Bergoglios Feinden mehr als willkommen.

Nicht von ungefähr hat sich Steve Bannon geschickt in die Polemik eingeschaltet. Franziskus, so hat der souveränistische Ideologe bei mehreren Fernsehauftritten erklärt, dürfe nicht zurücktreten, weil »er der Stellvertreter Christi auf Erden ist«, aber er dürfe auch nicht monatelang warten, ehe er die Vorsitzenden der Bischofskonferenzen zusammenrufe: Es sei dringend an der Zeit, dass er einen von der Kirche unabhängigen Gerichtshof einrichte, um Kleriker und Bischöfe abzuurteilen. Bannon listet auf, wer diesem Tribunal angehören soll: Missbrauchsopfer und ihre Vertreter, Ordensleute, Experten der kirchlichen Hierarchien, »Laien aus den eher traditionellen und konservativen Schichten« des Katholizismus, aber auch Nichtkatholiken. Das Ziel ist klar: sich des Themas zu bemächtigen und es zu einem Kampfargument des konservativ-populistischen Lagers innerhalb der katholischen Kirche zu machen.

Den Geist der US-amerikanischen Wahlkampagnen – und ihre investigativen Techniken, die darauf abzielen, die Schwachstellen des Gegners bloßzulegen – in die katholische Kirche hineinzutragen, ist die Absicht einer Gruppe, die im September 2018 in den USA mit einem explosiven Projekt in Erscheinung getreten ist: Sie will einen Bericht über die *Papabili* anfertigen, der mit Blick auf das nächste Konklave in Umlauf gebracht werden soll. Die Gruppe nennt sich *Better Church Governance Group* (Gruppe für eine bessere Kirchenleitung) und verfolgt die Absicht, Dossiers über jeden wahlberechtigten Kardinal und andere einflussreiche Mitglieder der Hierarchie anzulegen und – wie ein Vertreter der Gruppe, Philip Nielsen, erklärt – alle diejenigen mit Namen zu nennen, die »im Zusammenhang mit Skandalen, Missbrauchsfällen und Vertuschungen glaubhaft beschuldigt werden«. Gleichzeitig soll offengelegt werden, wer sich innerhalb der Kirche gegen die Korruption starkgemacht hat.[17] Wenn man die Machart der extrem aggressiven (und nicht unbedingt wahrheitsgemäßen oder Wahres und Falsches gezielt vermischenden) Botschaften kennt, die während der US-amerikanischen Wahlkämpfe in Umlauf gebracht werden, dann kann man sich vorstellen, wie ein Präkonklave auf der Grundlage eines solchen *Red Hat Report* (»Roter-Hut-Report«) vermutlich aussehen würde. Die Ermittler, so hört man aus den USA, hätten die Arbeit bereits aufgenommen.

Die offizielle Reaktion des Vatikans auf Viganòs Denkschrift war jedenfalls schwach. Der Brief, den Marc Kardinal Ouellet – Präfekt der Kongregation für die Bischöfe – 40 Tage nach Bekanntwerden der Affäre an den ehemaligen Nuntius geschickt hat, verdeutlicht das Dilemma des Vatikans. Papst Franziskus hatte McCarrick, sobald die Beweise über den Missbrauch an Minderjährigen vorlagen, aus dem Kardinalskollegium ausgeschlossen und die Aufnahme eines kirchenrechtlichen Verfahrens angeordnet. Ouellet jedoch muss sich mit Problemen befassen, die auf die Befehlsstrukturen aus der Zeit der Päpste Johannes Paul II. und Benedikt XVI. zurückgehen. Der Kardinal bezeichnet das Vorgehen Viganòs als politisches Konstrukt und fordert den Ex-Nuntius auf, zu bereuen – liefert aber keine eindeutigen Antworten. Er erklärt, dass in der fraglichen Zeit »keine hinreichenden Beweise über seine [McCarricks] mutmaßliche Schuld« vorgelegen hätten, was allerdings im Widerspruch zu den Informationen zu stehen scheint, die dem Staatssekretariat 2000 und 2006 von den Nuntien Montalvo und Sambi übermittelt worden waren. Außerdem räumt Ouellet ein, dass McCarrick vonseiten des Heiligen Stuhls »nachdrücklich aufgefordert wurde, nicht zu reisen, nicht öffentlich aufzutreten und nicht zu weiterem Gerede über seine Person Anlass zu geben«.[18] Schließlich muss der Präfekt der Bischofskongregation zugeben, dass das Auswahlverfahren, im Zuge dessen McCarrick mit den denkbar hohen Ämtern eines Kardinals und Erzbischofs von Washington betraut wurde, fehlerhaft gewesen sei.

Tatsächlich kommen die Pontifikate Johannes Pauls II. und Benedikts XVI. nicht gut weg. Die Hinweise auf McCarricks ausschweifendes Leben wurden ignoriert oder bagatellisiert. Konkret waren es unter Wojtyła Staatssekretär Sodano und der persönliche Sekretär des Papstes Dziwisz, die sich vorwerfen lassen müssen, an den Berichten über McCarricks schwules süßes Leben nicht sonderlich interessiert gewesen zu sein. Mit derselben Vogel-Strauß-Politik verhinderten die beiden Schlüsselfiguren der Amtszeit Johannes Pauls II. auch, dass die Missbrauchsvergehen des Wiener Kardinals Hans Hermann Groër und des Gründers der Legionäre Christi, Marcial

Maciel, ans Licht kamen. Die Nachsicht gegenüber McCarrick während des Benedikt-Pontifikats fällt hingegen auf Staatssekretär Bertone zurück. Das ist vermutlich auch der Grund, weshalb Franziskus 2013 zunächst zögerte, den Deckel der Schlangengrube zu öffnen – bis schließlich die ersten Beweise über Missbrauchsvergehen an Minderjährigen auftauchten.

Im dramatischen Jahr 2018 jedoch fügt die Affäre Viganò mit ihrem medialen Getöse letztlich auch dem Image von Bergoglio einen Schaden zu, der über die eigentlichen Fakten hinausgeht. Der Papst erfährt am eigenen Leib, wie heftig der Bürgerkrieg im Inneren der Kirche tobt. Deshalb bittet er die Gläubigen anlässlich der Jugendsynode, den ganzen Monat Oktober hindurch eigens den Rosenkranz zu beten und um den Schutz der Gottesmutter und die Hilfe des heiligen Michael gegen »den Satan und die anderen bösen Geister« zu bitten, »die in der Welt umhergehen, um die Seelen zu verderben«. Dieser Rückgriff auf die Unmittelbarkeit der Volksfrömmigkeit zeigt, wie beunruhigt Bergoglio ist. Seine Ansprache zum Abschluss der Synode trägt dramatische Züge: Wegen der Sünden der Gläubigen ziehe der Satan über die Welt, »und in diesem Augenblick klagt er uns vehement an, und diese Anklage wird auch Verfolgung«. Doch die Kirche – hier wird der Ton des Papstes geradezu flehentlich – dürfe nicht beschmutzt werden. Ihre sündigen Kinder ja, aber die Mutter Kirche nicht. Nie zuvor in seinem Pontifikat hatte sich Franziskus je so erschüttert gezeigt. An die über 250 Bischöfe gewandt, die zum feierlichen Synodenabschluss versammelt sind, beschreibt der Papst eine kirchliche Gemeinschaft, die verwundet ist: »Dies ist ein schwieriger Augenblick, denn wenn der Ankläger uns angreift, greift er die Mutter [die Kirche] an, aber die Mutter rührt man nicht an«.[19]

Wie Banquos Schatten in *Macbeth* schwebt die kirchliche *Omertà* drohend über dem Pontifikat. Die Weihnachtsansprache, die Franziskus wenige Wochen später vor der Kurie hält, zeigt, dass ihm der Ernst der Lage bewusst ist. Der Papst garantiert, dass die Kir-

che jeden, der derartige Verbrechen begangen hat, der Justiz über-
antworten und niemals versuchen wird, »einen Fall zu vertuschen
oder unterzubewerten.«[20] Franziskus dankt der Presse für ihre Auf-
klärungsarbeit.

Die Garantie, alles aufzudecken, gilt auch für die Denkschrift
von Viganò. Während der Arbeiten der Jugendsynode gibt der Vatikan eine Pressemitteilung heraus, der zufolge »die Untersuchung
der Fakten und der Umstände Entscheidungen [der Vergangenheit]
zutage fördern könnte, die nicht mit der heutigen Herangehensweise an derartige Vorwürfe übereinstimmen«.[21] Franziskus weiß ganz
genau, welche Zwickmühle seine Gegner für ihn vorbereitet haben:
Er muss das Pontifikat eines Heiligen (Wojtyła) und die Amtsführung eines noch im Vatikan wohnhaften emeritierten Papstes auf
den Prüfstand stellen – oder selbst als Diener der *Omertà* dastehen.
»Wir werden dem Weg der Wahrheit folgen, wohin er uns auch führen mag«[22], hat er versprochen. Er weiß, dass an der nächsten Ecke
seine Feinde lauern und nur darauf warten, die Lunte der öffentlichen Meinung in Brand zu setzen.

In diesem Klima beginnt am 21. Februar 2019 im Vatikan das
Treffen der Vorsitzenden der Bischofskonferenzen aus aller Welt.
190 Personen nehmen teil. Ein noch nie dagewesener Gipfel zum
Thema Pädophilie. Beinahe zehn Jahre nach dem Appell Benedikts
XVI., sich auf die Opfer zu konzentrieren, hat sich der größte Teil der
Episkopate noch immer nicht in Bewegung gesetzt. Die Leitlinien,
die der deutsche Papst damals von den Episkopaten der verschiedenen Länder gefordert hatte, sind äußerst labil. Zwischen der Null-
Toleranz-Politik, die Franziskus in Rom verfolgt, und dem passiven
Widerstand, den die Peripherien des katholischen Erdkreises kulti-
vieren – weil sie die Jauchegrube des Missbrauchs lieber zugedeckt
lassen wollen –, klafft ein tiefer Abgrund. Von einigen Ländern (wie
den Vereinigten Staaten, Deutschland, Großbritannien, Österreich,
der Schweiz und Kanada) abgesehen hat die überwiegende Mehrheit
der Bischofskonferenzen keinerlei Strukturen geschaffen, an die sich

die Opfer wenden könnten, um Anzeige zu erstatten und Gerechtigkeit und Entschädigung zu erhalten. Von den 200 Bistümern Italiens hat lediglich die Diözese Bozen-Bressanone 2010 ein der Öffentlichkeit bekanntes, funktionstüchtiges System auf die Beine gestellt. Darüber hinaus haben sich nur ganz wenige andere italienische Diözesen – und dazu mit großer Verspätung – in Bewegung gesetzt.

Anlässlich des Gipfels werden zum ersten Mal Vertreter von Opfervereinigungen im Vatikan empfangen. Und zum ersten Mal hören viele Bischöfe und Kardinäle die persönlichen oder auf Video aufgezeichneten Berichte der Überlebenden. Etwa die dramatischen Worte einer Überlebenden aus Afrika: »Seit meinem 15. Lebensjahr hatte ich sexuelle Beziehungen zu einem Priester … das ging 13 Jahre lang so … ich war dreimal schwanger, und er hat mich dreimal abtreiben lassen … jedes Mal, wenn ich mich weigerte, Sex mit ihm zu haben, schlug er mich.« Andere berichten von aggressiven Bischöfen, die keine Beschwerden hätten hören wollen, und von systematischer Vertuschung. In der Kirche in Asien ist die Pädophilie eine tickende Zeitbombe, erklärt eine Überlebende, doch diese Einschätzung gilt für die Institution Kirche auf allen Kontinenten.

Die Konferenz, bei deren Eröffnung Franziskus eine Reihe von »Leitfragen« formuliert hat, berührt ganz konkrete Probleme. Der Papst selbst führt das brisanteste Thema ein: die Festlegung »spezifischer Protokolle zum Umgang mit Anschuldigungen gegenüber Bischöfen«. Insbesondere auf Basis des Berichts von Erzbischof Scicluna, der nach dem Skandal in Chile zum beigeordneten Sekretär der Kongregation für die Glaubenslehre ernannt worden war, diskutiert man über diözesane Anlaufstellen, wo die Betroffenen Anzeige erstatten können; über die Hinzuziehung von Laienexperten bei der Bewertung der Anschuldigungen; über schnelle Verfahren, darüber, wie die Opfer vom Prozessverlauf in Kenntnis gesetzt werden sollen, und über eine Revision des *Secretum pontificium*, des päpstlichen Geheimnisses, das bislang sogar die Bekanntgabe der in solchen Verfahren gesprochenen Urteile verbietet. Thematisiert wird ferner der diffizile Punkt der Anzeige des Täters bei den zivilen Justizbehörden. Zum ersten Mal treten Frauen als *Relatrices* auf: die Untersekretärin des Dikasteriums für Laien Linda Ghisoni, die nigerianische Ordensfrau Veronica Openibo und die mexikanische Journalistin Valentina Alazraki. Alazraki, die 150 Papstreisen begleitet und als professionelle Korrespondentin stets ausgewogen über fünf Pontifikate berichtet hat, macht ihre Position unerbittlich klar: »Wenn Sie gegen diejenigen sind, die Missbrauch begehen oder Missbrauch vertuschen, dann stehen wir auf genau derselben Seite … Wir werden Ihnen helfen, die faulen Äpfel zu finden … Aber wenn Sie sich nicht radikal dazu entscheiden, auf der Seite der Kinder, der Mütter, der Familien, der Zivilgesellschaft zu sein, dann haben Sie allen Grund uns zu fürchten, denn dann werden wir Ihre schlimmsten Feinde sein.«

Es sind drei intensive Tage. Reinhard Kardinal Marx, Vorsitzender der deutschen Bischofskonferenz und Mitglied des K9-Rats, macht hinter den Kulissen Druck, damit man sich auf ein Abschlussdokument einigt, dass die anwesenden Bischöfe in die Pflicht nimmt. Außerdem verlangt Marx ein Supervisionssystem, um sicherzustellen, dass die Diözesen die notwendigen Strukturen schaffen und in Betrieb nehmen. Vor den versammelten Bischöfen spricht der Kardinal über die schändliche Praxis, Dokumente zu vernichten, um die Schuldigen zu decken.

Der 24. Februar bricht an. Während der feierlichen Messe in der Sala Regia des apostolischen Palasts fordert der Vorsitzende der australischen Bischofskonferenz, Mark Benedict Coleridge, der die Predigt hält, eine »kopernikanische Wende«. In das Schweigen der Anwesenden hinein meißelt der Bischof die Worte: »Das ist für uns die Erkenntnis, dass jene, die missbraucht wurden, sich nicht um die Kirche drehen, sondern dass die Kirche sich um sie dreht«.

Am Ende ergreift der Papst das Wort. Wer eine Ansprache erwartet hatte, die wie das im August 2018 nach den Ereignissen in Chile und Pennsylvania verfasste *Schreiben an das Volk Gottes* direkt zum Punkt kommt, ist irritiert. Damals hatte Bergoglio von einer »Null-Toleranz-Haltung« und von Maßnahmen gesprochen, »Rechenschaft zu fordern von allen, die diese Verbrechen begehen oder decken.« Als er sechs Monate später vor die Bischöfe der Welt tritt, vermeidet der Pontifex dieses Schlüsselwort. Seine Rede holt weit aus, behandelt die Missbrauchsvergehen als globales Phänomen insbesondere in den Familien, verweist auf weitere allgemeine Übel wie die Kinderpornografie, den Sextourismus, die Kinderprostitution, die Unterernährung von Kindern, die Kindersoldaten, die Kinder, die zu Opfern eines monströsen Organhandels werden. Der Papst erwähnt den Satan, den »Geist des Bösen« (worin sich seine tiefe Überzeugung spiegelt, dass die menschliche Grausamkeit kein abstraktes Prinzip, sondern auf den Impuls eines wirklichen dämonischen Wesens zurückzuführen ist). Doch das ist nicht das, was die öffentliche Meinung erwartet hatte.

Vor allem die Mitgliedervereinigungen sind von Franziskus enttäuscht, weil er den Bischofsgipfel nicht mit einem klaren Katalog jener Maßnahmen zum Abschluss bringt, die – nach so vielen Jahren der Verschleppung – nun endlich in den Ortskirchen ergriffen werden müssten. Nur vereinzelt blitzt in seiner Rede die Erinnerung an jene Wende auf, für die er seit Jahren kämpft. Etwa dort, wo er garantiert, dass die Kirche keine Mühe scheuen wird, um »*jeden*, der solche Verbrechen begangen hat, der Justiz zu unterstellen. Die Kirche wird nie versuchen, einen Fall zu vertuschen oder unterzubewerten«.[23] Franziskus betont die Notwendigkeit präziser interner Normen anstelle allgemeiner Leitlinien. Doch das alles wird auf die Zukunft verschoben. Expertengruppen, so verlautet aus dem Vatikan, würden in die weniger gut ausgestatteten Bischofskonferenzen geschickt, um ihnen bei der Ausarbeitung der entsprechenden Regelwerke zu helfen. Die Kongregation für die Glaubenslehre, teilt Erzbischof Scicluna mit, sei dabei, ein Vademecum für die Diözesen zu erstellen. Demgegenüber hatte Franziskus es auf dem Rückflug von seiner Panamareise für nötig erklärt, »dass Programme gemacht

160

werden, allgemein gültige, dass sie alle Bischofskonferenzen erreichen: was der Bischof tun muss; was der Erzbischof […] tun muss;
was der Vorsitzende der Bischofskonferenz tun muss. Dass es […]
klare Protokolle gibt.«[24]

Der Gipfel geht ohne offizielle Instruktionen zu Ende. Es gibt
nicht einmal eine feierliche Verantwortungsübernahme seitens der
nach Rom gereisten Vorsitzenden der Bischofskonferenzen. Die Ergebnisse aus den Arbeitsgruppen werden nicht veröffentlicht. Pater Federico Lombardi, der den Gipfel moderiert hat, kündigt ein
päpstliches Motu Proprio über die Bekämpfung von Missbrauch in
der Kurie und im Staat der Vatikanstadt an, und viele Beobachter
verstehen nicht, weshalb der Papst ein Dekret gegen die Pädophilie
in seinem Staat erlässt, aber keine Hinweise veröffentlicht, die für
die gesamte Kirche gelten. Die Reaktionen der Opfervereinigungen,
die verschiedene Kundgebungen in Rom abhalten, fallen sehr hart
aus. »Bla-bla … völlig unglaubwürdig«, titelt *Le Monde* und bringt
den Zorn der Opfer damit auf den Punkt, während die *Washington
Post* berichtet, dass der Papst zum Kampf gegen den Missbrauch
aufrufe, »aber nicht ins Detail geht«. In Deutschland zitiert die
Online-Ausgabe des *Spiegel* den Kirchenrechtler Thomas Schüller
von der Universität Münster, der den Gipfel als »vertane Chance«
bezeichnet. Der Aufbau der Papstansprache offenbart eine Schwie-
rigkeit, die mit dem heiklen inneren Gleichgewicht der Kirche in
der Schlussphase des Pontifikats zu tun hat. Die lange Aufzählung
der Übel in der Welt wirkt wie der Versuch, sich gegen die konservative Front zu verteidigen, diesen Sumpf, in dem man sich von
jeher darüber beklagt, dass »nur« die Missbrauchsfälle in der Kirche
in den Blick genommen würden. Eigenartig ist auch die negative
Bemerkung Bergoglios in Richtung Presse, deren Rolle er zu Weihnachten vor den Kardinälen noch lobend hervorgehoben hatte. Auf
dem Weltgipfel der Vorsitzenden der Bischofskonferenzen spricht
er mit Blick auf die Massenmedien von »journalistischen Kalkü-
le[n], die oftmals […] instrumentalisieren.«

Für einen Meister der Kommunikation wie Bergoglio ist der Abschluss des Gipfels kein medialer Erfolg. Einen Monat später jedoch setzt sich der Papst wieder in Bewegung. In einer Reihe von Dokumenten schreibt er die Regeln für die Kurie und den Staat der Vatikanstadt fest. Ein Referent für den Schutz der Minderjährigen und der schutzbedürftigen Personen wird eingesetzt. Das vatikanische Personal und die pastoralen Mitarbeiter werden ausdrücklich verpflichtet, potenziell gefährliche Verhaltensweisen zu melden. Der Generalvikar des Zwergstaats ist verpflichtet, die Missbrauchsfälle bei den vatikanischen Justizbehörden zur Anzeige zu bringen. Die Betroffenen sind »vor jeder Form der Einschüchterung oder Vergeltung« zu schützen. Der Schuldige wird entlassen und bei seiner psychologischen und spirituellen Rehabilitation unterstützt.[25]

Missbrauchsvergehen werden als Offizialdelikte definiert, das heißt von Amts wegen verfolgt. Ein Zentrum wird eingerichtet, in dem die Opfer Gehör finden. Wer eine Anzeige unterlässt oder verschleppt, wird bestraft. Doch das ist noch nicht alles. Der Pontifex beginnt, die Mauer des Schweigens abzutragen, die die Missbrauchsverfahren bislang stets umgeben hat. Die Opfer oder ihre Anwälte können Sonderermittlungen verlangen und eigenständig Beweismittel liefern. Vor allem aber haben sie das Recht, über die »Ergebnisse der einzelnen Phasen des Verfahrens« und die dem Schuldigen auferlegten Freiheitsstrafen informiert zu werden.[26]

Am 7. Mai 2019 endlich erlässt Franziskus ein *Motu proprio* über die Missbrauchsfälle mit Hinweisen für alle Diözesen der Welt. Binnen Jahresfrist verlangt er die Schaffung von Anlaufstellen und Systemen, »die der Öffentlichkeit leicht zugänglich sind, um Meldungen einzureichen.« Die Priester, Ordensleute und Mitglieder von Instituten des geweihten Lebens oder Gesellschaften des apostolischen Lebens verpflichtet er, jeden Missbrauch zu melden. Er befreit diejenigen, die Meldung über derartige Vorfälle erstatten, von ihrer Schweigepflicht und untersagt jedwede gegen sie gerichtete Vergeltungsmaßnahme. Er erklärt »Handlungen oder Unterlassungen« für kriminell, »die darauf gerichtet sind, die zivilen Untersuchungen oder kirchenrechtlichen Untersuchungen« gegenüber einem des Missbrauchs verdächtigen Kleriker oder Ordensmitglied »zu beeinflussen oder zu umgehen.«[27]

Das Dokument mit dem Titel *Vos estis lux mundi* legt außerdem fest, wie zu verfahren ist, wenn Bischöfe, Kardinäle und Patriarchen sich des Missbrauchs oder der Unterlassung schuldig gemacht haben. Liegen Hinweise vor, die einen Bischof betreffen, hat der Metropolit der jeweiligen Kirchenprovinz demnach die Pflicht, die zuständigen Dikasterien des Vatikans zeitnah darüber in Kenntnis zu setzen. Binnen 30 Tagen soll das vatikanische Dikasterium Anweisungen zur Vorgehensweise geben. Binnen 90 Tagen legt der Metropolit – sofern diese Frist nicht aus gerechten Gründen verlängert wird – dem Vatikan das Ergebnis seiner Ermittlungen vor, damit das zuständige Dikasterium die abschließenden Entscheidungen fällt.

Bis Sommer 2020 sollen alle Bischofskonferenzen der Welt dafür sorgen, dass ein funktionsfähiges System zur Bekämpfung von Missbrauch und *Omertà* geschaffen wird. Es steht viel auf dem Spiel. Und der Papst geht ein Risiko ein. Denn wenn es nicht gelingt, wirklich überall ein effizientes System der Opferanhörung zu organisieren, dann besteht die Gefahr, dass in Zukunft jeder Skandal in irgendeinem entlegenen Winkel der katholischen Welt weniger auf die Ortsbischöfe als vielmehr auf Franziskus selbst zurückfallen wird.

VIII
Im Käfig der Kurie

Hin und wieder flieht Franziskus aus dem Vatikan und geht sich ein Paar Schuhe oder eine neue Brille kaufen. Und ganz selten nimmt er sich einen halben Tag frei und unternimmt einen spontanen Ausflug in die nahen Berge von Rieti. Dann verweilt er zum Gebet in einer Wallfahrtskirche oder versenkt sich in den Anblick der Landschaft und hält inne. »Man spürt, dass er Momente der absoluten Stille sucht«, sagt Bischof Domenico Pompili. Von der Idee, quasi inkognito in Rom herumzuspazieren und womöglich eine Pizza essen zu gehen, hat er sich verabschieden müssen. Sie war nicht umsetzbar.

Der Vatikan und erst recht die Kurie ist für Bergoglio schon immer ein Käfig gewesen. Als Kardinal reiste er so selten wie nur möglich nach Rom, er wusste, dass die eher konservativen argentinischen Bischöfe in den vatikanischen Büros über ihn herzogen. Als Papst ist er gezwungen, in seiner ummauerten Hauptstadt zu leben und eine »Maschinerie« zu steuern, für die er früher wenig Sympathie hegte.

»In Rom Reformen durchzuführen heißt gleichsam die Sphinx von Ägypten mit einer Zahnbürste zu putzen«, hat er der Kurie kurz vor Weihnachten 2017 zugerufen. Das Bild stammt von Erzbischof Frédéric François Xavier de Mérode, dem großen Berater Pius' IX. Franziskus' Ziel ist es, das monarchische und absolutistische Gepränge des Papsttums zu entrümpeln, die Kirche zu einer echten Gemeinschaft werden zu lassen, zu dezentralisieren und die Bischöfe in ihren Diözesen sowie die Bischofskonferenzen zu stärken. Sein Traum ist es, die kirchliche Bürokratie wieder in eine warmherzige Beteiligungskirche zu verwandeln, deren Bischöfe keine Fürsten sind und deren Priester nicht länger nach dem Parfum des sakralen

Narzissmus duften. Eine Kirche, die als Volk Gottes gemeinsam auf den Straßen der Geschichte »unterwegs« ist, Männer und Frauen aller Kulturen und Horizonte, deren Einheit als »Glieder des Leibes Christi« bei jenen beginnt, die ins Abseits gestellt und ausgegrenzt werden. Das ist das Bild, das er im sechsten Jahr seines Pontifikats auf der Jugendsynode wieder bekräftigt.[1] Der argentinische Papst liebt das Werkzeug der Synode. Weil er eine konziliare Kirche will, in der die Bischöfe mit dem Papst zusammenarbeiten, um die katholische Gemeinschaft zu lenken, und nicht als die Präfekten einer fernen Provinz agieren, die auf Weisung aus Rom warten.

»Franziskus verfolgt einen Zickzackkurs, aber er weiß, wohin er will«, erklärt ein Vertreter der Kurie. Seine Arbeit ist zielgerichtet. In kleinen Schritten hat er begonnen, den absolutistischen Zentralismus zu lockern, auf dem die katholische Kirche während des letzten halben Jahrtausends errichtet war und an dem nicht einmal das II. Vatikanische Konzil hatte rütteln können. Die Dezentralisierung begann in den Beichtstühlen. Im Heiligen Jahr der Barmherzigkeit (2016) ermächtigte der Papst alle Priester, einschließlich der schismatischen Lefebvrianer, von der Sünde der Abtreibung loszusprechen: Damit gehört die Sondergenehmigung, die nur der Bischof aussprechen kann und die nur bestimmten Priestern erteilt wurde, der Vergangenheit an. Im selben Jahr gestand Franziskus in seinem apostolischen Schreiben *Amoris laetitia* den Beichtvätern die Möglichkeit zu, wiederverheiratete Geschiedene zur Kommunion zuzulassen. Die betreffende Fußnote 351 war für viele Pfarrer eine Befreiung: »Früher war das immer ein Drahtseilakt ...«, sagen Pfarrer aus allen Gegenden Europas.

Im Schreiben *Amoris laetitia* wird ein Grundsatz bestätigt, der wichtig ist, damit die Ortskirchen Luft zum Atmen haben und nicht in einer Position permanenter Unterordnung verharren. Ich möchte, so erklärt der Papst, »erneut darauf hinweisen, dass nicht alle doktrinellen, moralischen oder pastoralen Diskussionen durch ein lehramtliches Eingreifen entschieden werden müssen.« Nicht alles muss auf Weisung aus Rom hin geschehen. »Selbstverständlich«, fügt er hinzu, »ist in der Kirche eine Einheit der Lehre und der Praxis notwendig; das ist aber kein Hindernis dafür, dass verschiedene Interpretationen einiger Aspekte der Lehre oder einiger Schlussfolgerungen, die aus ihr gezogen werden, weiterbestehen. [...] Außerdem können in jedem Land oder jeder Region besser inkulturierte Lösungen gesucht werden, welche die örtlichen Traditionen und Herausforderungen berücksichtigen.«[2] Das bedeutet Mitverantwortung für die Bischöfe in aller Welt.

In der Praxis rief diese Einladung zu größerer Bewegungsfreiheit widersprüchliche Reaktionen hervor. Die argentinische Bischofskonferenz brachte Richtlinien zur Anwendung, die den wiederverheirateten Geschiedenen den Kommunionempfang erlauben (und die der Papst ausdrücklich billigte). Andere Episkopate äußerten sich ähnlich. Die Spitzen der italienischen Bischofskonferenz beschlossen 2016, nicht offiziell Stellung zu beziehen, obwohl einige Bischöfe – unter ihnen auch Bruno Forte, Sondersekretär der beiden Familiensynoden – sie diskret dazu aufgefordert hatten. Mit dem Ergebnis, dass Giuseppe Kardinal Betori unter den Beichtvätern seiner Diözese Florenz »Instruktionen im Sinne der katholischen Tradition« verteilen ließ, die sein Vorgänger, Ennio Kardinal Antonelli, der ehemalige Präsident des päpstlichen Rates für die Familie, erarbeitet hatte und die die Kommunion für die wiederverheirateten Geschiedenen im Großen und Ganzen (wenn auch nicht unbedingt) an die Bedingung der sexuellen Enthaltsamkeit knüpfen. Demgegenüber erkennt ein offizielles Dokument der regionalen Bischofskonferenz in Kampanien an, *Amoris laetitia* »eröffne die Möglichkeit« der Eucharistie für die wiederverheirateten Geschiedenen, die sich jedenfalls fortan nicht mehr an die Verbote halten müssen, die in den vorangegangenen Pontifikaten gegolten haben: Sie können in der Gemeinde als Katecheten und während der Messe als Lektoren tätig sein, im Pfarrgemeinderat sitzen und an den Schulen Religion unterrichten. Diözesen in aller Welt kommen zu unterschiedlichen Ergebnissen. Eine Situation wie ein Flickenteppich. Das ist ungewohnt, wenn man bedenkt, dass der katholische Erdkreis jahrhundertelang wie ein Uhrwerk funktioniert hat. Doch das ist der Preis der Strategie, die Bergoglio anwenden muss, wenn er mühsame und kleinschrittige Veränderungen einführen will.

Ein wichtiger Schritt zur Dezentralisierung und Lockerung des römischen Absolutismus ist Franziskus' Entscheidung, den Ortsbischöfen – will sagen, jedem beliebigen Ordinarius in jeder beliebigen Weltgegend – in bestimmten Fällen die Befugnis zur Annullierung einer Ehe zu erteilen. Ein höchst greifbarer Beweis dafür, dass nicht alles in Rom entschieden werden muss. In dieselbe Richtung weist auch die Ankündigung, dass in den Pädophilie-Prozessen bei erwiesenem Missbrauch eine erstinstanzliche Verurteilung (also auf nationaler Ebene) rechtskräftig ist und keiner Bestätigung durch Rom mehr bedarf. Dies sind Schritte hin zu einer wirklichen Umsetzung des II. Vatikanischen Konzils, das daran erinnert hatte, dass auch die Bischöfe »Stellvertreter Christi« seien und in der Kirche folglich das Kollegialitätsprinzip gelten müsse.

Ähnlich einzuordnen ist auch die Entscheidung des Papstes, die Übersetzung der liturgischen Texte in die Verantwortung der einzelnen nationalen Bischofskonferenzen zu geben. Übersetzungen von Liedern oder Gebeten hatten in den vergangenen Jahrzehnten immer wieder ein nervenaufreibendes Hin und Her von Mitteilungen und Verhandlungen zwischen den Bischöfen einer Nation und der vatikanischen Kongregation für den Gottesdienst nach sich gezogen. Franziskus hat die Frage zu den Akten gelegt: Eine Überprüfung des Texts (*recognitio*) in Rom ist nicht mehr vonnöten. Es genügt eine abschließende Bestätigung (*confirmatio*). Als der Präfekt der Gottesdienstkongregation Robert Kardinal Sarah versuchte, die Sachlage aus seiner Sicht darzustellen – dass sich das System im Grunde nicht verändert habe und Rom nach wie vor aufmerksam über die Übersetzungen wachen werde –, reagierte Franziskus mit Härte und sandte Sarah einen öffentlichen, missbilligenden Brief, in dem er unterstrich, dass er sich, »wie ich hoffe, klar« ausdrücken wolle, »um jedes Missverständnis zu vermeiden«. Der Vatikan werde die Übersetzungen der liturgischen Texte nicht mehr en détail und Wort für Wort überprüfen, sondern (von Ausnahmen abgesehen) lediglich ratifizieren. Punktum. Außerdem bat Franziskus, Kardinal Sarah möge den päpstlichen Brief bei allen Bischofskonferenzen bekannt machen.[3] Eine beispiellose Ohrfeige für einen Kurienkardinal.

Recognitio oder *Confirmatio*: Wortklaubereien, könnte man meinen, doch in einer über Jahrhunderte hinweg mit äußerster juristischer Präzision aufgebauten Ordnung wie der katholischen ist jedes Komma, das den Ortskirchen größere Eigenständigkeit gewährt und vom imperialen monarchischen Modell abrückt, Zeichen einer bemerkenswerten Veränderung. »Die große Neuerung in Franziskus' Pontifikat besteht darin, dass das Wort eines kleinen vatikanischen Prälaten jetzt nicht mehr automatisch als Weisung wahrgenommen wird«, erklärt ein Priester, der im apostolischen Palast aus und ein geht.

Die Beschützer des römischen Zentralismus sind stets auf der Hut. Als die deutsche Bischofskonferenz 2018 mit großer Mehrheit beschlossen hatte, bei einer katholisch-protestantischen Ehe unter bestimmten Bedingungen beide Partner gemeinsam zur Kommunion zuzulassen, sah sich Franziskus durch den Aufstand sieben deutscher Kardinäle – unter ihnen der Kölner Erzbischof Rainer Maria Kardinal Woelki – gezwungen, die Notbremse zu ziehen. Zunächst kam die Aufforderung, eine einvernehmliche Lösung zu finden, dann veranlasste der Papst den neuen Präfekten der Kongregation für die Glaubenslehre, Erzbischof Luis Francisco Ladaria (inzwischen Kardinal), den deutschen Bischöfen per Brief mitzuteilen, dass ihr Vorschlag »noch nicht zur Veröffentlichung reif ist«. Dennoch ließ es sich Franziskus auch bei dieser Maßnahme, die der Autonomie einer Bischofskonferenz ihre Grenzen aufzeigt, nicht nehmen, die Verantwortung des Ortsbischofs zu würdigen. Es werde gleichwohl Sache des einzelnen Bischofs sein, zu entscheiden, ob in seiner Diözese der Fall einer »schwerwiegenden Notwendigkeit« gegeben sei, in dem das Kirchenrecht die Interkommunion bereits jetzt erlaubt. »Sie liegt in seinen Händen«, in seiner Zuständigkeit, wie der Papst ausdrücklich erklärte.[4] Es wird Jahre dauern, bis diese Öffnungen gängige Praxis sind, doch die ersten Schritte auf dem Weg der Dezentralisierung sind getan.

Sechs Jahre nach seiner Wahl hat sich das Verhältnis zwischen der Kurie und dem Pontifex vom anderen Ende der Welt noch immer nicht eingependelt. Eine Zeit lang hat Franziskus den Generalstab der Kirche mit einem Crescendo an Vorwürfen bombardiert. 2014 überraschte er die Kardinäle mit einer Aufzählung von 15 Krankheiten, die die »Kurialen« befallen hätten: von der Machtgier bis hin zur Versteinerung des Herzens, vom Karrierismus bis hin zum Doppelleben, von der Anhäufung materieller Güter bis hin zum geistlichen Alzheimer.[5] 2016 zerrte er den verborgenen Widerstand ans Licht, der in verängstigten, an *Gattopardismo* erkrankten Herzen gedeihe, und prangerte den »böswilligen Widerstand« an, »der in verdrehten Mentalitäten aufkeimt«: bei Menschen, denen der Teufel ins Ohr flüstert, die sich als Lämmer verkleiden und sich geflissentlich auf die Tradition berufen.[6] Im darauffolgenden Jahr warnte er vor dem Krebs der »Verschwörungen oder kleinen Zirkel« und vor der Gefahr, die von Verrätern und Opportunisten ausgehe.[7] Die öffentliche Meinung geriet wie ein Publikum, das einem Spektakel beiwohnt, förmlich aus dem Häuschen: Der Kaiser greift zur Peitsche und schlägt auf die Höflinge ein. Doch es ist kein gutes Zeichen, wenn das Oberhaupt einer großen Organisation Jahr für Jahr mit seinen Kadern aneinandergerät. Es bedeutet, dass etwas nicht funktioniert, dass der Lenkmechanismus nicht richtig arbeitet. Es bedeutet, dass dem Räderwerk das Öl des Gleichklangs fehlt.

Bei den Kurialen lösen die Vorwürfe nicht etwa Reue, sondern Übellaunigkeit, Verärgerung, Überraschung und – auch unter Bergoglios Anhängern – eine gewisse Ratlosigkeit aus. »Die Gardinenpredigten? Darüber wird danach nicht wirklich viel gesprochen«, bemerkt ein greiser Purpurträger. »Außerdem hört man gar nicht so genau, was der Papst sagt, wenn er fürs Fernsehen ins Mikrofon spricht. Und dann filmen sie uns womöglich gerade, wenn einer seufzt, oder sich die Nase putzt oder in die Gegend schaut …« Ein Kurialer mit jahrzehntelanger Erfahrung entgegnet gereizt: »Was ist denn eigentlich mit Kurie gemeint? Die päpstliche Kapelle? Das Governatorat? Was soll diese vage und allgemeine Ausdrucksweise? Wenn irgendein Kardinal sich schlecht benimmt, dann kann der Papst ihn fortschicken. Aber so hat es den Anschein, als ob seine Beschreibung auf alle zutrifft«. Niemand ist ein Prophet in seinem Heimatland, und hinter den Kulissen hört man Purpurträger Dinge sagen, die Franziskus' Charisma untergraben: »Ja, ja, das eine Jahr hat er die Krankheiten aufgezählt, und im nächsten Jahr hat er uns die Medizin verabreicht.«

Es ist eine Tatsache: Die vatikanische Maschinerie steht nicht geschlossen hinter dem argentinischen Pontifex. Im Juni 2019 sieht sich Franziskus bei einem Treffen mit den Nuntien aus aller Welt gezwungen, daran zu erinnern, dass die Rolle eines päpstlichen Vertreters nicht damit zu vereinbaren ist, »den Papst hinter seinem Rücken zu kritisieren, Blogs zu betreiben«, die seinem Kurs entgegengesetzt sind, »oder sich sogar Gruppierungen anzuschließen, die ihm, der Kurie und der Kirche von Rom feindlich gesonnen sind.«[8]

In der zweiten Halbzeit des Bergoglio-Pontifikats ist die römische Kurie ein gereiztes Tier. Fast niemand will offen sprechen. Man kommentiert hinter vorgehaltener Hand und will nicht namentlich genannt werden. Und das führt letztlich dazu, dass – anschauliches Bild einer gespaltenen Führungsetage – nur mehr Franziskus und seine erklärten Feinde im Rampenlicht stehen. Der Rest ist ein unbehagliches Schweigen, in dem man nur halblaut spricht. Die Reformbefürworter äußern sich lieber nicht, weil Franziskus den Ton der Auseinandersetzung entschärfen will, um die Spaltung nicht zu vertiefen. Die große Masse derer, die weder für die eine noch für die andere Seite Partei ergreifen wollen, verzichtet auf öffentliche Stellungnahmen. »Die richten ihr Fähnlein nach dem Wind«, spötteln die Bergoglianer. Und auch die Kritiker, die nichts von Bergoglios Kurs halten, ziehen es vor, den Mund zu halten. »Nachdem Kardinal Müller geschasst worden ist«, erklärt ein Kurienmitglied aus dem ideologischen Lager der Ratzingerianer, »hat niemand mehr den Mut, Zweifel anzumelden. Weil ›er‹ dann zurückschlägt«. Tatsächlich kritisieren Bergoglios Unterstützer den Papst für das genaue Gegenteil: dass er die alte Garde, die Benedikt XVI. ernannt hatte, nicht nach Hause geschickt hat. »Er lässt sich immer erweichen, er will die Gefühle seines Vorgängers nicht verletzen«, sagen sie. Wahr ist aber auch, dass Papst Bergoglio in der kleinen Welt der Kurie das Gerücht streut, er sei über jeden Schritt seiner Gegner informiert. »Sie versammeln sich hier, sie treffen sich dort, aber ich weiß alles«, lässt er verbreiten. Doch auch die Schmeicheleien der »Stiefellecker«, wie er sie nennt, sind ihm zuwider.

Schritt für Schritt hat Franziskus in der zentralen Schaltstelle der Kirche eine Reihe von Reformen durchgeführt. Er hat die Strukturen der Kurie vereinfacht. Viele päpstliche Räte aus den Zeiten Pauls VI. und Johannes Pauls II. sind zu zwei großen Organismen zusammengelegt worden: dem Dikasterium für die Laien und dem Dikasterium für die ganzheitliche Entwicklung des Menschen, zu dem auch die Abteilung für die Migranten gehört, die der direkten Supervision des Papstes unterstellt ist. Zwei anstelle von sechs Dikasterien heißt zwei anstelle von sechs Kardinälen, was den Überschuss an Purpurträgern eindämmt. Um die Auswahl der vatikanischen Diplomaten zu verbessern, die in der globalisierten Gesellschaft immer wichtiger werden, hat Franziskus eine dritte Abteilung innerhalb des Staatssekretariats eingerichtet.

Und der Papst hat noch weitere Rationalisierungsmaßnahmen ergriffen. Das neue Dikasterium für die Kommunikation vereint die Tätigkeitsbereiche des Senders Radio Vatikan, des *Osservatore Romano*, der vatikanischen Druckerei und des früheren Rats für die sozialen Kommunikationsmittel unter einem Dach. Doch es gibt noch viel zu tun. Die vom ersten Präfekten der neuen Behörde, Monsignore Dario Viganò, gewollte extreme Digitalisierung von Radio Vatikan scheint keine sehr glückliche Wahl gewesen zu sein. Die große Neuerung besteht darin, dass der Papst 2018 einen Nichtgeistlichen an die Spitze des Mediendikasteriums berufen hat: den erfahrenen Journalisten Paolo Ruffini, der jahrelang für die Printmedien und das italienische Fernsehen gearbeitet hatte, ehe er die Leitung des Fernseh- und Radiosenders der italienischen Bischofskonferenz übernahm. Seine Ernennung zum Präfekten des Dikasteriums ist ein symbolischer erster Schritt hin zu einer Beteiligung von Laien – und Laiinnen – an den höchsten vatikanischen Regierungsorganen. Wenig später erneuerte der Papst auch das Leitungsteam des *Osservatore Romano*: Er ernannte den Religionslehrer und Sachbuchautor Andrea Monda (der außerdem gemeinsam mit seinen Schülern die Betrachtungstexte für die *Via Crucis* des Jahres 2018 verfasst hatte) zum Chefredakteur und vertraute dem Journalisten, Vatikanexperten und Buchautor Andrea Tornielli den neu geschaffenen Posten eines Verlagsleiters innerhalb des Mediendikasteriums an.

Die Wachablösung beim *Osservatore Romano* – die dem bisherigen Chefredakteur Giovanni Maria Vian weder im Vorfeld angekündigt noch irgendwie begründet worden war – löste allerdings einen Erdrutsch aus: Die Redaktion der Monatsbeilage *Frauen, Kirche, Welt* unter Leitung der Historikerin Lucetta Scaraffia trat praktisch geschlossen zurück. Das ausschließlich aus Frauen bestehende Team fürchtete um seine Unabhängigkeit. In einem direkt an den Pontifex gerichteten Brief erklärte Scaraffia, dass sie sich zunehmend von einem »Klima des Misstrauens und der fortschreitenden Delegitimierung« eingekreist sähen. Die inneren Kreise der Kurie hatten die Unabhängigkeit der Frauenbeilage nie toleriert und zutiefst beunruhigt reagiert, als *Frauen, Kirche, Welt* die Kirche offen des Machtmissbrauchs zulasten von Frauen beschuldigt hatte.

»Auch wenn wir das vielleicht hätten tun sollen«, rief Lucetta Scaraffia Franziskus ausdrücklich ins Gedächtnis, »haben wir nicht als Erste über die schwerwiegenden Vorwürfe der Ausbeutung berichtet, der zahlreiche Frauen des geweihten Lebens (in dienender Unterordnung wie auch im sexuellen Missbrauch) ausgesetzt waren und sind. Vielmehr haben wir erst darüber berichtet, nachdem die Fakten nicht zuletzt dank etlicher Medien ans Licht gebracht worden waren. Wir konnten nicht mehr schweigen. Jetzt scheint es uns, dass […] man zu den veralteten, vertrockneten Sitten zurückkehrt, unter der direkten Kontrolle von Männern Frauen auszuwählen, die als vertrauenswürdig gelten.«[9] Der neue Chefredakteur Monda, der an der Planung der Beilage hatte mitarbeiten wollen, hat versichert, dass das Monatsheft weiter erscheinen wird.

Eine weitere kleine Reform liegt Franziskus sehr am Herzen. Sie betrifft nicht die Strukturen der Kirche, sondern den Wert, den er jedem Menschen zuerkennt. Es geht um die Reform des Katechismus in der Frage der Todesstrafe. Der unter Johannes Paul II. herausgegebene neue Katechismus ließ sie in Ausnahmesituationen noch zu, auch wenn, so der Papst, Fälle, in denen die Todesstrafe absolut unumgänglich ist, heute »sehr selten oder praktisch überhaupt nicht mehr gegeben« sind. Franziskus zieht hier einen Schlussstrich: Die aktuelle Fassung des Katechismus erklärt, dass »die Todesstrafe unzulässig ist, weil sie gegen die Unantastbarkeit und Würde der Person verstößt«. Ein wohlüberlegtes Signal an diejenigen Staaten, die nach wie vor Hinrichtungen vollstrecken.

Die Kardinäle, die Bergoglio 2013 gewählt haben, hatten eine Kehrtwende im Bereich der vatikanischen Finanzen verlangt. Papst Franziskus nahm diese Aufgabe sofort in Angriff. In den vergangenen Jahren hat die Trockenlegung des Sumpfs des IOR, auch Vatikanbank genannt, Fortschritte gemacht. 4935 laufende Konten wurden geschlossen. Für Kontoinhaber aus der Politik oder der Finanzwelt, die nichts mit religiösen oder Hilfswerken zu tun haben, ist dort kein Platz mehr.

Anonyme Konten und Nummernkonten gehören der Vergangenheit an, und auch Verwandte von Kirchenvertretern dürfen beim IOR keine Konten mehr führen. Für die Verwendung der Gelder gelten strenge Vorschriften, und für die Meldung verdächtiger Operationen gibt es präzise Vorgaben. Innerhalb des IOR greift ein Regelsystem, um die Geldflüsse entsprechend dem »Profil« des Kontoführenden (Priester, Ordensmitglied, Bischof, Kardinal) zu überwachen. Der Vatikan hat die UN-Konvention gegen Korruption unterzeichnet. Die Finanzinformationsbehörde AIF hat schon in Bergoglios erstem Pontifikatsjahr erweiterte Kontrollbefugnisse erhalten, und das IOR ist nötigenfalls ermächtigt, undurchsichtige Transaktionen auszusetzen oder laufende Konten im Falle verdächtiger Aktivitäten einzufrieren. Der Vatikan hat mit zahlreichen Staaten Abkommen über eine rechtliche Zusammenarbeit im Kampf gegen Finanzkriminalität abgeschlossen.

Dennoch – das ist den vatikanischen Behörden bewusst – lädt eine »offene Grenze« wie die des päpstlichen Stadtstaats zu wenig transparenten Operationen ein. Überdies wurde ein Missverhältnis zwischen den von der AIF gemeldeten irregulären Operationen und der Zahl der tatsächlich gegen die Delinquenten eröffneten Verfahren festgestellt. Gleichwohl ist es ein wichtiges Signal, dass der Bauunternehmer Angelo Proietti, der bis 2014 Inhaber verschiedener laufender Konten beim IOR war, vom vatikanischen Gerichtshof wegen Geldwäsche verurteilt worden ist. Die zweieinhalbjährige Freiheitsstrafe (der sich Proietti dadurch entzieht, dass er in Italien bleibt) ging mit der durchaus konkreten Beschlagnahmung eines Vermögens von einer Million Euro einher, das die AIF bereits 2014 konfisziert hatte. Der Fall veranschaulicht die Schludrigkeit des alten, noch nicht reformierten Systems. Proietti war Auftragnehmer verschiedener vatikanischer Institutionen gewesen, und zwischen 2004 und 2014 waren auf seinen Konten beim IOR Geldausgänge – vor allem Barauszahlungen – von mehr als neun Millionen Euro registriert worden.[10]

In Sachen IOR hat der Papst auch eingegriffen, als der Präsident des Instituts, der Franzose Jean-Baptiste de Franssu, aufgrund seiner internationalen Erfahrungen als *Asset Manager* eine dynamischere Investitionspolitik einführen wollte. Franziskus hat ihn gebremst. Der Pontifex sieht es lieber, wenn das Institut für die religiösen Werke wie ein einfacher Bankdienstleister agiert.

Um die Arbeitsweise der APSA (der Güterverwaltung des Apostolischen Stuhls) umzugestalten, die – ähnlich wie die *Federal Reserve* oder die *Banca d'Italia* – als Zentralbank für den Heiligen Stuhl fungiert, hat der Papst einen Mann zu deren Vorsitzendem ernannt, der sein bedingungsloses Vertrauen genießt: Bischof Nunzio Galantino, der vier Jahre lang sein direkter Verbindungsmann zur italienischen Bischofskonferenz und deren Generalsekretär war. Die APSA besitzt nämlich gleichzeitig Grundstücke und Immobilien im Wert von geschätzt drei oder vier Milliarden Euro. Die vatikanischen Güter werden den kirchlichen Organismen zu dienen haben, die sich »im Rahmen von Projekten zugunsten der Geringsten und der Ärmsten« engagieren, hat Galantino gleich nach seinem Amtsantritt erklärt. Der Skandal von 2015 ist noch nicht vergessen. Damals war man bei der APSA auf gänzlich irreguläre Nummernkonten gestoßen, die auf den italienischen Finanzier Giampietro Nattino liefen und von diesem dazu benutzt worden waren, zwei Millionen Euro auf Schweizer Konten zu verschieben. Strenge, Transparenz und Offenlegung: das sind die tragenden Säulen des von Galantino angekündigten Programms. Grundsätze, deren konkrete Umsetzung im Vatikan nicht gerade einfach ist.

Außerdem hat Franziskus das Wirtschaftssekretariat eingerichtet, um zu gewährleisten, dass in sämtlichen vatikanischen Verwaltungen identische Standards für Transparenz und Regelkonformität gelten. Die Leitung des Sekretariats übertrug er dem australischen Kardinal George Pell, der sich mit seiner Direktheit, der ungeschminkten Ausdrucksweise und der herrischen Art, mit der er per E-Mail Informationen verlangte, binnen Kurzem etliche Feinde machte. Der »Ranger«, wie Bergoglio ihn nannte, scheute sich nicht, die Information preiszugeben, dass der Vatikan, um die unangenehme Angelegenheit mit den Garantiebriefen aus der Welt zu schaffen, die der damalige IOR-Präsident Paul Marcinkus dem Finanzier Roberto Calvi ausgestellt hatte (um den Bankrott des *Banco Ambrosiano* zu verhindern, der dann später dennoch erfolgte), weit mehr hatte bezahlen müssen als bislang bekannt. Nachdem Calvi an der Blackfriars Bridge in London erhängt aufgefunden worden war, hatten die internationalen Gläubiger energisch beim Heiligen Stuhl angeklopft, der sich mit dem Angebot einer »freiwilligen« Zahlung von 260 Millionen Dollar aus der Affäre gezogen hatte. Pell öffnete die geheimen Schubladen des Staatssekretariats und enthüllte, dass der Heilige Stuhl tatsächlich eine Summe von insgesamt 400 Millionen Dollar bezahlt hatte. Und da der Weg der Transparenz ja nun ohnehin eingeschlagen war, gab der rüde australische Purpurträger bei dieser Gelegenheit gleich auch noch bekannt, dass dem Staatssekretariat ein Geheimfonds von mehreren Hundert Millionen Dollar zur Verfügung stehe.

Im Juni 2017 jedoch musste der Kardinal, der sich den Hass aller um ihre Pfründen besorgten vatikanischen Potentaten zugezogen hatte, überstürzt das Feld räumen und nach Australien zurückkehren, um sich in einer Reihe von Prozessen zu verantworten: zunächst wegen des Verdachts, als Erzbischof von Melbourne Missbrauchsfälle vertuscht, und dann wegen der Anschuldigung, selbst pädophile Akte begangen zu haben. Franziskus hat den Kardinal bis auf Weiteres beurlaubt, wenngleich in der Kurie niemand daran glaubt, dass Pell noch einmal zurückkehren wird. Und auch der Generalsekretär des Dikasteriums, Erzbischof Alfred Xuereb (ein Vertrauter des Pontifex), hat sein Amt niedergelegt und ist inzwischen Nuntius in Südkorea und der Mongolei. Dass der Papst keinen Vizepräfekten für das Wirtschaftssekretariat ernannt hat, hat bei vielen die Befürchtung geweckt, dass die Transparenzmaßnahmen im Labyrinth der vatikanischen Verwaltungen versickert sind. Zumal Franziskus im selben Jahr 2017 auch bei einer weiteren wichtigen Neuerung im Finanzsektor einen spektakulären Rückschlag hinnehmen musste.

2014 hatte der Pontifex das Amt eines Generalrevisors geschaffen, der für die Rechnungsprüfung im Vatikan zuständig sein sollte. 2015 hatte er die entsprechenden Statuten approbiert. Im selben Jahr hatte er Libero Milone, einen Fachmann von unbestrittener Sachkenntnis, in das besagte Amt berufen. Milone, der sein Know-how im angelsächsischen Raum erworben und wichtige Positionen beim Wirtschaftsprüfungs- und Consulting-Unternehmen Deloitte sowie bei Fiat Industrial, Indesit, Wind und Falck bekleidet hatte, wurde vom Papst mit der Aufgabe betraut, die Besitzverhältnisse und Finanzen aller Dikasterien des Heiligen Stuhls, der mit diesem verbundenen Einrichtungen und des Staats der Vatikanstadt eigenständig auf eventuelle Anomalien hinsichtlich der »Verwendung finanzieller Ressourcen […], Unregelmäßigkeiten bei der Buchführung […], Unregelmäßigkeiten bei der Vergabe von Aufträgen oder bei Verträgen mit externen Dienstleistern oder bei der Durchführung von Transaktionen oder Veräußerungen« zu überprüfen.[11] Eine heikle Aufgabe, bei der man mit brisanten Dokumenten in Berührung kommt.

Nicht einmal drei Monate nach seiner Ernennung erstattet der Generalrevisor Anzeige bei der vatikanischen Gendarmerie: Unbekannte seien in sein Büro eingebrochen und hätten versucht, die Festplatte seines Laptops in ihren Besitz zu bringen. Das ist der Beginn von Vatileaks 2.0, einer neuerlichen Flut an vatikanischen Geheimdokumenten, die den Massenmedien zugespielt werden. Als er das Amt des Generalrevisors eingerichtet hatte, waren Franziskus' Anweisungen klar gewesen: In einer Reihe von Verlautbarungen aus den ersten Jahren seiner Amtszeit hatte der Pontifex betont, dass die Güter der Kirche in der Hauptsache für den Gottesdienst, für den »angemessenen Unterhalt«, für das Apostolat und für die Werke der Nächstenliebe im Dienst an den Armen bestimmt seien.[12]

Am 19. Juni 2017 wird Milone aus heiterem Himmel entlassen. Der Rausschmiss wird als freiwilliger Rücktritt getarnt. In Wirklichkeit hatte Milone an jenem Tag einen Termin bei der Nummer drei des Vatikans, dem Substituten Monsignore Angelo Becciu; es sollte um amtliche Fragen gehen. Becciu begrüßt ihn kühl und teilt ihm mit, dass das Vertrauensverhältnis zum Papst erschüttert sei und dass Franziskus seinen Rücktritt verlange. Milone will selbst mit dem Pontifex sprechen, doch dies wird ihm verweigert, und man bringt ihn zum Sitz der vatikanischen Gendarmerie, wo Kommandant Giandomenico Giani – wie er später erzählen wird – »mir ins Gesicht brüllte, dass ich alles zugeben, dass ich ein Geständnis ablegen müsse«. Man zeigt ihm zwei Rechnungen, eine davon mit einer krakeligen Unterschrift (die Milone als Fälschung zurückweist). Posten über 28 000 Euro, so Milone, für »die Überprüfung und Säuberung der Räume von eventuellen Abhörwanzen«. Angesichts der drohenden Festnahme erklärt sich der Revisor zum Rücktritt bereit. Ein abgekartetes Spiel. Milone stellt fest, dass das Rücktrittsschreiben, das man ihm zunächst vorlegt, vom 12. Mai datiert. Es ist fünf Wochen alt.[13]

Später versucht der geschasste Revisor, Franziskus über einen vertraulichen Kanal selbst zu kontaktieren. Er schickt ihm einen Brief, in dem er erklärt, dass er sich als Opfer einer Intrige fühle. Eine Antwort erhält er nicht. Als er jedoch versucht, die öffentliche Meinung zu informieren, um seinen guten Ruf zu schützen, fällt die offizielle Reaktion des Heiligen Stuhls überaus hart aus. Zuerst ein Kommuniqué, dann eine Erklärung von Monsignore Becciu, der ihn öffentlich der Spionage und Veruntreuung beschuldigt und anmerkt: »Er hat gegen sämtliche Regeln verstoßen und hat das Privatleben seiner Vorgesetzten und seiner Mitarbeiter ausspioniert, mich eingeschlossen. Wenn er sich nicht zum Rücktritt bereit erklärt hätte, hätten wir ihn strafrechtlich belangt.«[14] Milone arbeitete an drei sehr wichtigen Dossiers: einer ersten Analyse der Vermögens-, Finanz- und Wirtschaftsverhältnisse des Heiligen Stuhls (für die Jahre 2015 und 2016) sowie der Revision des Vermögensstatus zum 31. Dezember 2017. Zu Beginn seiner Amtszeit hatte er regelmäßig Kontakt zum

Papst: »Ich sah ihn alle vier bis fünf Wochen«; außerdem traf er sich einmal im Monat mit Kardinalstaatssekretär Parolin und etwa alle sechs Wochen mit Becciu.[15] Dann, Anfang April 2016, hatte sich das Tor zum Pontifex von einem Tag auf den anderen geschlossen.

Es ist eine undurchsichtige Geschichte. Der Vatikan wird den Beweis für die gegen ihn erhobenen Anschuldigungen nie öffentlich erbringen. Später wird man in gewundenen Worten einräumen, dass man ihm nichts vorzuwerfen habe. Ein Reskript des vatikanischen Gerichtshofs vom 19. Mai 2018 wird bescheinigen, dass »zulasten des Herrn Libero Milone, am 16. Juli 1948 in Den Haag (Niederlande) geboren, bei diesem Gericht in seinen verschiedenen Abteilungen keine laufenden strafrechtlichen Ermittlungen noch Verurteilungen aktenkundig sind«. Der Papst hat in dieser Sache seit über 20 Monaten nichts mehr unternommen. Im Februar 2019 erließ er ein neues Statut für das Amt, ohne jedoch einen neuen Generalrevisor zu ernennen. Das Amt dient ab sofort auch als Antikorruptionsbehörde. Die Tätigkeit des Revisors, der im Statut von 2015 mit voller Autonomie und Unabhängigkeit ausgestattet gewesen war, untersteht nun der engmaschigen Kontrolle durch den Wirtschaftsrat, dem der Generalrevisor sein jährliches Revisionsprogramm zur Genehmigung sowie eventuelle »Hinweise« vorlegen muss. Überdies ist der Generalrevisor anders als bisher gehalten, dreimal im Jahr ein eigenes Komitee des Wirtschaftsrats über die durchgeführten und laufenden Maßnahmen zu informieren und dessen Weisungen umzusetzen.

In der Zwischenzeit hat der Papst auch die neuen Statuten für die Vatikanbank (IOR) herausgegeben. Die wichtigste Neuerung ist neben einer zeitlichen Beschränkung der Mitgliedschaft im Aufsichtsrat die Verpflichtung, die Bilanzen von einem externen Revisor prüfen zu lassen.[16]

Die Affäre Milone weist Berührungspunkte mit einer anderen Finanzaffäre auf, die nie wirklich aufgeklärt worden ist. Am 28. Juni 2017 verleiht Franziskus beim feierlichen Konsistorium den von ihm neu ernannten Kardinälen das rote Birett. Einer von ihnen ist der Erzbischof von Bamako, Jean Zerbo. Aus Recherchen, deren Ergebnisse in der französischen Tageszeitung *Le Monde* veröffentlicht werden, geht jedoch hervor, dass bei der schweizerischen *HSBC Private Bank* in Genf eine Summe von insgesamt zwölf Millionen Euro auf mehreren laufenden Konten hinterlegt ist, deren Zugangscodes sich im Besitz von Erzbischof Zerbo befinden. Mali ist ein extrem armes Land mit 17 Millionen Einwohnern und einem winzigen katholischen Bevölkerungsanteil: Woher kommt das Geld? Zerbo selbst liefert der Öffentlichkeit keine verwertbaren Informationen: »Ich ein Konto in der Schweiz? Dann bin ich also reich, ohne es zu wissen … Das ist ein altes Konto, ein System, das wir vom Orden der Afrikamissionare geerbt haben.« Die von den Reportern recherchierten Informationen sagen etwas anderes. 2007 (aus diesem Jahr stammen die jüngsten der von der *HSBC Private Bank* dokumentierten Daten) haben drei Personen Zugriff auf die im Namen der Bischofskonferenz verbuchten zwölf Millionen: Bischof Zerbo, den der Episkopat von Mali mit den Finanzangelegenheiten betraut hat, Jean-Gabriel Diarra, Bischof von San, und Cyprien Dakouo, der damalige Generalsekretär der Bischofskonferenz. Dakouo gibt im Jahr 2012 sein Amt auf, verschwindet aus Mali und geht nach Frankreich, um in Wirtschaftswissenschaften zu promovieren. Der gegenwärtige Verantwortliche für die Finanzen der malischen Bischöfe, der Priester Noël Somboro, weiß rein gar nichts über die besagten Konten und ihre Bestimmung: »Es ist möglich, dass sie existiert haben, aber ich habe keine Hinweise darauf.« Die beiden Verfasser der Reportage, die Journalisten David Dembélé und Aboubacar Dicko, erhalten per Telefon und im Web heftige Drohungen und stehen in Mali unter Polizeischutz.

Franziskus tobt. Eilig schicken die Bischöfe von Mali einen Bericht nach Rom. Sie räumen die Existenz des Kontos bei der HSBC-Bank ein und weisen darauf hin, dass es 2010 aufgelöst worden sei. Sie erklären, dass man 1988 beschlossen habe, mit der Mehrheit der

Stiftungen und der katholischen Einrichtungen des Landes einen gemeinsamen Bankfonds einzurichten. In diesem Fonds, so die Bischöfe, seien jedoch niemals zwölf Millionen Euro gewesen, eine »gigantische Summe, die weit über das Vermögen der malischen Bischofskonferenz hinausgeht«. Und sie behaupten, dass die Summen auf dem Konto nur zum kleinsten Teil der Bischofskonferenz gehört, der Rest hingegen anderen »Einrichtungen« zur Verfügung gestanden habe. Die Dokumentation, die *Le Monde* vorliegt, zeichnet ein anderes Bild, und es bleiben viele Zweifel etwa im Hinblick auf die Gründe, die die Bischöfe veranlasst haben mögen, die Gelder nicht, wie üblich, beim IOR einzuzahlen. Einige Tage lang üben die Mitarbeiter des Pontifex diskreten Druck aus, um zu verhindern, dass der Neukardinal zum feierlichen Konsistorium erscheint. Am Vorabend verbreitet sich die Kunde, er sei erkrankt. Doch Zerbo gibt nicht nach. Am 28. Juni erscheint er in Sankt Peter und lässt sich vom Papst persönlich das Birett aufsetzen. Gleichwohl hat Franziskus' Verärgerung eine Änderung des Zeremoniells zur Folge. Zu Beginn der Feier ist es nicht Zerbo (wie im vatikanischen Protokoll vorgesehen), der im Namen der neu ernannten Kardinäle ein Grußwort an den Papst richtet. Diese Ansprache und andere rituelle Gesten werden stattdessen dem spanischen Erzbischof Juan José Omella aus Barcelona übertragen.

2017 ist kein gutes Jahr für die Transparenz der Finanzstrukturen jenseits des Tibers. Ende November wird der stellvertretende Generaldirektor des IOR, Giulio Mattietti, überraschend entlassen. Auch in diesem Fall werden keinerlei Erklärungen geliefert. Es ist ein regelrechter Rauswurf: Die Agenturen melden, man habe gesehen, wie die vatikanischen Gendarmen ihn zur Grenze des Zwergstaates begleitet hätten. Eine Notiz des vatikanischen Presseamts verkündet sibyllinisch, Mattietti habe »am Montag, dem 27. November, seinen Dienst quittiert«. Ein Kommuniqué des IOR versichert, die ergriffenen Maßnahmen seien völlig legitim und »Bestandteil der normalen und folgerichtigen behördlichen Vorgänge«. Ausdrucksweisen und Töne, die aus einer anderen Zeit zu stammen scheinen. Wenige Wochen später gibt die amerikanische Professorin Mary Ann Glendon ihren Abschied aus dem Verwaltungsrat der Vatikanbank bekannt. Glendon ist eine Persönlichkeit ersten Ranges: 1995 bei der UNO-Weltfrauenkonferenz in Peking als erste Frau Leiterin einer Delegation des Heiligen Stuhls, ehemalige Präsidentin der päpstlichen Akademie der Sozialwissenschaften, unter George W. Bush Botschafterin der Vereinigten Staaten beim Heiligen Stuhl. »Sie hat den Wunsch geäußert, sich anderen katholischen Anliegen zu widmen«, lässt das IOR verlauten. Die Art, wie man sich Mattiettis entledigt hatte, hat sie nicht überzeugt.

Das Pontifikat ist von Fortschritten und Rückschritten gekennzeichnet. Die vatikanische Kurie umzugestalten ist eine Sisyphus-Aufgabe für Franziskus. Zu den Neuerungen gehört auch der Beschluss, dass Verwalter, die der Untreue verdächtigt werden, vor Gericht gebracht werden müssen. Die schmutzige Wäsche – die Veruntreuungen – soll nicht mehr in der Familie, sondern vor dem Richter gewaschen werden. Was heißt, dass man die Öffentlichkeit eines Justizverfahrens aushalten muss.

Nachdem er von seinem Posten als Staatssekretär zurückgetreten war, hatte sich Kardinal Bertone für mehrere Hunderttausend Euro – zu denen die Stiftung der Klinik *Bambin Gesù* unter ihrem Präsidenten Giuseppe Profiti erhebliche Summen beigesteuert hatte – im Vatikan einen prächtigen Wohnsitz restaurieren lassen. Es ist eine einmalige und, was gewisse Transaktionen betrifft, überaus lehrreiche Geschichte. Bertone zahlt und belegt 300 000 Euro für die Arbeiten. Doch die auftraggebende Firma von Gianantonio Bandera verlangt vom Präsidenten des *Bambin Gesù* 620 000 Euro für die gesamte Sanierung. Im Gegenzug verspricht sie Profiti, dem Krankenhaus Geräte im Wert von 300 000 Euro zu spenden. Diese Spende findet nie statt. Gleich nach ihrem Amtsantritt legt die neue Präsidentin Mariella Enoc der vatikanischen Gerichtsbarkeit (dem *Promotor Iustitiae*) die Bilanzen der Klinik vor. Profiti wird vor Gericht gestellt und wegen Amtsmissbrauchs zu einem Jahr Haft und einer Geldstrafe von 50 000 Euro verurteilt. Das Urteil ist milde, und doch ist es ein Signal dafür, dass sich die Zeiten geändert haben. Kardinal Bertone hat dem Krankenhaus in der Zwischenzeit freiwillig 150 000 Euro gespendet.

Vergleichsweise hart ist demgegenüber die Verurteilung zu einer Wiedergutmachung der durch »Misswirtschaft« entstandenen Schäden in Höhe von 47 Millionen Dollar, zu der der vatikanische Gerichtshof den ehemaligen Generaldirektor des IOR, Paolo Cipriani, und seinen Stellvertreter Massimo Tulli in erster Instanz verurteilt hat. Die beiden waren 2013 vom IOR fristlos entlassen worden, als der Skandal um den APSA-Funktionär Nunzio Scarano aufgeflogen war: Der Monsignore, dem inzwischen in Italien wegen Wucher und Geldwäsche der Prozess gemacht worden ist, hatte im Einvernehmen mit einem Finanzbroker versucht, 20 Millionen Euro aus der Schweiz illegal nach Italien zu transferieren: Ein ehemaliges Mitglied des italienischen Geheimdienstes sollte das Geld in einer Privatmaschine über die Grenze fliegen. Scarano, der in viele finstere Machenschaften verstrickt war und dem der Waffenhändler Cesare d'Amico Monat für Monat eine Summe von ca. 20 000 Euro – Verwendungszweck: »Wohltätigkeit« – zukommen ließ, verfügte über ausgezeichnete Beziehungen zu den Spitzen des IOR. Als andere Banken das Institut für die religiösen Werke auffordern, seine Transaktionen offenzulegen, erzählt Scarano in einem abgehörten Telefongespräch, Cipriani persönlich habe ihm gesagt, er müsse sich deswegen keine Sorgen machen.[17] In den zehn Jahren zuvor hatte Scarano zehn laufende Konten beim IOR unterhalten, deren Umsatz sich auf insgesamt sieben Millionen belief. Am Tag seiner Verhaftung, dem 28. Juni 2013, hatte er drei aktive Konten und zwei Depots. Am 1. Juli 2013 müssen Cipriani und Tulli bei der Vatikanbank ihren Hut nehmen.

Anlässlich ihrer Verurteilung wegen Missmanagements ließ das IOR im Februar 2018 eine Mitteilung verbreiten, in der es seine Entschlossenheit bekräftigte, »jedwedes zu seinem Schaden ganz gleich wo und von wem begangene Fehlverhalten mit rechtlichen Schritten zu verfolgen«. Cipriani und Tulli jedoch hatten nach dem erstinstanzlichen Urteil nichts Besseres zu tun, als die Unabhängigkeit des vatikanischen Gerichtshofs infrage zu stellen, da der Pontifex Eigentümer der Vatikanbank sei und gleichzeitig die Richter ernenne, die deren Verwalter verurteilen sollten. Und da sie schon einmal dabei waren, schickten die beiden auch noch einen »Kassiber« an den Präsidenten der Kardinalskommission für die Überwachung des IOR, Kardinal Santos Abril y Castelló, und ließen ihn durch ihre Rechtsvertreter daran erinnern, dass sich Cipriani »mit Professionalität und Hingabe […] für die Kirche von Slowenien aufgeopfert« habe und Santos Abril y Castelló zu ebenjener Zeit Nuntius in Slowenien gewesen sei.[18] Diese versteckte Drohung sollte dem Kardinal ins Gedächtnis rufen, dass Cipriani sich dafür eingesetzt hatte, die desaströse Finanzsituation der Diözese Maribor wieder in Ordnung zu bringen, nachdem diese aufgrund der waghalsigen Transaktionen zweier von den lokalen kirchlichen Behörden gegründeter Investmentfonds (mit den bezeichnenden Namen »Glocke eins« und »Glocke zwei«) die kolossale Summe von geschätzt knapp einer Milliarde Euro in den Sand gesetzt hatte. Franziskus, der damals erst seit Kurzem im Amt war, hatte den unverzüglichen Rücktritt des Bischofs von Maribor, Marjan Turnšek, und des Erzbischofs von Ljubljana, Anton Stres, gefordert.

Inzwischen hat auch der Prozess gegen den ehemaligen Präsidenten des IOR, Angelo Caloia, und seinen Anwalt Gabriele Liuzzo begonnen, die der Veruntreuung und Geldwäsche bezichtigt werden. Beiden wird vorgeworfen, der Vatikanbank mit einer Reihe von Immobilientransaktionen zwischen Italien und der Schweiz einen Schaden in Höhe von 57 Millionen Euro zugefügt zu haben. Die schmutzige Wäsche in der Öffentlichkeit zu waschen birgt Risiken. Doch sie verstecken zu wollen ist noch schlimmer. Im Herbst 2019 wird der Skandal um gewagte Immobilieninvestments und undurchsichtige Transaktionen publik, die Vertreter des Vatikans unter

Benedikt XVI. am Finanzplatz London getätigt hatten. Doch die Enthüllung geht nicht auf Informanten zurück: Vielmehr kommt die Anzeige direkt aus dem Büro des Generalrevisors und von Gian Franco Mammi, dem Generaldirektor des IOR.

Es geht um Hunderte Millionen Euro. Die Ermittlungen betreffen vor allem den Kauf eines Gebäudes in London und die Bewegungen auf den Bankkonten für den Peterspfennig. Die vatikanische Ermittlungsbehörde lässt Computer in den Büros des Staatssekretariats beschlagnahmen. Auf Anordnung des Kommandanten der päpstlichen Gendarmerie Domenico Giani wird fünf Funktionären – unter ihnen Monsignore Mauro Carlino, verantwortlicher Leiter der Informations- und Dokumentationsstelle des Staatssekretariats (und langjähriger persönlicher Sekretär der damaligen Nummer zwei im Staatssekretariat, Angelo Kardinal Becciu), und Tommaso di Ruzza, Leiter der Finanzinformationsbehörde (AIF, ein zur Geldwäschebekämpfung gegründetes Aufsichtsgremium) – der Zugang zum gesamten Territorium des Vatikans verweigert.[19]

Der Papst tobt, als die Namen der fünf Personen, gegen die ermittelt wird, in der Presse durchsickern und ein »Steckbrief« mit ihren Fotos veröffentlicht wird. Eine chaotische Phase beginnt. Kommandant Giani wird zum Rücktritt gezwungen. Die AIF geht auf Kollisionskurs zu den vatikanischen Staatsanwälten und erklärt in einem Kommuniqué ihre uneingeschränkte Solidarität mit di Ruzza. Auch die höchsten Spitzen der vatikanischen Hierarchie schalten sich in den Konflikt ein. Kardinalstaatssekretär Parolin definiert die Immobilientransaktion in London als »eher undurchsichtig«, und Kardinal Becciu – der als Substitut des Staatssekretariats zwischen 2011 und 2018 und als Verantwortlicher der Abteilung für allgemeine Angelegenheiten über die Kassen des Staatssekretariats wachte – gibt pikiert zurück, die Investition sei rechtmäßig angemeldet und »mitnichten undurchsichtig« gewesen.

Wenig später werden Geheimdokumente aus dem Jahr 2018 öffentlich, in denen der von Kardinal Marx geleitete Wirtschaftsrat den Papst vor der unausgeglichenen Finanzlage des Vatikans gewarnt hatte. »Das Defizit ist wiederkehrend und strukturell«, heißt es in dem Papier, das Franziskus übergeben worden war, »hat ein besorgniserregendes Ausmaß erreicht und droht, wenn keine Notmaßnahmen ergriffen werden, zur Zahlungsunfähigkeit zu führen …«[20] Angesichts eines de facto verdoppelten Defizits, das sich 2018 auf etwa 70 Millionen Euro belief, ordnet der Papst in einem Schreiben ausdrücklich an, Kardinal Marx solle eilends die notwendigen Maßnahmen prüfen und ergreifen, um »die wirtschaftliche Zukunft des Heiligen Stuhls zu sichern«. Auf Anordnung des Papstes werden die Leiter der vatikanischen Verwaltungsbehörden über den Ernst der Lage informiert. Kardinal Marx beauftragt den Wirtschaftsexperten Joseph F. X. Zahra, Mitglied des Wirtschaftsrats und ehemaliger Direktor der Zentralbank von Malta, einen Bericht über »The Financial Future of the Holy See« vorzubereiten. Nach Ansicht des deutschen Purpurträgers ist es normal, dass das Staatssekretariat (wie jeder Staat auf der internationalen Bühne) über geheime Reserven verfügt und dass es persönliche Geldbestände – den Peterspfennig – gibt, aus denen der Pontifex schöpfen kann, um den Bedürfnissen der Kirche nachzukommen. Es sei jedoch unabdingbar, dass die einen wie die anderen im Rahmen einer effizienten und transparenten Buchführung verwaltet würden.

Im Herbst 2018 hat Franziskus Giuseppe Pignatone als Vorsitzenden des erstinstanzlichen Gerichtshofs in den Vatikan berufen, einen Richter, der sich im Kampf gegen die Mafia und das organisierte Verbrechen allgemeines Ansehen erworben hat. Und unter dem Druck der Krise hat der Papst im November 2019 endlich auch den Mann ernannt, der künftig für das Wirtschaftssekretariat verantwortlich sein soll: den Jesuiten Juan Antonio Guerrero Alves.

Den vatikanischen Finanzsumpf trockenzulegen ist eine Sisyphusarbeit.

IX

Eine Parallelwelt

Aus Angst, von der bürokratischen Struktur und den Potentaten des apostolischen Palasts vereinnahmt zu werden, hat sich Papst Franziskus eine Parallelwelt geschaffen. Mit der Entscheidung, im vatikanischen Gästehaus Santa Marta zu leben, hat er die päpstlichen Wohnräume von ihrem Nimbus eines sakralen Elfenbeinturms befreit. In früheren Zeiten waren die Schlüssel zum Appartement des Papstes traditionell in der Hand der päpstlichen Sekretäre, die trotz ihrer scheinbaren Demut große Macht besaßen. Unvergessen sind die energische Schwester Pasqualina unter Pius XII., der diplomatische Loris Capovilla unter Johannes XXIII., der einflussreiche Stanisław Dziwisz unter Johannes Paul II. Franziskus hat diese Rolle eines als graue Eminenz agierenden Sekretärs abgeschafft. Er umgibt sich lieber mit Assistenten: dem Argentinier Fabián Pedacchio (seiner rechten Hand in organisatorischen Fragen), dem Monsignore Tino Scotti, der die Teilnehmergruppen für die päpstliche Frühmesse in Santa Marta auswählt, dem polyglotten koptisch-katholischen Ägypter Yoannis Lahzi Gaid, der außer Arabisch auch Italienisch, Französisch und Englisch spricht. Diese kleine Task Force für die alltäglichen Angelegenheiten wird durch einige weitere Personen im apostolischen Palast ergänzt, mit denen sich der Papst über bestimmte Themen berät.

Auf Dauer jedoch tut das Zerwürfnis mit der großen Kurienmaschinerie dem Pontifikat nicht gut. Es ist ohnehin schon schwierig, eine Gemeinschaft von 1,3 Milliarden Katholiken zu lenken, doch wenn man sich dabei nicht auf ein eingespieltes Team aus Mitarbeitern verlassen kann, die am selben Strang ziehen, wird alles unendlich mühsam. »Du kannst die Kirche nicht leiten, wie du die

Diözese von Buenos Aires geleitet hast«, soll der verstorbene Kölner Kardinal Meisner, der allen Päpsten gegenüber immer sehr aufrichtig war, zu Franziskus gesagt haben. Freunde aus Buenos Aires bestätigen, dass er nicht einmal zu Hause in seiner Diözese ein Team gebildet hat. »Er ist ein Solist, er arbeitet lieber mit individuellen Kontakten«, gibt ein Vertreter der südamerikanischen Kurie zu.

Die Kurie ist eine komplexe Landschaft, die sich nicht auf das Schwarz-Weiß-Klischee der Freunde oder Feinde Bergoglios reduzieren lässt. Sie ist ein buntes Gebilde, in dem vielfältige Kulturen und Erfahrungen zusammenfließen. Persönlichkeiten, die die ganze Welt gesehen, die unterschiedlichsten politischen Regime und gesellschaftlichen Situationen kennengelernt und sich darin geübt haben, fein nuancierte Abhandlungen, Auffassungen und Vorschläge einzuschätzen, abzuwägen und zu vergleichen. Es ist eine Welt, in der die Ansichten zu den verschiedenen Themen ein scheinbar ganz uneinheitliches Bild ergeben können: Manche sind in Fragen der Sexualethik rigoros, dafür aber in sozialer Hinsicht aufgeschlossen. Andere könnten sich zwar an die Vorstellung verheirateter Priester, nicht aber an die Frauenordination gewöhnen. Und wieder anderen liegen die ökologischen Belange ebenso sehr am Herzen wie der vorkonziliare Messritus.

Im siebten Pontifikatsjahr scheint die Welt der Kurie noch immer verwirrt angesichts eines Papstes, der sich nicht an die bekannten Handlungsmuster hält. Gleichwohl lässt man es sich nicht nehmen, den argentinischen Papst wie mit Röntgenstrahlen zu durchleuchten. »Einerseits attackiert Franziskus den höfischen Geist«, erklärt ein langjähriges Kurienmitglied, »doch andererseits bilden sich Seilschaften aus Leuten, die Zugang zu Santa Marta haben und herumlaufen und erzählen, ›der Papst hat dieses gesagt, der Papst meint jenes …‹. Das ist nicht gut.« Tatsächlich hat man im Speisesaal von Santa Marta eine kleine Trennwand aus Pflanzen aufstellen müssen, damit sich nicht jeder dem Tisch Bergoglios nähern kann. »In Santa Marta zu leben ist nicht einfach, manche Leute legen sich geradezu auf die Lauer, um dem Papst zu begegnen«, seufzt Bischof Bruno Forte, der ehemalige Sondersekretär der Familiensynoden. »Auf diese Weise«, bemerkt ein Kurienerzbischof, »entstehen Unsicherheit und Irritation. Die Dienststellen der Kurie zu übergehen ist nicht gut, es schadet der Zusammenarbeit. Manche Entscheidungen werden einfach von oben durchgesetzt.« Einige Dikasterienvertreter wurden bei Entscheidungen, die ihre Abteilung betrafen, vor vollendete Tatsachen gestellt. »Ohne dass man sie auch nur im Geringsten zu Rate gezogen hat«, wie ein Purpurträger unterstreicht. Ein norditalienischer Bischof, der das System der Kurie genau kennt, äußert sich erstaunt über den Sonderbereich, den sich der Papst abseits der vatikanischen Behörden in Santa Marta geschaffen hat. »Am Ende weiß man nicht genau, wie ein Entscheidungsprozess eigentlich abläuft oder wer dem Papst einen bestimmten Rat gegeben hat«, lässt er verlauten. Mit diesem Befremden steht er nicht allein im neuralgischen Zentrum der katholischen Welt.

In dieser zweiten Halbzeit des Pontifikats wird Franziskus auch von Befürwortern seiner Reformstrategie dafür kritisiert, dass er es versäumt habe, sich im Vatikan ein eigenes Team zusammenzusuchen: eine runderneuerte Struktur aus Männern, die imstande sind, seinen Kurs richtig zu interpretieren und umzusetzen. Nicht zuletzt aus Respekt gegenüber einigen Entscheidungen Benedikts XVI. hat sich der argentinische Papst von Anfang an geweigert, in der Kurie die bei den US-Präsidenten übliche Praxis eines *Spoils system* anzuwenden. »Ich konnte ein paar Versetzungen vornehmen, aber ich bin niemand, der Köpfe rollen lässt«[1], vertraute er Pater Ermes Ronchi an, den er 2016 als Prediger für die geistlichen Exerzitien der Kurie berief. Auf lange Sicht ist nicht gesagt, dass diese Entscheidung zielführend war.

Kurzum, es ist nicht das geschehen, was Paul VI. nach dem II. Vaticanum in die Wege geleitet hatte, als er die entscheidenden Kurienressorts in die Hände von Persönlichkeiten legte, die der konziliaren Wende verpflichtet waren. Wobei man sagen muss, dass

Papst Montini die abschließenden Konzilssitzungen geleitet hatte und noch weitere 13 Jahre regieren sollte. »Für Franziskus geht es darum, einer verbürgerlichten und verängstigten Kirche neuen Mut zu schenken, die jahrzehntelang das Gefühl hatte, sie sei eine Zitadelle, die von der zeitgenössischen Gesellschaft belagert wird«, erläutert einer, der im apostolischen Palast ein und aus geht. Luigi Bettazzi, emeritierter Bischof von Ivrea und einer der wenigen noch lebenden Bischöfe, die am II. Vaticanum teilgenommen haben, gewährt tiefere Einblicke in die Psyche derer, die sich Bergoglio innerhalb und außerhalb der Kurie widersetzen: »Manche sind durchtränkt von einer tausend Jahre alten Mentalität, die die Kirche als absolutistischen Staat und den Papst als absoluten Monarchen betrachtet. Zu sehen, dass ein Papst zuhört und sich für andere Sensibilitäten öffnet, verstößt gegen diese althergebrachte Mentalität.«

Veränderungen brauchen Zeit, viel Zeit. Bergoglio spricht nicht mehr von Rücktritt, wie er es noch vor ein paar Jahren getan hat. Dieses Thema ruht einstweilen in der Schublade. Doch die Probleme bleiben. »Franziskus' Horizont umspannt die Peripherien, die Fernstehenden, die Welt. Vielleicht hält er die Kurie nicht für entscheidend«, spekuliert jemand, der ihm nahesteht. Die Kurialen, die dem Papst wohlgesonnen sind, stimmen darin überein, dass »einer allein das nicht schaffen kann«. Warum aber, raunen demgegenüber die Kritiker, trifft dann ausgerechnet Bergoglio, der doch so viel über Synodalität spricht, alle wichtigen Entscheidungen allein? Es ist nicht belanglos, dass gerade die Befürworter der Reformen sich eine bessere Beziehung zwischen Franziskus und der Kurie wünschen würden. »Es wäre nicht schlecht«, meint ein Purpurträger, »wenn der Papst die alte Praxis pflegen und sich regelmäßig unter vier Augen mit den Verantwortlichen der Dikasterien treffen würde.«

Mit den Jahren haben sich der Pontifex und die Kurie zunehmend entfremdet, wie ein Prälat besorgt beobachtet: »Es ist kein Geheimnis, dass sie in der Kurie sagen: Wenn er uns nicht informiert …, dann muss er sehen, wie er klarkommt!« Ein Kurienvertreter mit

Leitungserfahrung erklärt unumwunden: »Man spürt das Bedürfnis nach einer starken Führung und einer theologischen Vision von der Reform der Kurie.« Eine Reform des neuralgischen Zentrums der katholischen Welt könne sich nicht auf eine rein organisatorische Umstrukturierung beschränken. Alle diese Stimmen sind streng anonym. Wer einen wichtigen Posten bekleidet, will nicht gleich in die Schublade der Bergoglio-Gegner gesteckt werden, nur weil er es für angebracht hält, Kritik zu äußern. Betroffen ahnt man die Besorgnis hinter den Worten des Bischofs einer wichtigen italienischen Diözese: »Die katholische Kirche kann nicht ohne Rom funktionieren. Das Hin und Her und die mühsamen Beziehungen innerhalb der Kurie müssen überwunden werden. Sonst besteht die Gefahr, dass der Mechanismus nicht rund läuft.«

Paradoxerweise stimmen zwei Päpste mit so unterschiedlichen Persönlichkeiten wie Benedikt XVI. und Franziskus ausgerechnet darin überein, dass sie sich für die Struktur der Kurie nie wirklich interessiert haben. Ratzinger hatte das Problem (nicht eben glücklich) dadurch gelöst, dass er alles seinem Kardinalstaatssekretär Bertone überließ, den man im apostolischen Palast »die Gouvernante« nannte. Und dessen Entlassung dem deutschen Pontifex von seinem engen Freund, Kardinal Meisner, vergeblich nahegelegt worden war. Bergoglio delegiert nicht, aber er schafft auch »keine Struktur«, wie seine Freunde einräumen. »Benedikt war ein ›Platoniker‹«, beschreibt Kardinal Kasper die Situation mit philosophischer Eleganz, »und Aristoteles pflegte zu sagen, dass zwischen den Ideen und der Wirklichkeit eine Kluft besteht. Papst Franziskus ist ein Charismatiker, ein Einzelkämpfer, der in die institutionelle Struktur keine großen Erwartungen setzt.« Ein greiser Purpurträger, der seine Karriere unter Johannes Paul II. begonnen hat, ist eher skeptisch: »Franziskus und Führungsqualitäten? Ich weiß nicht. Ich weiß nicht einmal, ob seine Medizin zur Erneuerung der Kirche überhaupt wirkt. Man wird sehen müssen, wie er das Netz spinnt. Worin seine letzten Züge bestehen werden.«

Die Kurienreform, an der der Rat der neun Kardinäle gearbeitet hat, wird vielleicht 2020 zur Umsetzung bereit sein. (Den Indiskretionen der katholischen spanischen Wochenzeitung *Vida Nueva* zufolge wird die apostolische Konstitution *Praedicate evangelium* die Evangelisierung als das oberste Ziel der katholischen Kirche und der Kurie ausweisen. An erster Stelle soll ein Dikasterium für die Evangelisierung stehen, in dem die derzeitige Kongregation für die Evangelisierung der Völker und der Rat für die Neuevangelisierung aufgehen werden. Die Kongregation für die Glaubenslehre wird demnach ihre zentrale Position als »oberste« Kongregation verlieren. Ferner soll ein Dikasterium für die Nächstenliebe entstehen und der Rat für die Kultur mit der Kongregation für das katholische Bildungswesen zusammengelegt werden. Grundsätzlich fällt an dem Entwurf auf, dass die Synodalität betont wird: dass also die römischen Dikasterien im Dienst der Ortskirchen stehen, die in keiner Weise als der Kurie untergeordnet betrachtet werden.)

Inzwischen ist der Rat der Kardinäle auf sechs geschrumpft. Unter dem Vorwand ihres vorgerückten Alters hat Franziskus die unbequemen Kardinäle Errázuriz und Pell aus dem Gremium entfernt (Letzterer wurde 2019 endgültig aus dem Wirtschaftssekretariat entlassen, nachdem er in Australien wegen des Missbrauchs zweier Minderjähriger in seiner Zeit als Erzbischof von Melbourne zu einer sechsjährigen Haftstrafe verurteilt worden war), eine Ausdünnung, die auch den greisen kongolesischen Purpurträger Laurent Monsenwo betraf. Doch die Problematik betrifft nicht nur das Reformdekret, das auf sich warten lässt. »Die Umstrukturierung der Leitung«, so ein italienisches Kurienmitglied, »geht nur langsam vonstatten, und zwar sowohl im Zentrum, das heißt in der Kurie, als auch in den Gliedmaßen des katholischen Systems: den Bischofskonferenzen.« Drei Jahrzehnte einer hauptsächlich nach den Kriterien der Loyalität und des Gehorsams getroffenen Auswahl haben – von einzelnen Ausnahmen abgesehen – weltweit einen Episkopat ohne bedeutende Persönlichkeiten geschaffen. Einen Episkopat, der

der Routine verfallen ist, jener von Franziskus wieder und wieder verurteilten Geisteshaltung dessen, der ständig sagt: »Das haben wir immer so gemacht.« Giovanni Maria Vian, der frühere Chef-redakteur des *Osservatore Romano*, stellt eine kirchengeschichtliche Überlegung an: »Auf dem Konklave von 2005 waren 113 Kardinäle anwesend, die Johannes Paul II. ernannt hatte, und sie haben Joseph Ratzinger zum Papst gewählt, einen der beiden Kardinäle, die noch von Paul VI. eingesetzt worden waren.«

Es ist kein Zufall, dass Papst Bergoglio viel Zeit darauf verwen-det, diejenigen Personen ausfindig zu machen und auszuwählen, die er zu Bischöfen ernennt. Das Resultat ist oft gut und zuweilen we-niger gut. Der großzügige pastorale Einsatzwille der Neuernann-ten geht nicht immer mit der intellektuellen Ausstattung einher, die nötig ist, um die große Umkehr der Kirche, wie Franziskus sie sich vorstellt, zu verfechten und voranzubringen. »Der Nachwuchs riecht nach den Schafen, wie der Papst es will, sie entsprechen dem Modell des volksnahen Priesters, aber sie müssen sich erst noch die Hörner abstoßen«, so die verbreitete Meinung.

Es gibt noch eine zweite Kritik, die aus dem Kurieninnersten stammt, deren Artikulation die bergogliofreundlichen Erzbischöfe und Kardinäle aber lieber den Außenstehenden überlassen. Franco Garelli, einer der prominentesten Soziologen auf dem Gebiet der Religion und Verfasser berühmter Reportagen im Auftrag der italie-nischen Bischofskonferenz, bemerkt: »Franziskus hat in der öffent-lichen Meinung eingeschlagen, er hat der Basis Luft verschafft, er hat die Botschaft lanciert, dass der Glaube eher Suche als Sicherheit ist, er vertritt eine weniger dogmatische Ethik, die die verschiede-nen Situationen berücksichtigt. Franziskus hat mitreißende Ideen. Aber Ideen müssen in Instruktionen und Institutionen übersetzt werden. Sonst bleiben sie eine schöne Sache, die man annehmen oder ablehnen kann und die womöglich irgendwann wieder in der Versenkung verschwindet.« Was, so fügt er hinzu, bedeutet es, sich eine Kurie zu wünschen, die nicht romzentriert ist? Was bedeutet es, das »abendländische« Modell des Christentums überwinden zu wollen? Bestimmte Ideen, so Garelli, bedürfen einer theologischen Ausarbeitung und einer konkreten Verankerung. »Ich habe den Eindruck«, erklärt der Soziologe, »dass der Pontifex der strukturellen und kulturellen Dimension wenig Beachtung schenkt.«

In diesem Klima einer zentralen Kirchenleitung, die gewissermaßen nicht stattfindet, verlieren sogar die Protestkräfte an Schwung. Der Ire Colm Holmes ist Präsident der internationalen katholischen Bewegung *Wir sind Kirche*, die sich 1996 als Plattform zur Förderung tiefgreifender Reformen (vom Frauenpriestertum bis hin zum verheirateten Klerus) gegründet hat. Damals erhielt ihr Kirchenvolksbegehren in Deutschland eine Million, in Österreich 500 000 und international insgesamt zweieinhalb Millionen Unterschriften. Die Strategie der Bewegung ist dieselbe geblieben, doch heute, räumt Holmes ein, ist die Beteiligung spürbar zurückgegangen. Holmes nennt als Beispiel die Niederlande, die in den Jahrzehnten nach dem Konzil die Speerspitze der radikalen Reformer waren: »In den Niederlanden, aber auch in Irland haben wir uns entschlossen, weniger Zeit auf Petitionen zu verwenden, in denen wir den Papst und die Bischöfe zu Reformen auffordern. Wir richten lieber kleine christliche Gemeinschaften ein, wo man unter der Leitung eines Mannes oder einer Frau die Bibel liest und die Eucharistie feiert.« Diese Veranstaltungen sind nicht öffentlich. »Man trifft sich bei den Leute zu Hause, ohne es im Internet oder auf Facebook anzukündigen.« 15 bis 20 Personen, ausschließlich geladene Gäste.

In dieser Phase des Katholizismus ist es wichtig, die Dinge auch von unten her in den Blick zu nehmen und über den Tellerrand des Vatikans hinauszusehen. »Franziskus fordert heraus«, beobachtet der neapolitanische Theologe und Priester Gennaro Matino, der ein besonderes Augenmerk auf die Dimension des Ortes, des lokalen Raums legt, in dem die alltägliche Präsenz der Kirche stattfindet, »doch dann gibt es ein Gefälle zwischen der Herausforderung und der Vorgehensweise.« Der Pontifex, so fügt er hinzu, provoziere in einer Weise, die einen unmittelbaren Plan, Hilfsmittel und Durchführungsbestimmungen erfordere. Dann aber folgten keine konkreten Maßnahmen. Deshalb besteht laut Matino die Gefahr, dass, »wenn Franziskus geht, nur eine faszinierende Erinnerung zurückbleibt, ohne dass es ihm gelungen wäre, die Kirche effizienter zu machen.« Solche Gedanken werden von Personen geäußert, die die Reformanstrengungen des argentinischen Pontifex begrüßen. Nicht von seinen Feinden.

Vielleicht war es Franziskus aus ebendiesem Grund ein Anliegen, in einer seiner Ansprachen an die Kurie Punkt für Punkt sämtliche Dekrete und Instruktionen aufzuzählen, die er seit seiner Wahl erlassen hat, um den Empfehlungen aus dem Präkonklave, den Leitungen der Kuriendikasterien, dem Rat der neun Kardinäle und aus den von ihm eingerichteten beratenden Kommissionen Folge zu leisten.[2] Doch das bedeutendste Erbe, das Franziskus dem Katholizismus der Zukunft hinterlässt, die wichtigste Neuerung für die Entwicklung der Kirche im 21. Jahrhundert besteht darin, dass er seinen Nachfolgern ein noch nie dagewesenes Werkzeug an die Hand gegeben haben wird. Ein Werkzeug, mittels dessen sie, wenn sie denn wollen, den Katholizismus auf Dauer mit einer konziliaren Arbeitsmethode ausstatten und den päpstlichen Absolutismus für alle Zeiten überwinden können. Dieses Werkzeug ist die Reform der Bischofssynode, die die Option beinhaltet, diese in ein beschlussfassendes Organ umzuwandeln. Ein kleines Konzil, das alle drei Jahre unter dem Vorsitz des Papstes zusammentritt. Das ist ein Hinweis darauf, dass der argentinische Papst durchaus auch auf die kritischen Stimmen hört, die ihn auffordern, sich um die Strukturen zu kümmern.

Den betreffenden Text hat Franziskus im September 2018 in der feierlichen Form einer apostolischen Konstitution veröffentlicht. Der Titel, *Episcopalis communio*, stellt die Absicht heraus, die Bischöfe in die Leitung der Weltkirche einzubeziehen. Die Neuerungen sind beträchtlich. Das Dokument schreibt die Verpflichtung fest, vor der Synode mittels der Pastoral- und Priesterräte eine echte Befragung der katholischen Basis durchzuführen. Es sieht die Möglichkeit einer Vorversammlung vor, an der sich, wie im Vorfeld der Jugendsynode bereits geschehen, gläubige Laien und Laiinnen beteiligen können. Es sieht ferner vor, dass die Arbeiten dieses Bischofsparlaments – etwa nach dem Vorbild der verschiedenen Sitzungen des II. Vatikanischen Konzils – in mehreren Sitzungsperioden vonstattengehen können, was eine gründlichere Ausarbeitung der fraglichen Themen und ein allmähliches Reifen der betreffenden Konsense ermöglichen würde. Vor allem aber sieht es vor, dass die Synode, wenn der Papst dies entscheidet, beschlussfassenden Charakter haben kann. Genau wie ein Konzil. Und es gibt noch ein weitere Neuerung. Bislang konnten Experten, Zuhörer und »brüderliche Delegierte« aus den anderen christlichen Konfessionen ohne Stimmrecht an den Arbeiten der Synode teilnehmen. Franziskus will, dass auch bedeutende Persönlichkeiten der katholischen Welt an den Arbeiten teilnehmen können. Männer und Frauen.

Mit der Umgestaltung der Synode schärft Franziskus die Konturen der Konzilskirche, die er seit dem Tag seiner Wahl im Sinn hat. Er wertet die Bischöfe in der Kirchenleitung auf und drängt sie, den Gläubigen zuzuhören, ehe sie ihre Entscheidungen treffen, denn – wie Bergoglio mit theologischer Finesse herausstellt – der Bischof ist Lehrer und Lernender zugleich. Lehrer, wenn er das göttliche Wort verkündet, und »Lernender, wenn er […] auf die Stimme Christi hört, die durch das ganze Volk Gottes spricht«.[3] Die radikale Reform der Synode soll, wenn es nach Franziskus geht, der »Umkehr« des Papsttums dienen. »Der Papst«, so Bergoglios Denkweise, »steht nicht allein über der Kirche, sondern er steht in ihr als Getaufter unter den Getauften, im Bischofskollegium als Bischof unter den Bischöfen und ist – als Nachfolger des Apostels Petrus – zugleich berufen, die Kirche von Rom zu leiten, die in der Liebe allen Kirchen vorsteht.« Eine Neufassung der Rolle des Papstes könnte eine weitere ökumenische Annäherung zwischen den christlichen Kirchen begünstigen. Davon scheint Franziskus überzeugt.

Es ist zermürbend, in einem Klima beständiger innerer Konflikte arbeiten zu müssen. Franziskus verfasst seine apostolische Konstitution, während um ihn herum die Polemik über die Missbrauchsfälle in Chile und Irland tobt. Während Ex-Nuntius Viganò seinen Rücktritt fordert und die internationale öffentliche Meinung sich fragt, wie wirkungsvoll die päpstlichen Maßnahmen gegen die klerikale Pädophilie eigentlich sind. Seit Jahren wird seine Person und werden seine Ideen pausenlos attackiert. Das Internet hat alles verändert. In der Zeit Pauls VI. und bis in das Pontifikat Johannes Pauls II. hinein äußerte sich der Protest gegen einen Papst vor allem in Büchern, Artikeln und Interviews. Man musste jemand sein, um den Pontifex anzugreifen, man musste seine Argumente und Gedanken auf einem bestimmten Niveau artikulieren können. Das Netz hat den Raum für jede Form der Meinungsäußerung geöffnet, es hat Querulanten zusammengebracht, die früher isoliert gewesen wären und nicht zueinander gefunden hätten, es hat die Missstimmung zu einer unablässigen Lawine von Beschimpfungen gerinnen lassen, die sich über den amtierenden Papst ergießt. Unter die Stimmen bekannter Persönlichkeiten mischen sich die Auslassungen von Internethetzern – unter ihnen auch Priester –, die alle Hemmungen abgelegt haben. »Der Papst geht uns mit seinen rührseligen Worten und Gesten auf den Sack«, pöbelt der Mailänder Priester Don Giorgio de Capitani. Ein Mitbruder, Don Ariel S. Levi di Gualdo, ist auf seiner Homepage nicht weniger aggressiv: »Dieses Pontifikat droht in Buhrufen und dramatischen Spaltungen zu enden ... Jorge Mario Bergoglio läuft womöglich Gefahr, als einer der schlechtesten Päpste in die Geschichte einzugehen, die die Kirche je gehabt hat ... viele seiner lehramtlichen Akte [sind] ein Konglomerat an verworrenen Aussagen.«

Es ist – in Italien und weltweit – ein pausenloses Bombardement auf unzähligen Webseiten. Bergoglio ist Lenin, seine Mitarbeiter sind wie Goebbels. Bergoglio ist ein Zyniker, weil er die Christenverfolgung in der Welt ignoriert. Bergoglio hat mit den Feinden der

Kirche Frieden geschlossen und die Schlachten Johannes Pauls II. und Benedikts XVI. zu den Akten gelegt. Bergoglio ermutigt den Kult um seine Person. »Bergoglio hat die Lehre nicht verheutigt, er hat sie zerstört ... Das Pontifikat basiert auf brutaler Machtausübung ... Wenn der nächste Papst ein Bergoglianer ist, dann wird der Vatikan zu einer Filiale der katholischen Freimaurerei ...«. Ein E-Book über den *Diktatorpapst* erscheint, gespickt mit Beleidigungen eines Papstes, dem vorgeworfen wird, durch ein »Spinnennetz aus Lügen, Intrigen, Spionage, Argwohn und Angst« zu regieren. Der Historiker Roberto de Mattei, Vorsitzender der Stiftung Lepanto, verbreitet sein Urteil seit Jahren: Die Kirche sei der totalen Verwirrung anheimgefallen, Franziskus sei nicht die Lösung, sondern Teil des Problems.

Die Webseite *Isola di Patmos* beginnt das Jahr 2019 mit einem Zitat des verstorbenen Kardinals Caffarra: »Dass die Kirche eine dramatische Zeit durchlebt, die in der Geschichte ohne Beispiel ist, können nur Blinde und Narren leugnen.« Zu den tückischsten Manövern gehört das des fundamentalistischen katholischen Sachbuchautoren Antonio Socci, der die »Bannon-Strategie« in die katholische Kirche hineinträgt: den Konflikt zwischen dem Volk und der herrschenden Kaste. In seinem Blog wirft Socci den katholischen Eliten vor, sie wollten das Christentum und Jesus aus ihrem Bild von Europa herausstreichen, und spricht von einem »verborgenen Schisma« zwischen dem christlichen Volk und der klerikalen Elite. Einem »Schisma zwischen den einfachen Christen, die ihre Traditionen, ihre Identität, ihre Werte nicht preisgeben wollen, und einer progressistischen Klerikerkaste«.[4] Das ist die totale Politisierung der innerkirchlichen Auseinandersetzung.

In Italien ist dies besonders zu spüren. *Lega*-Chef Matteo Salvini schüttelt vor seinem Publikum den Rosenkranz und fleht öffentlich darum, die Madonna möge Italien und Europa beschützen. Bei einer Kundgebung in Mailand gelingt es ihm sogar, die Menge derart aufzuwiegeln, dass sich Pfiffe gegen Franziskus erheben.[5] Salvinis Absicht, die Franziskusgegner in sein Lager zu ziehen, erschreckt den Vorsitenden der italienischen Bischofskonferenz Kardinal Bassetti: »Die Gläubigen gegen die Bischöfe und vor allem gegen den Papst aufbringen zu wollen, das ist ein unpassendes Manöver«, erklärt er. Doch sein einflussreicher Vorgänger Kardinal Camillo Ruini entscheidet Ende 2019 aus heiterem Himmel, Salvini zu empfangen und die Spaltung der Kirche offen kenntlich zu machen.

Auf der Welle seiner Rücktrittsforderung an den Papst hat Ex-Nuntius Viganò inzwischen zum Sturm auf die wachsende Präsenz von Homosexuellen innerhalb der kirchlichen Hierarchie geblasen. Er ist das neue Schlachtross im permanenten Bürgerkrieg. In seiner ersten Schrift, in der er den Rücktritt des Papstes verlangt hatte, hatte der Ex-Nuntius erklärt, dass man »die in der Kirche bestehenden homosexuellen Netzwerke ausmerzen« müsse, und alle diejenigen mit Vor- und Nachnamen genannt, die seiner Meinung nach einer »homosexuellenfreundlichen Strömung« innerhalb der Kurie angehören. Zwei weitere Briefe waren gefolgt. Im dritten greift Viganò das Thema wieder auf und spricht von einem Netzwerk »von Bischöfen, welche die Homosexualität vorantrieben und die Gunst von Papst Franziskus ausnutzten, um Bischofsernennungen zu beeinflussen, damit sie [...] das homosexuelle Netzwerk in der Hierarchie und in der Kirche insgesamt stärken konnten.«[6] Keine 20 Tage später meldete sich Kardinal Brandmüller, einer der vier Opponenten des Papstes, zu Wort, um »die bewusst katholischen Laien« zu loben, die sich in Nordamerika formieren und in ihrem »Protest gegen sexuelle Degeneration unter Priestern, Bischöfen und sogar Kardinälen« ermutigt werden müssten.[7]

Zwei Wochen später erscheint auf der nordamerikanischen Webseite *LifeSiteNews* ein Interview mit Kardinal Müller über den Atheismus in der Kirche und die LGBT-Ideologie, die selbst kirchliche Dokumente erfasst habe. Müller endet mit einem schwerwiegenden Vorwurf: »Der Primat des Papstes ist von Hofschranzen und Karrieristen am päpstlichen Hof geschwächt [...]. Es ist nicht katholisch zu glauben, der Papst sei eine Person, die die Offenbarung direkt vom Heiligen Geist empfängt.«[8] Nach dem Tod der Kardinäle Caffarra und Meisner ist Müller inzwischen zu einem der erbittertsten Anführer der Opposition gegen Papst Franziskus geworden. Hatte er es auf der Familiensynode von 2015 noch vermieden, seinen Widerstand gegen die Kommunion für die wiederverheirateten Geschiedenen zum Äußersten zu treiben – damals hatte er den Pontifex zwar in seinen Reformbestrebungen bremsen, ihm aber keine allzu deutliche Niederlage bereiten wollen, sondern sich bemüht, einen Kompromiss zu formulieren –, führt er den Kampf gegen Bergoglio jetzt frontal.

Während sich Papst Franziskus auf das Gipfeltreffen mit den Vorsitzenden der Bischofskonferenzen vorbereitet, wo eine gemeinsame Linie gegen die Pädophilie gefunden werden soll, veröffentlicht der deutsche Kardinal auf einer amerikanischen Webseite sein *Glaubensmanifest*, in dem er eine »sich ausbreitende Verwirrung« in der Lehre der christlichen Glaubenswahrheiten beklagt. Das Manifest bekräftigt das Dogma von der Dreifaltigkeit, die Gottheit Christi, die sakramentale Verfassung der Kirche, die für unveränderlich erklärt wird, die Überlegenheit der katholischen Kirche, weil nur in ihr die von Jesus Christus gegründete Kirche »verwirklicht ist«, die ewige Höllenstrafe, den Priesterzölibat, das Nein zur Priesterweihe der Frauen. Der Zulassung wiederverheirateter Geschiedener zur Kommunion (und damit der spaltbreiten Öffnung, die Franziskus gewollt hatte) erteilt es eine klare Absage: Wer noch gültig kirchlich verheiratet und standesamtlich wiederverheiratet ist und die Eucharistie empfängt, könne »die heilige Eucharistie nicht fruchtbar empfangen, weil sie ihnen nicht zum Heil gereicht.« Dem Text liegt ganz unverkennbar die Absicht zugrunde, die Verfechter eines Katholizismus um sich zu scharen, deren Linie der von Papst Franziskus – der im Übrigen mit keiner Silbe erwähnt wird – entgegengesetzt ist.

Müllers Manifest endet mit einem erhobenen Zeigefinger gegen diejenigen Glaubensboten, »die in einigen Fällen die ihnen Anvertrauten im Stich gelassen, sie verunsichert und ihren Glauben schwer geschädigt haben.«[9] Der deutsche Kardinal hat einen symbolischen Zeitpunkt gewählt, um wieder in den Ring zu steigen: Der Rücktritt Benedikts XVI., den die Anti-Bergoglianer schon seit Jahren zu ihrem Idol erkoren haben, jährt sich in diesen Tagen zum sechsten Mal. Ex-IOR-Präsident Ettore Gotti Tedeschi erinnert noch immer mit Verve daran, dass Joseph Ratzinger, der Protagonist einer seiner Meinung nach leider unvollendeten Restauration, der Pontifex sei, der »die Schwulenfreunde, Globalisierungsgegner und Befürworter der Frauenordination unter den Priestern laisiert oder suspendiert hat«.[10]

Es ist geradezu obsessiv, wie die Attacken der konservativen Front gegen den von Franziskus eingeschlagenen Kurs immer wieder das Schreckgespenst einer aus den Fugen geratenen und von Homosexuellen infiltrierten Kirche heraufbeschwören. In einem offenen Brief an die Vorsitzenden der Bischofskonferenzen, die zum Pädophilie-Gipfel nach Rom gekommen sind, beklagen die Kardinäle Burke und Brandmüller das grundlegende »Übel der homosexuellen Agenda«, das »innerhalb der Kirche verbreitet« sei, »von organisierten Netzwerken gefördert und von einem Klima der Komplizenschaft und des Schweigens geschützt« werde.[11]

Die beständigen Flankenmanöver zwingen Franziskus, der stets darauf bedacht gewesen ist, die Frage der Homosexualität zu entschärfen, in die Defensive. 2016 hatte ein Dokument der Kongregation für den Klerus bekräftigt, dass alle, die »die Homosexualität praktizieren, tiefsitzende homosexuelle Tendenzen haben oder eine sogenannte ›homosexuelle Kultur‹ unterstützen«, nicht ins Seminar aufgenommen und nicht zu Priestern geweiht werden können.[12] Zunehmenden Angriffen ausgesetzt, sah sich Papst Bergoglio gezwungen, auf das Thema zurückzukommen. Im Zweifel sei es besser, schwule Kandidaten nicht zum Seminar zuzulassen, riet er den ita-

201

lienischen Bischöfen bei einem Treffen hinter verschlossenen Türen. Dabei war es keineswegs die Absicht des Papstes, die Homosexualität im Alltagsleben zu verteufeln: Er ist der erste Papst, der einen spanischen Transsexuellen mit seiner Partnerin im Vatikan empfangen und erklärt hat, es sei nicht an ihm, über einen Homosexuellen und seine Gottsuche zu urteilen. Was Bergoglio jedoch fürchtet, ist ein systematisches Doppelleben homosexueller wie heterosexueller Kleriker. In solchen Fällen, so seine Überzeugung, ist es besser, wenn die Betreffenden darauf verzichten, Priester zu werden.

Dass eine ganze Reihe der Monsignori im Vatikan schwul ist, war für die Römer noch nie ein Geheimnis. Priester, die in den vatikanischen Büros arbeiten und ihre Sexualität diskret leben, räumen ein, dass der Anteil an Homosexuellen in der apostolischen Zitadelle eher hoch ist und über der Quote liegt, die man üblicherweise in den Seminaren und in einem Bistum antrifft. Neuere Recherchen[13] bestätigen die Existenz homosexueller Gruppen innerhalb der römischen Kurie, belegen aber auch, dass die sogenannte »Schwulenlobby« – als eine Art organisierte Macht – ein Mythos ist. Es gibt eher verschiedene Cliquen, und man pflegt, was die homosexuellen wie heterosexuellen Beziehungen angeht, im Vatikan eine wechselseitige *Omertà*. Nichteinmischung ist oberstes Gebot, ganz gleich, ob es sich um den Verdacht gefährlicher Liebschaften oder um eher undurchsichtige ökonomische Transaktionen handelt. Fest steht jedenfalls, dass diejenigen, die die »widernatürlichen Beziehungen« öffentlich geißeln, schizophrenerweise oft selbst ein homosexuelles Leben führen.

In Rom weiß man das alles. Auffällig ist jedoch, dass dieselben Bischöfe und Kardinäle, die das Problem während der Pontifikate Johannes Pauls II. und Benedikts XVI. nie angesprochen und auch dann geschwiegen haben, wenn die internationale Presse grenzwertige Fälle einer ungeordneten Lebensweise oder Missbrauchsvergehen zutage förderte, das Thema der Homosexualität unter den Klerikern und Monsignori der Kurie jetzt benutzen, um Papst Franziskus in Verruf zu bringen.

Es ist eine Delegitimierung, die systematisch zur Eskalation gebracht werden soll. Das Vorgehen erinnert an die Techniken, die die Tea-Party-Bewegung in den USA seinerzeit gegen Barack Obama anwandte. Die Strategie ist klar: durch konstanten Druck die Wahl von Franziskus' Nachfolger zu beeinflussen.

X
Prophet im globalen Chaos

Es ist sieben Uhr früh. Gheorghe aus Rumänien steht in der Schlange vor den Duschen unterhalb des apostolischen Palasts. Franziskus hat hinter der rechten Kolonnade von Sankt Peter Waschräume für die Obdachlosen einrichten lassen. Einen für die Männer und einen für die Frauen. Alles ganz modern: ein Vorraum mit Hocker und Handtuch und eine Nasszelle in Taubengrau. Nicht wenige der vatikanischen Prälaten haben bei der Vorstellung die Nase gerümpft. Sie kommen verträufelt an diesem dunklen Wintermorgen, Franziskus' Schützlinge, im Schlepptau die Tasche mit ihren Habseligkeiten. »Schön und sauber«, sagt Gheorghe, der die Nacht unweit des Vatikans im Freien verbracht hat. Im Winter 2018/19 sind in Rom zwölf Obdachlose erfroren. Die Erste, nur wenige Schritte von den Kolonnaden entfernt, war eine 75-jährige Deutsche. Im Januar 2016 brachte eine rumänische Einwanderin nachts auf dem Platz gegenüber dem Petersdom ihr Kind zur Welt. Gheorghe wird gegen Mittag wieder vorbeikommen, um sich eine Tasse Tee und ein Brötchen abzuholen. Samir, Diplomchemiker aus Marokko, hat sich gerade rasieren lassen. Er war Lagerverwalter in Ciampino, doch dann machte die Firma Bankrott. Er war Tellerwäscher in Albenga, doch dann hatte der Wirt einen Herzinfarkt. »Ich bin vom Pech verfolgt«, murmelt er.

Der »Arme« als abstrakte Kategorie existiert für Franziskus nicht. Es existiert der Mann und es existiert die Frau, sie haben ein Gesicht und eine Geschichte. Der Arme, das mag ein Landstreicher sein, der sämtlichen Institutionen misstraut – und der sich dennoch waschen und sauber sein will. Also bietet ihm Papst Jorge Mario Bergoglio im Schatten des apostolischen Palasts eine Dusche und sogar einen

Frisörsalon an. Und lädt ihn zu einem Konzert mit Maestro Daniel Oren in den Vatikan ein oder organisiert für ihn einen Besuch in der Sixtinischen Kapelle, als wäre er ein Staatsoberhaupt. Einmal hat er 150 von ihnen eingeladen und sie alle einzeln an seiner Tür begrüßt: »Das ist das Haus aller, das ist euer Haus … die Türen stehen immer offen.«[1] Und wenn der obdachlose Gast, der am Geburtstag des Papstes bei Bergoglio zum Essen eingeladen ist, seinen Hund mitbringen will, dann soll er das ruhig tun.

Franziskus hat das Bedürfnis, sich von Angesicht zu Angesicht mit einem »Du« zu treffen. Mit dem nordafrikanischen Migranten in Lampedusa, dem syrischen Kind, das vor dem Krieg flüchtet, den ehemaligen Prostituierten, die dem Zuhältersyndikat entkommen sind und die er um Vergebung »für all die Männer« bittet, »die Ihnen Leid zugefügt haben«[2]. Deshalb fordert er die Gläubigen auf, dem Menschen, dem sie ein Almosen geben, in die Augen zu sehen. Denn wenn man einem Mann oder einer Frau, deren Leben aus den Fugen geraten ist, erst einmal in die Augen gesehen hat, dann wird es schwer, den Blick wieder abzuwenden. Und wenn man es tut, dann ist es eine Entscheidung, für die man wird geradestehen müssen.

In den ersten Jahren seines Pontifikats beschließt er, dem römischen Elendsviertel in Pietralata einen Besuch abzustatten, um sich selbst ein Bild von der Situation in den römischen Slums zu machen, denn die Dritte Welt – das ist ihm durchaus bewusst – existiert auch in der Ersten. Es ist ein Sonntag, beim *Angelus* hat er an die Freiwilligen erinnert, die den Männern, Frauen und Kindern helfen, »die versklavt, ausgebeutet, als Arbeitskräfte oder Lustobjekte missbraucht und oft gefoltert und entstellt werden«[3]. Der direkte Kontakt ist eine Gewohnheit aus seinen Jahren in Buenos Aires – genauso wie seine taktvolle und doch offene und nicht im Mindesten klerikal-salbungsvolle Sprechweise. Bei den Sinti und Roma, die er im Vatikan empfängt, prangert der Papst die uralten Vorurteile, den Rassismus und die Fremdenfeindlichkeit an, die ausgemerzt werden müssten, ruft die Anwesenden aber nicht minder deutlich dazu auf, gute Christen zu sein, was unter anderem heiße, sich an die Gesetze zu halten, »Falschheit, Betrügerei [und] Schwindel« zu vermeiden und seine Kinder zur Schule zu schicken.[4]

Seit die zweite Halbzeit seines Pontifikats begonnen hat, ist Papst Bergoglio gezwungen, sich mit einer Welt auseinanderzusetzen, die plötzlich eine andere, schlechtere geworden ist. Einer Welt, in der die multilateralen Bemühungen um das Gemeinwohl nachlassen und das Gefüge der internationalen Zusammenarbeit, an dem der Heilige Stuhl jahrzehntelang mitgewirkt hat, Risse bekommt. Franziskus bewegt sich in einer Welt, in der der Zugang zum Markt und zum Wohlstand hunderter Millionen von Menschen für Milliarden anderer Menschen eine wachsende Kluft der Ungleichheit mit sich bringt. Im Westen hat die hemmungslose Globalisierung Gesellschaften entstehen lassen, die von egozentrischem Darwinismus und massenhafter Frustration und Perspektivlosigkeit vergiftet sind.

Während Franziskus sich am 8. Dezember 2018, dem Fest der Unbefleckten Empfängnis, zur Mariensäule auf der Piazza di Spagna aufmacht, brennt Paris. Zum vierten Mal in Folge sind in Paris und anderen Städten Frankreichs (sowie in Brüssel) die »Gelbwesten« auf die Straße gegangen, um zu demonstrieren. Die französische Regierung hat annähernd 90 000 Polizisten mobilisiert, 8 000 von ihnen allein in der Hauptstadt. Der Louvre und die anderen Museen sind geschlossen, die Theater, Kaufhäuser und Läden an den Champs-Élysées und den Straßen und Plätzen der Innenstadt haben die Rollgitter heruntergelassen. Der Eiffelturm wird von Barrikaden geschützt. Als die gepanzerten Fahrzeuge der Gendarmerie anrücken, herrscht eine Atmosphäre wie im Belagerungszustand. Nur die Älteren erinnern sich noch an das letzte Mal, als Panzerfahrzeuge in den Pariser Straßen patrouillierten: Das war 1968. Unter die normalen Demonstranten mischen sich *Casseurs*, Trupps von Anarchisten, die nur darauf aus sind, alles kaputt zu schlagen. Tausend Verhaftungen und 60 Verletzte – das ist die Bilanz der Proteste an diesem Tag. In ganz Frankreich haben 125 000 Menschen demonstriert. In der ersten Woche, am 1. Dezember, war es schlimmer. Gewaltbereite Zellen, viele von ihnen vermummt, hatten den Arc de Triomphe gestürmt und mit Graffiti beschmiert. Auf den Champs-Élysées stundenlange Zusammenstöße mit der Polizei, Barrikaden, brennende Müllcontainer. Geschäfte werden geplündert, Autos in Brand gesteckt, Polizisten mit Molotowcocktails und anderen Gegenständen – darunter eine Parkbank – beworfen. 270 Verhaftungen und 110 Verletzte allein in Paris.

Angefangen hatte alles mit der Erhöhung der Mineralölsteuer. Am 17. November revoltierte die französische Provinz. Hier lebt eine verarmte Mittelschicht, die auf das Auto als Fortbewegungsmittel angewiesen ist. Es ist ein Leben knapp über dem Existenzminimum. Die Steuererhöhung bringt das Fass zum Überlaufen. »Wir wollen wenigstens hin und wieder am Wochenende etwas unternehmen, gar nicht weit weg, vielleicht 30 Kilometer von zu Hause entfernt«, macht eine Frau im Fernsehen ihrem Ärger Luft. Es ist zermürbend, nie genug Geld zur Verfügung zu haben.

»Ihr Zorn ist gerecht und ehrlich«, gibt Macron am 10. Dezember im Fernsehen zu. Der Präsident erkennt an, dass sozialer Notstand herrscht und manche Menschen keine Hoffnung haben. Er verspricht einen neuen Sozialvertrag, er wird den Mindestlohn erhöhen und weitere Maßnahmen ergreifen. Die großen Firmen verteilen auf seinen Appell hin Weihnachtsboni an ihre Angestellten. Die Demonstrationen der »Gelbwesten« gehen in den folgenden Wochen weiter. Die französischen Regierenden haben ein schlechtes Gedächtnis. 2015, als die zweite Generation der Maghreb-Einwanderer in den Banlieues den Aufstand probte, hatte der damalige Premierminister Manuel Valls zugegeben, dass es in Frankreich eine »territoriale, ethnische und soziale Apartheid« gebe.

Franziskus hat schon in den ersten Monaten seines Pontifikats vor der Gefahr der »Ungleichheit« gewarnt, die auf dem Planeten herrscht. »Wenn die lokale, nationale oder weltweite Gesellschaft einen Teil ihrer selbst in den Randgebieten seinem Schicksal überlässt, wird es keine politischen Programme, noch Ordnungskräfte oder *Intelligence* geben, die unbeschränkt die Ruhe gewährleisten können«, heißt es in seinem apostolischen Schreiben *Evangelii gaudium*. Die Ungleichheit ruft gewaltsame Reaktionen hervor, weil das soziale und wirtschaftliche System von Grund auf ungerecht ist. Es fehlt die Aussicht auf eine bessere Zukunft. Man hat »die Leugnung des Vorrangs des Menschen«[5] akzeptiert. Auch die Direktorin des Internationalen Währungsfonds Christine Lagarde treiben ähnliche Sorgen um. 2018 hat sie ein »Zeitalter des Zorns« vorhergesagt, wenn sich die Tendenz zu Ungleichheiten, die sogar dramatischer sind als in den Anfängen des Kapitalismus im 19. Jahrhundert, ungebrochen fortsetzt.

Auch wenn es Papst Bergoglio zunächst weniger um die spezifischen Probleme der Mittelschicht zu tun war, hat er doch von Anfang an auf die zunehmend unerträgliche Situation der Armut und Verarmung hingewiesen, der die Mittelschicht entgegentrudelt, wenn das Geld nicht bis zum Monatsende reicht. Auf seine Anregung hin hat die päpstliche Akademie der Sozialwissenschaften den Gefahren, die den sozialen Zusammenhalt bedrohen, eine Vollversammlung gewidmet. Die Ergebnisse ihrer Arbeiten bestätigen, dass die Statistiken zur Verteilung des Reichtums und der Lebenschancen von Land zu Land und auch innerhalb der einzelnen Staaten ein enormes Gefälle zeigen. »Besonders besorgniserregend ist«, so die Abschlusserklärung, »die spürbare Schwächung der Mittelschicht in Europa und Amerika [...]. Man muss nämlich bedenken, dass dort, wo die Mittelschicht Einbrüche erlebt, die partizipatorische Demokratie bedroht ist.«[6] Wichtig sei, dass die Presse nicht nachlässig wird, betont Franziskus. Und dankt einer Gruppe von deutschen Journalisten dafür, »dass Sie Unrecht nennen, was Unrecht ist.«

Tatsächlich waren einige der Erdrutschwahlen der letzten Jahre in mehreren westlichen Ländern durch den sozialen Abstieg von

Gesellschaftsgruppen bedingt, die sich plötzlich im Stich gelassen und ins Abseits gedrängt fühlten. Wie die von Deindustrialisierung und Offshoring betroffenen US-amerikanischen Arbeiterschichten, die Trump auf den Präsidentenstuhl gehievt haben. Die arme, von Niedriglöhnen geplagte englische Provinz, in der (anders als in London und den anderen Großstädten) oft gar keine Einwanderer leben und die doch aus Angst vor einer »Invasion« und vermeintlich damit verbundenen weiteren Verschlechterung der eigenen Lebensbedingungen massenweise für den Brexit votiert hat. Das von der Wirtschaftskrise erschütterte Italien, dessen Wähler sich für eine Kehrtwende entschieden haben: ein Land, in dem über fünf Millionen Menschen in Armut und drei Millionen in absoluter Einsamkeit leben, 32 Prozent der Jugendlichen arbeitslos und mehr als die Hälfte politikverdrossen sind.[7] Ein Land, das sich einem Bericht des Instituts CENSIS zufolge im Jahr 2018 als von Zorn und Angst beherrscht und vom Gespenst des sozialen Abstiegs bedroht sieht. In der Europäischen Union beläuft sich der Anteil der Personen, die erklären, eine bessere gesellschaftliche Position erreicht zu haben als ihre Eltern, auf nicht mehr als 30 Prozent (in Italien sind es nur 23), während die Mittelschicht in den Vereinigten Staaten seit 2015 eine Minderheit darstellt, wenn man die Klasse der Reichen und die Masse der Armen zusammenzählt.

Die permanente Aufmerksamkeit, die Franziskus der sozialen Frage widmet, betrifft deren zweifache, nämlich religiöse und zugleich geopolitische Dimension. In seinem jüngsten apostolischen Schreiben *Gaudete et exsultate*, das er 2018 den »Heiligen von nebenan« gewidmet hat und das auf der Vorstellung beruht, dass es möglich ist, eine Heiligkeit des alltäglichen Lebens aufzubauen, knöpft sich der Papst diejenigen Katholiken vor, die »in ihrem Leben dem sozialen Einsatz für die anderen misstrauen, weil sie ihn für oberflächlich, weltlich, säkularisiert, immanentistisch, kommunistisch oder populistisch halten«. Der Schutz des unschuldigen Kindes, das noch nicht geboren ist, sei heilig, betont Bergoglio, »aber gleichermaßen heilig ist das Leben der Armen, die schon geboren sind und sich herumschlagen mit dem Elend, mit der Verlassenheit, der Ausgrenzung, dem Menschenhandel, mit der versteckten Euthanasie der Kranken und Alten, denen keine Aufmerksamkeit geschenkt wird, mit den neuen Formen von Sklaverei und jeder Form des Wegwerfens.«

Der Papst geht äußerst hart mit Gläubigen ins Gericht, die das Thema der Bioethik für wichtig, das Problem der Migranten hingegen für zweitrangig halten. Franziskus weiß genau, welche Kampagnen gegen ihn entfesselt werden, weil er in seiner Verkündigung Glauben und soziales Engagement miteinander verknüpft. Deshalb unterstreicht er mit Nachdruck, dass es inakzeptabel sei, den leidenden Mitmenschen zu ignorieren: »Es handelt sich daher nicht um die Erfindung eines Papstes oder um eine momentane Begeisterung.«[8] Der Papst weiß, dass er bekannte Ökonomen wie Jeffrey Sachs auf seiner Seite hat: Sachs hat auf einem Treffen der päpstlichen Akademie der Sozialwissenschaften die Vorherrschaft einer räuberischen Ökonomie beklagt, die darauf abziele, »die grenzenlose Gier an erste Stelle zu setzen«, und dabei jedwede Moral außer Acht lasse.

Franziskus erklärt ohne Zögern, dass man nicht Christ sein und gleichzeitig über das Unrecht in der Welt hinwegsehen kann, »wo einige feiern, fröhlich verbrauchen und ihr Leben auf die Neuheiten des Konsums reduzieren, während andere nur von außen zuschauen können und gleichzeitig ihr Leben weiter voranschreitet und armselig zu Ende geht.« Es sei nicht Aufgabe der Kirche, Rezepte vorzugeben, aber die Gläubigen seien aufgerufen, die sozialen Missstände anzuprangern und etwas zu tun, um deren Ursachen zu beseitigen. Das konkrete Problem, das der argentinische Papst anspricht, ist ein heißes Eisen. Es genüge nicht mehr, so Franziskus, dem Arbeiter seinen gerechten Lohn zu zahlen, wie es Leo XIII. 1891 in seiner Enzyklika *Rerum novarum* gefordert hatte. Vielmehr sei es unverzichtbar, sich mit der Kernfrage der Produktion von Reichtum zu befassen. »Man muss sich auch fragen, ob der Produktionsprozess unter Achtung der Würde der menschlichen Arbeit abläuft oder nicht; ob er die grundlegenden Menschenrechte berücksichtigt oder nicht; ob er mit dem Sittengesetz übereinstimmt oder nicht.«[9] An die politische Klasse gewandt spricht der Papst eine Warnung aus: Es sei unerlässlich, Grenzen festzulegen, ehe die neuen Formen der Macht, »die sich von dem techno-ökonomischen Paradigma herleiten«, am Ende nicht nur die Politik, sondern auch die Freiheit und die Gerechtigkeit zerstören.[10]

In der gegenwärtigen sozio-ökonomischen Phase ist Franziskus letztlich der einzige Leader von internationalem Format, der grundlegende Fragen nach der »Unbilligkeit«, der »inequità«, aufwirft, wie er es mit einem von ihm geschaffenen Neologismus nennt. Wachsende Ungleichheit und systemische soziale Ungerechtigkeit, neue Formen der Sklaverei und das epochale Problem der Migrationen sind die Themen, auf die der Papst immer und immer wieder zurückkommt. »Das sind keine Wahnvorstellungen«, beharrt er. In Indien wurden in den letzten Jahrzehnten Hunderttausende von Selbstmorden unter Landwirten registriert, die zu Wucherzinsen Kredite aufgenommen hatten. Auf der arabischen Halbinsel leben unzählige eingewanderte Arbeitskräfte praktisch als Sklaven. Doch so weit muss man gar nicht gehen. In Süditalien leben die Helfer, die bei der Ernte von Tomaten, Zitrus- und anderen Feldfrüchten eingesetzt werden, in elenden Zeltstädten: Sie bekommen 20 Euro am Tag, zuweilen auch weniger. Im Umland von Caserta werden Tausende von Afrikanerinnen von Zuhälterringen ausgebeutet (auch der Organhandel ist im Kommen). In Prato schießen die chinesischen Wohnfabriken aus dem Boden. Auch in Rom, darauf hat der Papst beim *Te Deum* zum feierlichen Jahresabschluss in Sankt Peter hingewiesen – leben 10 000 Obdachlose unter teils menschenunwürdigen Bedingungen.

2013, als Bergoglio gewählt wird, besitzen die 85 reichsten Menschen der Welt so viel wie die Hälfte der Armen dieser Erde. Das geht aus dem Bericht der internationalen karitativen NGO Oxfam hervor. Im Jahr darauf braucht es schon nur noch 80 Superreiche, um die Waagschalen im Gleichgewicht zu halten. 2019, fünf Jahre später, präsentiert Oxfam den international führenden Ökonomen und Politikern auf dem Weltwirtschaftsforum in Davos einen Bericht über den Reichtum in der Welt, aus dem hervorgeht, dass in Sachen Reichtum gerade einmal 26 Personen dreieinhalb Milliarden Männer und Frauen aufwiegen. Im Lauf des Jahres 2018 hat die Spitzengruppe der 1900 Milliardäre täglich 2,5 Milliarden Dollar verdient. Rückblickend stellt man fest, dass infolge der intensiven weltweiten Ausbeutung der menschlichen Arbeitskraft zwischen März 2016 und März 2017 alle zwei Tage ein neuer Milliardär die Bühne betreten hat.[11] Ein Prozent der Welt besitzt so viel wie die übrigen 99 Prozent. Und in die Taschen dieses einen Prozents sind 82 Prozent des 2017 erwirtschafteten Reichtums geflossen. Derzeit leben (laut Oxfam-Bericht von 2019) 3,4 Milliarden Menschen von weniger als 5,5 Dollar täglich, und nach den Maßstäben, die die Weltbank aufgestellt hat, sind 2,4 Milliarden Menschen zu einem Leben in »äußerster Armut« gezwungen. Wenn das eine Prozent der Multimilliardäre 0,5 Prozent mehr Steuern zahlen würde, so liest man in den Massenmedien, dann könnten 100 Millionen Männer und Frauen ein sorgenfreies Leben führen.

»Diese Wirtschaft tötet«, hat Franziskus kurz vor der Eröffnung der Expo in Mailand wiederholt.[12] Es ist ein System, in dem die Verlierer nicht nur ausgeschlossen oder ausgebeutet werden, »sondern Müll, ›Abfall‹« sind.[13] Man spekuliert mit dem Leben, mit der Arbeit, mit der Familie, mit den Armen, den Migranten, den Jugendlichen und ihrer Zukunft, ruft er der einen Million Gläubigen entgegen, die während seines Mailandbesuchs im März 2017 zur Messfeier mit dem Papst zusammengekommen sind. Der Pontifex richtet das Augenmerk auch auf die verbrannte Generation der Jugendlichen im Limbus eines zermürbenden Prekariats. Der argentinische Papst weiß genau, wovon er spricht, wenn er Themen wie

Arbeitslosigkeit, Schwarzarbeit und Prekarität anschneidet. Den auf dem Petersplatz versammelten Angestellten des INPS hat er einen kleinen Dialog vorgespielt: »›Ah, du willst arbeiten?‹ – ›Ja!‹ – ›Sehr gut. Wie wäre es mit einer Abmachung: Du fängst im September an zu arbeiten, aber nur bis Juli, und dann Juli, August und ein Teil vom September isst du nichts, ruhst dich nicht aus …‹ Das passiert heute! Und das geschieht heute in der ganzen Welt, auch hier. Es passiert heute auch in Rom!«[14]

Ein Gedanke kehrt in den Äußerungen von Franziskus beständig wieder: Man muss die Augen öffnen für »die endemische und systematische Zunahme der Ungleichheiten und der Ausbeutung der Erde, die größer ist als der Anstieg von Einkommen und Wohlstand.« Phänomene, die, wie er anmerkt, kein »unvermeidliches Schicksal« sind.[15] Solche Einschätzungen haben Bergoglio vonseiten der Traditionalisten und Ultraliberalisten das Etikett eines »Kommunisten« eingetragen. Doch der argentinische Papst weicht nicht zurück. »Die Kirche kann und will sich mit Millionen von Männern und Frauen zusammentun, die auf friedliche Weise Nein sagen zur Ungerechtigkeit und sich für mehr Gleichheit einsetzen«, schreibt er im Vorwort eines Buches über *Macht und Geld*.[16]

Die Forschungsstellen der internationalen Organisationen wissen schon seit geraumer Zeit, dass die Worte des Pontifex auf Fakten basieren. Die Analysen der UNCTAD, der Organisation der Vereinten Nationen, die sich mit Handel, Entwicklung und Investitionen befasst, bestätigen, dass »die mangelnde Gleichheit bei der Verteilung der Einkünfte in den vergangenen 30 Jahren in einer alarmierenden Zahl von Ländern um sich gegriffen und in den OSZE-Ländern seit dem Ende des Zweiten Weltkriegs ein äußerst hohes Niveau erreicht hat […]. Sogar in Ländern mit einer eher egalitären Tradition wie Deutschland, Dänemark und Schweden war eine Vertiefung der Kluft zwischen Reichen und Armen zu beobachten.« Die Schlussfolgerungen unterscheiden sich nicht von den Überlegungen Papst Bergoglios: »Die Ungleichheit kann eine ernsthafte Bedrohung der sozialen und politischen Stabilität darstellen. Außerdem mehren sich die Stimmen, die sagen, dass sie auch das nachhaltige Wachstum untergraben kann.«[17]

Wenn Franziskus mit den Vertretern der »Volksbewegungen« aus den südlichen Weltregionen zusammentrifft, ist er in seinem Element. Dann spricht er mit Menschen, deren Gesichter die Geschichte ihres Alltags erzählen: mit *Cartoneros*, Müllsammlern, Hausierern, Schneidern, Handwerkern, Fischern, Bauern, Maurern, Bergleuten, Arbeitern, Genossenschaftlern aller Art, Menschen, die die gewöhnlichsten Arbeiten verrichten. Das ist kein Populismus, wie seine Gegner ihm vorwerfen. Es ist die Erfahrung aus den Elendsvierteln von Buenos Aires, die ihn die Erschöpfung dieser Männer und Frauen spüren lässt: eine Erschöpfung, die noch erschwert wird durch den ungestillten Durst nach Verbesserung. Mit ihnen spricht er über einen Wirtschaftsmechanismus, der die alten Menschen als Abfälle betrachtet, die zu nichts taugen, weil sie nichts produzieren, und der die Kinder als Abfälle betrachtet, die ohne Sinn und Zweck geboren werden, und der sie dann eben wegwirft, diese Kinder, die nichts zu essen und keine Aussicht auf soziale Entwicklung haben.

Das Treffen mit den Volksbewegungen ist zu einer Tradition geworden. Das erste und das dritte haben im Vatikan stattgefunden. Schauplatz des zweiten war im Juli 2015 die Stadt Santa Cruz de la Sierra in Bolivien, dem Land, dessen damaliger Präsident Evo Morales dem Papst eine ungewöhnliche Holzskulptur geschenkt hat: Hammer und Sichel und auf dem Hammer ein gekreuzigter Christus. Ein blasphemisches Geschenk, schrien die konservativen Hardliner innerhalb wie außerhalb der Kirche. Doch das Kunstwerk war nach einem Entwurf des spanischen Jesuitenpriesters Luis Espinal gefertigt, den das Militärregime von General Luis García Meza 1980 gefoltert und ermordet hatte. »Tierra, Techo, Trabajo«, das sind die drei »T«, die Papst Bergoglio den Vertretern der Bewegungen als Schlüsselwörter ans Herz legt. *Tierra* meint das Recht auf Land für jene vielen Hundert Millionen, die von der Landwirtschaft leben, aber auch die Achtung vor der Natur. *Techo* meint das Obdach, das jeder für sich und seine Familie haben sollte, aber auch eine Urbanisierung in menschlichem Maßstab. Und *Trabajo* meint die Arbeit, die ein Recht ist und als »würdige Entlohnung, soziale Sicherheit und […] Rente« konkretisiert werden muss. Bei näherem Hinsehen stellt man fest, dass die gesamte Verkündigung von Papst Franziskus auf einem Modell basiert, das sich im Nachkriegseuropa unter dem Namen »soziale Marktwirtschaft« entwickelt hat. Und das, obwohl durchaus nicht marxistisch, den Verfechtern des ungezügelten und räuberischen Liberalismus, der seit den 1980er-Jahren vorherrscht, heute ein Dorn im Auge ist.

In Bolivien antwortet Franziskus den unzähligen Menschen, die ihn in ihren Briefen auf die Ungerechtigkeiten aufmerksam gemacht haben, dass alle Formen der Ausgrenzung durch einen unsichtbaren Faden miteinander verbunden sind: »Erkennen wir«, ruft er aus, »dass dieses System die Logik des Gewinns um jeden Preis durchgesetzt hat, ohne an die soziale Ausschließung oder die Zerstörung der Natur zu denken?« Die Antwort ist klar: »Wenn es so ist, dann […] sagen wir es unerschrocken: Wir wollen eine Veränderung, eine wirkliche Veränderung, eine Veränderung der Strukturen. Dieses System ist nicht mehr hinzunehmen; die Campesinos ertragen es nicht, die Arbeiter ertragen es nicht, die Gemeinschaften ertragen es nicht, die Völker ertragen es nicht … Und ebenso wenig erträgt es die Erde, ›unsere Schwester, Mutter Erde‹, wie der heilige Franziskus sagte.«[18]

Das ist der rote Faden seiner Enzyklika *Laudato si'*, an der auch der Befreiungstheologe Leonardo Boff mitgearbeitet hat. Das Thema Ökologie war Neuland für Bergoglio. Zum ersten Mal hatte er als Erzbischof auf der fünften Generalkonferenz des lateinamerikanischen Episkopats im brasilianischen Aparecida davon sprechen hören. Damals hatte der Kanzler der päpstlichen Akademie der Sozialwissenschaften Bischof Marcelo Sánchez Sorondo einen Vortrag über die Rolle der Kirche gegenüber den Globalisierungsopfern gehalten. Das war der erste Funke einer umfassenderen Sicht auf die Probleme der Welt. Später, als Papst, so heißt es, habe Bergoglio Sorondo immer wieder angestachelt: »Gib mir keine Bücher, gib mir Ideen!« Und von Margaret Archer, der Präsidentin der päpstlichen Akademie der Sozialwissenschaften, wird erzählt, sie sei der Meinung, dass Franziskus, wenn er nicht Papst geworden wäre, einen hervorragenden Soziologen abgegeben hätte.

Dass *Laudato si'* eine »grüne« Enzyklika ist, heißt nicht, dass sie einfach nur einem Trend folgt, sondern dass sie Zusammenhänge herstellt: zwischen der Umweltzerstörung und dem gesellschaftlichen Niedergang, zwischen der Vernichtung der natürlichen Ressourcen und der von Hunger, Verlust der Existenzgrundlagen, Krankheiten, unzumutbaren Daseinsbedingungen und Zwangsmigration geprägten Lebenswirklichkeit hunderter Millionen von Menschen. Das Dokument, das sich an alle Bewohner des Planeten richtet, die zur »Sorge um das gemeinsame Haus« aufgerufen sind, fand ein beträchtliches Echo. Zum ersten Mal hatte ein Pontifex eine Enzyklika über Umweltfragen geschrieben. Seither ist *Laudato si'* angesichts der zunehmenden negativen Auswirkungen des Treibhauseffekts, fortschreitender Wüstenbildung, Verschmutzung der Weltmeere, Entwaldung, riesiger Monokulturen, einer unaufhaltsamen chaotischen Verstädterung und des *Land Grabbing* (der Aneignung riesiger Ländereien durch große Konzerne oder ausländische Regierungen – in Afrika ist es in erster Linie China –, die ganze Dorfgemeinschaften ihrer wirtschaftlichen Existenzgrundlage beraubt) in der Dritten Welt noch aktueller geworden. Weil sie nicht moralistisch ist und alle Themen auf jeweils sachgemäße Weise anspricht. Die Enzyklika geht nicht von der kirchlichen Lehre aus, um moralische Hinweise zu formulieren, sondern stützt sich im Gegenteil auf die Analyse der wissenschaftlichen Daten, um sodann zu fragen, wozu die Christen, die Religionen, die Männer und Frauen ungeachtet ihrer ideologischen Ausrichtung angesichts dieser Situation berufen sind.

Franziskus bewegt sich nicht im luftleeren Raum. Er steht mit beiden Beinen auf der Soziallehre seiner Vorgänger. Benedikt XVI. hatte bei seinem Deutschlandbesuch 2011 die aufkommende ökologische Bewegung als einen »Schrei nach frischer Luft« bezeichnet und hinzugefügt, dass man der Sprache der Natur lauschen und entsprechend antworten müsse. Johannes Paul II. seinerseits war fest davon überzeugt, dass Gott »die Erde dem ganzen Menschengeschlecht geschenkt [hat], ohne jemanden auszuschließen oder zu bevorzugen, auf dass sie alle seine Mitglieder ernähre.« Franziskus weist darüber hinaus auf die dringende Notwendigkeit hin, »dass ein wirklich ökologischer Ansatz sich immer in einen sozialen Ansatz verwandelt, der die Gerechtigkeit in die Umweltdiskussionen aufnehmen muss, um die Klage der Armen ebenso zu hören wie die Klage der Erde.« Besonders negativ und destruktiv, so merkt er an, ist die Ideologie »des Einweggebrauchs«. Das Gebet, mit dem *Laudato si'* endet, fasst die ganze prophetische Vision Papst Bergoglios zusammen: »Überflute uns mit Frieden, damit wir als Brüder und Schwestern leben und niemandem schaden. Gott der Armen, hilf uns, die Verlassenen und Vergessenen dieser Erde, die so wertvoll sind in deinen Augen, zu retten. [...] Rühre die Herzen derer an, die nur Gewinn suchen auf Kosten der Armen und der Erde.«

Die wissenschaftlichen Daten bestätigen den Pontifex in seiner beständigen, besorgten Aufmerksamkeit. In den letzten Jahren ist das Eis in Grönland viermal so schnell geschmolzen wie vorhergesagt. Bezeichnend ist auch, dass Daniel Coats, Chef der Behörde, die die 16 Nachrichtendienste der Vereinigten Staaten koordiniert, die Klimafragen in einem Bericht für den US-Senat zu den sicherheitsrelevanten geopolitischen Faktoren zählt. »Klimatische Schwankungen«, so schreibt er, »Anstieg der Temperaturen, Dürre, Überschwemmungen, Stürme, der steigende Meeresspiegel, die abnehmende Bodenqualität und die Versauerung der Meere nehmen zu und bedrohen die Infrastrukturen, die Gesundheit und die [Versorgungs-]Sicherheit von Wasser und Nahrung.«[19]

Dank ihrer Originalität ist die Enzyklika auf fruchtbaren Boden gefallen. Professor Guzmán Carriquiry, stellvertretender Vorsitzender der päpstlichen Kommission für Lateinamerika, berichtet, dass das Bergoglio-Pontifikat in Südamerika und anderen Weltgegenden Myriaden von kirchlichen Sozialinitiativen hervorgebracht habe. Zugunsten der Ausgegrenzten, der Frauen, der verlassenen Kinder, der Indigenen, der Todkranken, der Menschen mit Behinderung. »Die Fantasie der Nächstenliebe blüht«, sagt er. In mehreren Ländern seien »Laudato-si'-Gemeinschaften« entstanden, um die Impulse der Enzyklika in den Gegebenheiten vor Ort umzusetzen.[20] Doch der Widerstand ist massiv. Den Traditionalisten im Web ist jeder Vorwand recht, um die päpstliche Botschaft auch indirekt zu untergraben. Begeistert verkündete die US-amerikanische konservative Seite *LifeSiteNews,* dass der neue brasilianische Außenminister Frago Araújo die Klimadiskussion als »marxistische Ideologie« definiert habe: ein Manöver, um die westliche Wirtschaft auszubremsen. Was die Fragen betrifft, die Franziskus besonders am Herzen liegen, ist die Verbindung zwischen den politischen, den ökonomischen und den religiösen Ultrakonservativen inzwischen fest etabliert. Eine der ersten Maßnahmen der Bolsonaro-Regierung bestand übrigens darin, die Verwaltung der indigenen Gebiete aus der Zuständigkeit einer speziellen Organisation (FUNAI) herauszulösen und dem Landwirtschaftsministerium zu übertragen. Das Landwirtschaftsministerium wird von der Lobby derjenigen Unternehmen beherrscht, die die Ausbeutung des Amazonasgebiets intensivieren wollen.

Franziskus lässt nicht locker. Im Mai 2018 geschieht im Vatikan etwas noch nicht Dagewesenes: Die Kongregation für die Glaubenslehre und das Dikasterium für die ganzheitliche Entwicklung des Menschen veröffentlichen ein gemeinsames Dokument mit dem Titel *Erwägungen zu einer ethischen Unterscheidung bezüglich einiger Aspekte des gegenwärtigen Finanzwirtschaftssystems.* Diese Initiative des Papstes wird durch die Worte des Präfekten des einstigen Heiligen Offiziums, Luis Francisco Kardinal Ladaria, erläutert, wonach »der

Markt, um gut zu funktionieren, anthropologischer und ethischer Voraussetzungen bedarf, die er sich alleine nicht zu geben und die er auch nicht alleine zu schaffen vermag.« Mit anderen Worten, die Rechtgläubigkeit (über die die Kongregation für die Glaubenslehre von jeher wacht) betrifft nicht nur die Lehre, sondern umfasst für einen Gläubigen auch das »rechte Handeln« im Wirtschafts- und Finanzsektor. Das Dokument befasst sich mit etlichen Gegenwartsproblemen wie der Deregulierung, der Rolle der Banken, der Schaffung höchst spekulativer Finanzprodukte oder dem Fehlen ausreichender Kontrollinstrumente. Wie Peter Kardinal Turkson, der Präfekt des Entwicklungsdikasteriums, deutlich gemacht hat, ist es auch im Wirtschafts- und Finanzsektor unabdingbar, die menschliche Würde und das Streben nach dem Gemeinwohl zu garantieren.

Prophet zu sein ist eine mühselige Angelegenheit. Das internationale Szenario steht in einem diametralen Gegensatz zur Verkündigung von Papst Franziskus. Auf dem letzten G20-Gipfel in Buenos Aires, der am 1. Dezember 2018 zu Ende gegangen ist, hat die Antihaltung der Vereinigten Staaten zum Pariser Abkommen dem gemeinsamen Kampf gegen den Klimawandel jeden Wind aus den Segeln genommen. Das wirkte sich auch auf die Klimakonferenz der UNO aus, die wenig später im polnischen Kattowitz stattfand. Man beschloss, die im Pariser Abkommen festgeschriebenen Ziele weiterzuverfolgen, ohne jedoch den Klimabericht der UNO-Sonderkommission zu berücksichtigen, der beim derzeitigen Tempo einen drastischen Anstieg der Temperatur vorhersagt, mit katastrophalen Auswirkungen auf die Umwelt und folglich auch auf die Nahrungsressourcen wie zum Beispiel die Fischbestände.

Dass eine Reihe von Ländern dem *Global Compact*, der UNO-Konvention über die Migranten, ihre Unterstützung versagten, war ein weiterer Schlag gegen die soziale Strategie des Papstes. Diese nicht bindende Übereinkunft zeigt die Kriterien einer geordneten und sicheren Migration auf, schreibt die Grundrechte jedes Migranten fest, bekämpft die Fremdenfeindlichkeit und fördert die

Integration. 164 Länder nahmen den Pakt an. Die Vereinigten Staaten nicht. In Europa war das Bild geteilt: Österreich, Tschechien, Polen, Ungarn, Kroatien, Slowenien, Bulgarien, Estland und die Schweiz stimmten nicht zu. Der belgische Premier unterstützte das Abkommen, woraufhin die flämische nationalistische Partei unverzüglich eine Regierungskrise auslöste. Italien hat die Konvention nicht unterzeichnet. Auch die Regierung Netanjahu stimmte dagegen. Offenbar haben die maßgeblichen Politiker in Israel die jüdischen Flüchtlinge vergessen, die während des Zweiten Weltkriegs an den Grenzen zurückgewiesen wurden. Franziskus hat die Gläubigen aufgerufen, zu beten, damit der Pakt »mit Verantwortungsbewusstsein, Solidarität und Mitgefühl« umgesetzt werden kann.[21]

Am 16. Dezember 2018, einen Tag vor seinem 82. Geburtstag, veröffentlichte der *Osservatore Romano* auf der Titelseite einen Artikel über den Menschenhandel, ein Thema, das dem Pontifex besonders am Herzen liegt. Der Artikel führt Statistiken an, wonach weltweit 40 Millionen Menschen als Sklaven leben. In den Daten der UNO werden mindestens 150 Herkunfts- und 124 Bestimmungsländer genannt. Das Phänomen betrifft sexuelle Ausbeutung, Ausbeutung der Arbeitskraft, häusliche Zwangsarbeit, Zwangsbettelei, Organhandel. Die Opfer sind vorwiegend Frauen, doch auch die Zahl der betroffenen Kinder wächst. Das sind die »neuen Foren der Sklaverei«, die Franziskus gerne von den Vereinten Nationen als Verbrechen gegen die Menschlichkeit verurteilt sähe. Und über die er auch mit dem damaligen US-Präsidenten Obama gesprochen hatte. »Die Sklaverei ist kein Phänomen aus einer anderen Zeit, sie manifestiert sich auch heute in vielen verschiedenen Formen«, mahnt der Papst. Es gelte, den Schleier der Gleichgültigkeit zu zerreißen, der das Schicksal dieser ungeheuren Masse vor unseren Augen verbirgt, beharrt Franziskus. Doch »es scheint, dass viele die Tragweite des Problems nicht verstehen wollen«.[22]

Auch das ist ein Kampf, den Papst Jorge Mario Bergoglio zäh weiterkämpfen will.

XI
Die Flucht der Frauen

Der Einbruch ist katastrophal. Zwischen 2000 und 2016 ist die Zahl der Aktiven in den Frauenorden von 800 000 auf 659 000 zurückgegangen. Das Heer der Ordensschwestern ist von entscheidender Bedeutung für die Präsenz der katholischen Kirche in der heutigen Gesellschaft. Sie leiten alle Arten von Schulen, Institute, Krankenhäuser, Ambulanzen, Seniorenheime, Einrichtungen für Menschen mit Behinderung, Frauenhäuser und Waisenhäuser und leisten Hilfe in jeder nur erdenklichen Form. Man findet sie nachts an den verlassensten Orten der westlichen Metropolen, und sie sind in jenen Regionen der Dritten Welt aktiv, wo die Not am größten ist. Sie bilden großenteils das Rückgrat der Dienste in den Diözesen, den Bischofskonferenzen und den Kongregationen im Vatikan. Und sie arbeiten seit Jahrhunderten als Haushälterinnen, Assistentinnen und Pflegerinnen von Priestern, Bischöfen, Kardinälen und Päpsten. Ohne die Infanterie der Frauen, die Schleier tragen oder auch nicht, wäre die Kirche außerstande, auch nur einen einzigen Schritt zu tun. Ein Verlust von 140 000 Ordensschwestern in knapp 16 Jahren ist ein beunruhigendes Phänomen.

2018 sorgte eine nüchterne Auflistung von Zeugnissen aus dem Inneren der kirchlichen Institutionen für Aufsehen im Vatikan. Ganz und gar authentische Geschichten. Ordensschwestern, »die bei Kirchenmännern Dienst tun, stehen beim Morgengrauen auf, um das Frühstück zuzubereiten, und gehen schlafen, nachdem das Abendessen serviert wurde, die Wohnung aufgeräumt, die Wäsche gewaschen und gebügelt ist … Bei dieser Art von ›Dienst‹ haben die Ordensfrauen keine genau festgelegte und geregelte Dienstzeit wie die Laien, und ihre Vergütung ist willkürlich und fällt oft höchst bescheiden aus«. Schwestern, die benutzt und missachtet werden: »Ein Kleriker lässt sich das Essen von einer Ordensfrau servieren und lässt sie dann, wenn sie ihn bedient hat, alleine in der Küche essen? Ist es für einen geweihten Mann normal, auf diese Weise von einer Frau des geweihten Lebens bedient zu werden?« Schwestern, die 30 Jahre lang in einer kirchlichen Institution gedient haben und, wenn sie krank sind, von keinem der Priester, um die sie sich gekümmert haben, besucht werden. Oder die aus heiterem Himmel »entlassen« werden. »Schwestern […], die in Theologie promoviert waren und von heute auf morgen ausgesandt wurden, um zu kochen oder Geschirr zu spülen: eine Aufgabe ohne jeden Bezug zu ihrer intellektuellen Ausbildung und ohne wirkliche Begründung.« Schwestern, die nach jahrelanger Lehrtätigkeit – so geschehen in Rom – in eine Pfarrei geschickt werden, um dort die Kirchentür auf- und zuzuschließen.[1] Viele Prälaten im Vatikan waren überrascht, als sie feststellen mussten, dass die Reportage und die darin geäußerten Vorwürfe nicht etwa von der laikalen oder antiklerikalen Presse, sondern aus der Beilage *Frauen, Kirche, Welt* kamen, die der *Osservatore Romano* publiziert.

Seit den Anfängen seines Pontifikats hat Franziskus darauf hingewiesen, dass die Ordensfrauen oft zu einer Tätigkeit als »Bedienstete« verdammt seien, was, so seine Mahnung, nichts mit dem »Dienst an der Kirche« zu tun habe. Wenige Monate nach seiner Wahl thematisierte der Papst in seinem apostolischen Schreiben *Evangelii gaudium* die innerkirchliche »Beanspruchung der legitimen Rechte der Frauen aufgrund der festen Überzeugung, dass Männer und Frauen die gleiche Würde besitzen«. Ohne den Ausschluss der Frauen vom Priestertum anzusprechen, stellte der argentinische Papst die Frage nach der Rolle der Frau »dort, wo in den verschiedenen Bereichen der Kirche wichtige Entscheidungen getroffen werden«.[2] In seinem Interview mit *La Civiltà Cattolica* wurde der Pontifex noch deutlicher. Der weibliche Genius, so erläuterte er, verlange es, dass die Frau auch dort einen Platz haben müsse, wo Autorität ausgeübt werde.

Daneben setzte er Zeichen durch vielsagende Gesten. Am Gründonnerstag 2013 feierte der Papst die Fußwaschungszeremonie im römischen Jugendgefängnis Casal di Marmo. Zum ersten Mal waren unter den zwölf Personen, die an der Zeremonie teilnehmen sollten, auch zwei Frauen. Ein präzises Signal. Die Zahl Zwölf erinnert seit jeher an die Apostel, denen Jesus beim Letzten Abendmahl die Füße gewaschen hatte. Mit seiner Geste suggerierte Bergoglio, dass auch die Frauen Apostel waren. (In den darauffolgenden Jahren würde der Papst auch Vertreter anderer Religionen zu dem Ritus zulassen, um den dienstbaren Geist der Kirche zu veranschaulichen.) Damit dieses Zeichen nie wieder in Vergessenheit gerät, hat Franziskus per Dekret der Kongregation für den Gottesdienst das römische Missale abgeändert: Ab sofort heißt es in den Anweisungen für die Fußwaschungszeremonie nicht mehr »die Männer«, sondern »diejenigen, die aus dem Volk Gottes dazu ausgewählt wurden«.[3] Von noch größerer Symbolkraft war die Einsetzung des liturgischen Fests der heiligen Maria Magdalena, die in dem betreffenden Begleitschreiben als »Evangelistin« und in der Präfation der Liturgie als »Apostelin für die Apostel« bezeichnet wird.[4]

Außerdem hat er nach und nach damit begonnen, Frauen in vatikanische Behörden zu berufen. Zwei Frauen wurden zu Untersekretärinnen des Dikasteriums für die Laien ernannt: Gabriella Gambino, Dozentin für Bioethik und Rechtsphilosophie, und Linda Ghisoni, Anwältin bei kirchlichen Ehenichtigkeitsverfahren. Untersekretärin des Entwicklungsdikasteriums wurde die einzige Frau, die in den vergangenen Jahrzehnten so etwas wie eine Führungsposition in der römischen Kurie innehatte: Flaminia Giovanelli, die ehemalige Untersekretärin des päpstlichen Rates für Gerechtigkeit und Frieden. Sukzessive hat Franziskus vier Frauen in die Reihen der Berater des Sekretariats der Bischofssynode berufen und sieben Frauen zu Mitgliedern der Religiosenkongregation ernannt.

2014 schlug er Mary Ann Glendon für den Aufsichtsrat des IOR vor (von diesem Posten ist sie 2018 zurückgetreten). Claudia Ciocca vom Wirtschaftsprüfungsunternehmen KPMG wurde Leiterin der »Kontroll- und Aufsichtsstelle« des Wirtschaftssekretariats. Die Kunsthistorikerin Barbara Jatta wurde zur Direktorin der Vatikanischen Museen ernannt. Mariella Enoc, der ehemaligen Vizepräsidentin der Cariplo-Stiftung und Präsidentin von Confindustria Piemonte, wurde die Leitung der vatikanischen Kinderklinik *Bambin Gesù* anvertraut. Und mit Schwester Mary Melone hat Franziskus schließlich eine Frau zur Rektorin der Päpstlichen Universität Antonianum gemacht. Außerdem übernahm 2018 zum ersten Mal eine Frau den Vorsitz der internationalen Föderation der katholischen Universitäten: die Professorin Isabel Capeloa Gil, Rektorin der Katholischen Universität Portugal. Im Vatikan hat Gianfranco Kardinal Ravasi 2015 dem päpstlichen Rat für die Kultur, dessen Präsident er ist, einen weiblichen Beirat zur Seite gestellt. Er setzt sich aus 37 Frauen unterschiedlicher Berufe, Konfessionen und Philosophien zusammen. Aufgabe des Beirats ist es, die Entwicklung der Rolle der Frau in der Gegenwartsgesellschaft zu untersuchen.

Kleine Schritte nach vorne, die zuweilen – in Anbetracht des langsamen Tempos der Kirche – sogar symbolische Bedeutung haben. Die aber nicht ausreichen, um mit dem Schritt zu halten, was Franziskus als den »epochalen Wandel« bezeichnet hat, den die globale Gesellschaft, die Frauen und die Gläubigen derzeit erleben. Sechs Jahre nach Bergoglios Wahl kann von einer realen und flächendeckenden Beteiligung der Katholikinnen an den Entscheidungsmomenten ihrer Kirche nicht im Mindesten die Rede sein. 2013 hatte eine Gruppe von Theologinnen und Theologen in Europa und den Vereinigten Staaten den (bereits zwei Jahre zuvor von der Zeitschrift der US-amerikanischen Jesuiten, *America*, vorgebrachten) Vorschlag geäußert, dass der Papst Frauen zu Kardinälen ernennen solle, da das Kardinalsamt noch bis ins 19. Jahrhundert hinein auch Laien verliehen werden konnte. Kardinal Maradiaga, Koordinator der neun Kardinäle – des Kronrats von Papst Franziskus –, wies das Ansinnen zurück. Auch der Vorschlag der Präsidentin der Fokolarbewegung

Maria Voce, dem K9-Rat eine Gruppe aus acht Laiinnen und Laien zur Seite zu stellen, die dem Papst als ständiges Beratungsgremium dienen sollen, wurde nicht in Betracht gezogen. Geschweige denn ihre Anregung, eine für die katholische Welt repräsentative Gruppe von Gläubigen beiderlei Geschlechts zu den Debatten des Präkonklaves über die Situation der Kirche zuzulassen. Auch das Gesuch, eine Synode »über die Frauen, mit den Frauen, für die Frauen« einzuberufen, das 2015 von Schwester Eugenia Bonetti (einer Ordensfrau, die an vorderster Front gegen den Handel mit Sexsklavinnen kämpft) und der Historikerin Lucetta Scaraffia vorgebracht wurde, die damals für den *Osservatore Romano* schrieb und in jenen Jahren als leitende Redakteurin die Einlage »Frauen Kirche Welt« herausgab, ist bis heute nicht beantwortet worden.

Ein wichtiger Schritt erfolgt im Mai 2016, als der Papst die Internationale Vereinigung der Generaloberinnen (UISG) in Audienz empfängt. Die UISG ist der Dachverband der Frauenorden in aller Welt. Die Begegnung ist als Dialog strukturiert: Fragen und Antworten. Der Pontifex kennt die Fragen vorher. Franziskus lässt den Fragestellerinnen alle Freiheiten und wird später anordnen, dass das Gespräch veröffentlicht wird. Es sind sehr konkrete Fragen nach dem Ausschluss der Frauen von der Predigt während der Messe und von den Entscheidungsprozessen in der Kirche. Außerdem wird gefragt, warum die Frauen nicht unter die ständigen Diakone aufgenommen werden können. Franziskus zeigt sich bereit, das Thema anzugehen: »Es gibt einige Veröffentlichungen über das [Frauen-]Diakonat in der Kirche, aber es ist nicht klar, wie es ausgesehen hat. […] Außerdem möchte ich eine offizielle Kommission einrichten, die diese Frage untersuchen kann: Ich glaube, es wird der Kirche guttun, diesen Punkt zu klären«.

Der Papst handelt rasch. Im August desselben Jahres ernennt er die Kommission: sechs Theologinnen und sechs Theologen. Die Leitung wird dem Sekretär der Kongregation für die Glaubenslehre, Bischof Luis Francisco Ladaria, anvertraut. Kardinal Müller, der damalige Präfekt der Kongregation, hatte nichts davon hören wollen. Doch die Entscheidung des Pontifex und das Anliegen der Oberinnen der Frauenorden sind nicht ganz deckungsgleich. Die Schwestern hatten ihn gebeten, das Thema in seiner Aktualität in Angriff zu nehmen: »Was hindert die Kirche daran, auch Frauen unter die ständigen Diakone aufzunehmen, genau wie es in der frühen Kirche geschehen ist?«, hatten sie gefragt. Franziskus entscheidet sich für eine vorsichtigere Lösung: eine Untersuchung der Situation in der Kirche der ersten Jahrhunderte. Das ist die Aufgabe der Kommission. Die Präsenz der weiblichen Diakone in der Urkirche und im frühen Mittelalter zu kartieren.

Die Kommission arbeitet zwei Jahre lang vor allem telematisch. Im Palazzo del Sant'Uffizio im Vatikan werden de facto nur vier Vollversammlungen abgehalten.

Das Ergebnis wird in einem neunseitigen Dokument vorgestellt, das Ladaria – der inzwischen zum Kardinal und Präfekten der Kongregation für die Glaubenslehre ernannt worden ist – im Juni 2018 überreicht wird. Im Unterschied zu einer ähnlichen Studie, die 2003 von der internationalen theologischen Kommission durchgeführt worden war und mit der Feststellung geendet hatte, dass es Sache der höchsten Hierarchien der Kirche sei, »sich zu dieser Frage mit Autorität zu äußern«, ist der Text der von Bergoglio eingesetzten Kommission ausschließlich an den Papst persönlich gerichtet und war Anfang 2019 noch nicht publiziert. »Bei der Arbeit wurden drei Ansätze verfolgt: der historische, der anthropologisch-liturgische und der theologisch-dogmatische«, erklärt ein Mitglied der Kommission. Das Abschlussdokument stellt heraus, was sicher und was unsicher ist. Es spiegelt den Pluralismus (und die theologischen Gegensätze) innerhalb der Gruppe wider. Abschnitt für Abschnitt ist dort nachzulesen, in welchen Punkten alle übereinstimmten und wo man unterschiedlicher Meinung war.

Aus der historischen Untersuchung geht jedenfalls klar hervor, dass es falsch wäre, die Gegebenheiten der ersten Jahrhunderte mit der dogmatischen Brille von heute zu lesen. Wenn in den Briefen des heiligen Paulus, also in der Entstehungszeit des Christentums, von »Bischöfen« oder »Diakonen« die Rede ist, dann ist das etwas vollkommen anderes als das Bischofsamt oder das Diakonat tausend Jahre später. Die Kommission hat die Dokumentation analysiert und ist zu dem Schluss gekommen, dass das Frauendiakonat sowohl in der westlichen als auch in der östlichen Hälfte des römischen Imperiums eine konkrete, wenngleich nicht scharf umrissene Realität gewesen sei. »Es steht fest«, so ein Mitglied der Kommission, »dass es eine Vielzahl von Tätigkeiten gab: den Frauen bei der Immersionstaufe zu helfen (bei der sie ganz oder teilweise unbekleidet waren), das Evangelium vorzulesen oder andere Handlungen während der Messe, aber nie am Altar zu vollziehen, die Bischöfe bei einigen Aktivitäten mit den Gläubigen zu unterstützen. Zu beachten ist, dass der Begriff ›Diakon‹ in den ersten Jahrhunderten sowohl für Männer als auch für Frauen verwendet wurde.« Von Diakoninnen ist erst später die Rede, das konnten weibliche Diakone oder Leiterinnen von Ordensgemeinschaften oder Ehefrauen von Diakonen sein; sie konnten auch dann Diakoninnen werden, wenn sie mit einem Priester verheiratet waren, der dann Bischof wurde. »Jedenfalls wurde eine Frau durch eine spezielle Beauftragung, durch einen Segen oder durch Handauflegung Diakon. In manchen Texten ist ausdrücklich von ›Weihe‹ die Rede. Allerdings hatte der Begriff der Ordination damals noch nicht die Bedeutung eines Sakraments, das kam erst später. Es bedeutete einfach nur, in einen ›Ordo‹, einen bestimmten Stand einzutreten. Das heißt, dass auch das männliche Diakonat anfangs nicht Bestandteil eines *Iter sacramentale* war.«[5]

Unterscheidungen und Nuancen, die man als Außenstehender leicht für abstrakte Wortklaubereien halten könnte und die dennoch ein ganz wesentliches Thema betreffen. »Die Sache ist die«, erklärt ein Mitglied der Kommission, »dass jegliche Beteiligung der Frau am Ende gegen eine gläserne Wand stoßen wird: Die Entscheidungsgewalt ist an den Weihestand gebunden. Und alle wissen, dass die heutige Diskussion über das Frauendiakonat letztlich wieder beim wunden Punkt des Frauenpriestertums landen wird. Das war unausgesprochen auch bei unseren Treffen zu spüren.«[6] Das Dokument spricht keinerlei Empfehlungen aus – der Papst hatte ausdrücklich darum gebeten, die Frage lediglich zu kartieren –, doch manche seiner Verfasser sind der Auffassung, dass es innovativen Entscheidungen den Boden bereitet. Für die US-amerikanische Religionshistorikerin Phyllis Zagano, die der Kommission angehört, ist es wichtig, dass die Forschungen Fälle von »Ordinationszeremonien für weibliche Diakone« zutage gefördert haben, »die mit den Ordinationszeremonien für die Männer identisch waren«.[7] Eine Veröffentlichung des Dokuments würde eine konkrete Diskussion in der gesamten Kirche ermöglichen. Die Fachleute halten drei Lösungen für möglich. Eine Minimallösung wäre die offizielle Zulassung der Frauen zum »Akolytat« und zum »Lektorat« (also der Möglichkeit, während der Messe Abschnitte aus den Evangelien vorzulesen). Das tun die Frauen zwar schon jetzt – aber nicht im Rahmen des betreffenden »Dienstamts«. Die zweite Option ist die Schaffung eines eigenen Diakonats nur für Frauen, das sich vom ständigen Diakonat der verheirateten Männer in seiner jetzigen Form unterscheidet. Diese Möglichkeit wird von einem Großteil der Theologinnen unserer Zeit abgelehnt, weil dadurch innerhalb der kirchlichen Ämter so etwas wie ein »Frauenreservat« eingerichtet würde. Die dritte Lösung bestünde darin, den Frauen den Zugang zum ständigen Diakonat zu eröffnen, da das Amt des ständigen Diakons keine Vorstufe zum Priestertum darstellt. Diese Lösung ist dadurch einfacher geworden, dass Benedikt XVI. einige Stellen im Codex des kanonischen Rechts geändert hat, um klarzustellen, dass nur Priester und Bischöfe der Sphäre des *Sacerdotium*, des »Priestertums«, die Diakone hingegen der Sphäre des *Ministerium*, das heißt des »Dienstamts« angehören. Somit geriete man nicht in Widerspruch zu der kategorischen Absage, die Johannes Paul II. dem Frauenpriestertum 1994 mit seinem apostolischen Schreiben *Ordinatio sacerdotalis* erteilt hat.

Ein Nein, das nach dem Willen von Franziskus durch einen Artikel im *Osservatore Romano* bekräftigt wurde, den Kardinal Ladaria in seiner Eigenschaft als Präfekt der Kongregation für die Glaubenslehre im Mai 2018 unterzeichnet hat. »Die Priester«, schrieb Ladaria, nur wenige Tage bevor die Kommission über das Frauendiakonat ihr Abschlussdokument übergab, »werden ›Christus gleichförmig‹ gemacht, ›sodass sie in der Person des Hauptes Christus handeln können‹ (*Presbyterorum ordinis*, Nr. 2). Christus wollte dieses Sakrament den zwölf Aposteln verleihen, die alle Männer waren, und diese haben es ihrerseits anderen Männern übertragen.«[8]

Die Erklärung des Präfekten des Heiligen Offiziums und die Wahl des Zeitpunkts lassen die reformerischen Theologinnen fürchten, dass Franziskus, der an verschiedenen Fronten von seinen Gegnern unter Druck gesetzt und unablässig beschuldigt wird, die traditionelle Lehre der Kirche auf den Kopf zu stellen, keine nennenswerte Neuerung wird vornehmen können. »Ich vertraue Franziskus, persönlich halte ich ihn für jemanden, der auf die Zeichen der Zeit achtet, aber wenn eine Innovation seine Arbeit gefährdet, dann wird er sagen, dass man damit noch warten muss«, gesteht ein Mitglied der Kommission. »Manche haben sich von den Schritten, die Franziskus unternimmt, eine sofortige Veränderung erwartet, und ich ahne schon, welche Enttäuschung sich breitmachen wird, falls nichts passieren sollte«, gibt ein anderes Kommissionsmitglied zu.[9] Ein drittes erinnert sich an die einzige Begegnung, die sie mit dem Papst hatten. Das war in der Fastenzeit 2017. Der Papst war gerade von den geistlichen Exerzitien zurückgekehrt und betrat überraschend den Raum des Heiligen Offiziums, in dem sie arbeiteten. Er unterhielt sich etwa 20 Minuten mit der Kommission, und »er war dafür, dass wir vorankamen, das konnte man spüren«. Francesco Kardinal Coccopalmerio, der über zehn Jahre lang Präsident des Rats für die Gesetzestexte war, hat keinerlei Zweifel. Er erinnert sich noch, dass Carlo Maria Kardinal Martini dafür war, Frauen zum Diakonat zuzulassen. »Ich denke wie er. Es gibt keine Probleme. Darin bin ich mir sicher. Aber man muss auch die ökumenischen Beziehungen im Auge behalten: Die Traditionen der orthodoxen Kirchen wurzeln tief, ihre Überzeugungen müssen respektiert werden.«[10]

Jetzt hängt alles von Franziskus ab. Als der Pontifex im Mai 2019 mit den internationalen Vertretern der Frauenorden zusammentraf, dankte er den Mitgliedern der Kommission für ihre Arbeit zur Frage des Diakonats, nannte das Ergebnis jedoch gleichzeitig »nichts Besonderes.« Gewiss habe es, wie er bei der Übergabe des Abschlussberichts an die Präsidentin erklärte, in den Anfängen des Christentums eine Art Frauendiakonat gegeben: »Sie halfen bei der Taufe, im Fall der Auflösung einer Ehe, solche Dinge ...«. Doch die Diakoninnen hätten keine echte sakramentale Weihe, sondern eher eine Benediktion empfangen, wie man sie den Äbtissinnen erteilt.

Die gemeinsame *Relatio* der Kommission, so fügte er hinzu, enthalte »die wenigen Dinge, über die sich alle einig waren.« Nicht genug für ein sakramentales Dekret, denn es fehlt die theologisch-historische Grundlage. Außerdem, so Franziskus, habe jedes Kommissionsmitglied noch eine persönliche Relation abgegeben. »Es wird weitergehen«, erklärte er abschließend, »ich könnte in Kürze die Mitglieder der Kommission einberufen [...].«[11]

Das knappe Urteil des Papstes, der die Angehörigen der Kommission bis Mitte 2019 noch nicht in Audienz empfangen hatte, rief bei den beteiligten Frauen Ratlosigkeit und Enttäuschung hervor. »Die Art und Weise, wie der Papst unsere Arbeit abgetan hat, hat uns überrascht«, so ein Mitglied der Kommission. »Es war nicht zu verstehen, ob er jetzt einigen Mitgliedern den Auftrag erteilt hat, weiterzumachen, oder ob er andere Personen damit betraut hat oder ob gar nichts geschieht.« Erst die Debatte auf der Pan-Amazonas-Synode im Oktober 2019 hat den Prozess wieder in Gang gebracht. Von den Bischöfen ermutigt, kündigte Franziskus seine Absicht an, die Kommission erneut einzuberufen und durch weitere Mitglieder zu ergänzen, um die Frage weiter untersuchen zu lassen.

Die Episkopate von Kanada, den Vereinigten Staaten und Deutschland drängen seit einer Weile auf eine Einführung des Frauendiakonats. Entscheidend ist jedoch vor allem der Zeitfaktor, den die verbreiteten Widerstände in der Hierarchie und in Teilen des Klerus nicht bedenken. Die Frauen entfernen sich von der Kirche. Die theologischen Eliten entfernen sich, und es entfernen sich auch die Gläubigen an der Basis, die immer weniger motiviert sind, sich in der Pfarrgemeinde zu engagieren: Das Durchschnittsalter der Katecheten und der anderen ehrenamtlichen Helfer nimmt stetig zu. Die neuen Generationen der Ordensschwestern werden ungeduldig: Sie sind nicht länger bereit, vor dem männlichen Pfarrer zu kuschen, nur weil er das Weihesakrament empfangen hat. Sich ständig mit der Rolle des »Schäfleins« oder der »Mitarbeiterin« begnügen zu müssen, steht zur gesellschaftlichen Entwicklung in unvereinbarem Gegensatz. Das ist kein »Machismo im Rock« – ein Ausdruck, der Franziskus vor geraumer Zeit einmal entschlüpft ist – und auch kein verspäteter Ausbruch eines feministischen Anspruchsdenkens: Die Situation ist schlicht und einfach unbegreiflich. Die katholische Autorin und Historikerin Lucetta Scaraffia war nach ihrer Teilnahme an der Familiensynode derart betroffen, dass sie ein Buch mit dem Titel *Dall'ultimo banco* (»Von der letzten Bank«) verfasst hat. Ohne die Frauen, erklärt sie, könne die Kirche nicht weitermachen, denn »es sind die Frauen, die ihren Betrieb aufrechterhalten und nicht länger bereit sind, zu dienen, ohne angehört zu werden«.[12] Die Historikerin, deren Kommentare in der Regel gemäßigt ausfallen, hat offenbar ihre Toleranzgrenze erreicht. Wie die Frauen im Vatikan gesehen würden, hat man sie gefragt. »Sie werden nicht gesehen. Sie sind gar nicht da«, so die brüske Antwort.[13] Nach dem Missbrauchsgipfel im Vatikan legt sie noch einmal nach: In der Kirche seien die Frauen und vor allem die Ordensfrauen bis heute Mitglieder zweiter Klasse. »Sie werden nie angehört oder um Rat gefragt, sie müssen nur gehorchen.«[14]

Alle, die als Expertinnen oder Hörerinnen an der Bischofssynode teilgenommen haben, beschreiben dasselbe Bild: »Wir sitzen oben im Halbkreis der Synodenaula«, erzählt eine Theologin. »Unten sieht man den Papst mit den Kardinälen, dann die wichtigen Bischöfe, dann die anderen Bischöfe, dann die Oberen der Männerorden, dann die Oberen der Frauenorden, dann die Priester und dann uns. Von unten nach oben. Wie im Hühnerstall.« Doch auch die Theologen, mit denen man in den Arbeitstreffen zusammensitzt und die man von der Universität oder von wissenschaftlichen Symposien kennt, ziehen sonntags »die liturgischen Gewänder an, zelebrieren, singen Psalmen und predigen – und wir sind das Publikum.« Eine Angehörige der Kommission über das Diakonat ergänzt mit einem Anflug von Ironie: »Warum predigst immer nur du mir und nie ich dir?«

Marinella Perroni, Gründerin des *Coordinamento Teologhe Italiane*, kommentiert: »Die Veteraninnen unter uns sind schon vor geraumer Zeit zu dem Schluss gekommen, dass es keinen Zweck hat, über das Frauendiakonat zu diskutieren, wenn man sich nicht daran macht, alle Dienstämter insgesamt zu überdenken. Doch sie haben Angst im Vatikan.« Die Verantwortung liege nicht allein bei der Kurie, sondern bei einem Großteil der kirchlichen Hierarchie in aller Welt. »In den letzten 30 Jahren«, so Perroni abschließend, »sind, was die Ausbildung, die Theologie und die personelle Auswahl angeht, in der Kirche verheerende Zustände eingekehrt.«[15] Dieses vernichtende Urteil bezieht sich auf die Ausrichtung der Seminare, auf die Auswahl der Bischöfe »nach Gehorsam und dogmatischer Loyalität« und auf die systematische Weigerung, die theologische Forschung aufzuwerten, damit sie der kirchlichen Gemeinschaft helfen kann, sich in ihren Strukturen und in ihrer Kommunikation mit der Welt weiterzuentwickeln. Auf der Anklagebank: Johannes Paul II. und Benedikt XVI.

Unterdessen kehren auch die neuen weiblichen Generationen der Kirche den Rücken. Für sie hat die Kirche erheblich an Anziehungskraft verloren. Italien ist ein beispielhafter Fall. Während bei den 1940er Jahrgängen in Glaubensdingen eine beträchtliche Schere zwischen Frauen und Männern klaffte, scheint es heute praktisch keinen Unterschied mehr zu geben. Die Anzahl der Frauen, denen die Religion »sehr« wichtig war, war in der besagten Generation fast doppelt so hoch wie die der Männer (der Anteil der betreffenden Frauen belief sich auf 50, der der Männer lediglich auf 26 Prozent). Derzeit herrscht, was die Säkularisierung der Einstellung betrifft, annähernd Gleichstand zwischen den Geschlechtern. Schon Ende des ersten Jahrzehnts des neuen Jahrtausends maßen nur mehr 14 Prozent der um 1990 geborenen Mädchen der Religion »große Bedeutung« bei: eine Rate, die sich nicht wesentlich von den 11,6 Prozent ihrer männlichen Altersgenossen unterschied. Die Zahlen stammen vom *Osservatorio Socio-Religioso del Triveneto* und beziehen sich auf den Nordosten Italiens.[16]

Da es sich hierbei um eine traditionell sehr katholische Gegend handelt, lassen sich die Ergebnisse unschwer auf die säkularisierte Gesamtheit der jugendlichen Bevölkerung hochrechnen. Was die Entfernung von den kirchlichen Strukturen (nicht aber die Spiritualität und die religiösen Fragen) betrifft, ist unter den Millennials praktisch kein Unterschied mehr zwischen den Geschlechtern zu erkennen. Der Priester Armando Matteo, ehemaliger Nationalassistent des italienischen katholischen Hochschulbundes (FUCI), ist der Auffassung, die Kirche dürfe es nicht länger auf die leichte Schulter nehmen, dass »immer mehr Zwanzig-, Dreißig-, Vierzigjährige das Interesse an den Glaubenspraktiken verlieren«.[17] In den neuen Frauengenerationen macht sich eine unbestreitbare Fremdheit gegenüber der religiösen Praxis und den grundlegenden kirchlichen Strukturen – der Pfarrgemeinde und dem Bistum – bemerkbar. Was für Italien gilt, manifestiert sich in anderen westlichen Ländern noch deutlicher. Wobei man hinzufügen muss, dass die kritische Einstellung zu den Hierarchien und Strukturen der Kirche mit dem Bildungsgrad zunimmt. Die Kirche ist stillschweigend dabei, die Frauen zu verlieren – genauso, wie sie im Lauf des 20. Jahrhunderts die Arbeiterschichten verloren hat.

233

»Das Risiko besteht darin, dass man die Wünsche und Erwartungen derer auf Franziskus projiziert, die meinen, der Pontifex wäre bereit, die Lehre und das Dogma zu ändern – aber das ist er nicht«, bemerkt Mary McAleese, die zwei Legislaturperioden lang Präsidentin von Irland gewesen ist. »Die Kirche steht an einem Scheideweg. Entweder sie wird zu einer randständigen Sekte, oder sie entschließt sich zu einem umfassenderen Ansatz. Das alte imperiale System der klerikalen Eliten funktioniert nicht mehr«, fügt sie hinzu. »Wie soll man die Frauen in den Entscheidungsprozess einbeziehen, wenn alles in der Hand der klerikalen Kaste bleibt?«[18] McAleese, Katholikin aus einem Guss, Sanguinikerin und mit einem natürlichen Gespür für Politik begabt, ist die Richtige, um die Frauenfrage freimütig und aus einer außervatikanischen Perspektive zu beurteilen. Schon die Geschichte ihrer ersten Begegnung mit Papst Wojtyła vermittelt ein prägnantes Bild von ihrem Charakter. »Ich war auf Staatsbesuch im Vatikan«, erzählt sie, »und Johannes Paul II. kam auf uns zu, ging an mir vorbei und streckte meinem Mann die Hand entgegen; dabei sagte er: ›Wären Sie nicht lieber selbst Präsident, statt eine Präsidentin zur Frau zu haben?‹ Mein Mann kennt mich gut genug, um die Hand des Pontifex nicht zu ergreifen. Daraufhin sagte ich: ›Gestatten Sie, dass ich mich vorstelle, ich bin die gewählte Präsidentin von Irland, ob es Ihnen passt oder nicht.‹ Johannes Paul II. lächelte, versuchte zu erklären, dass er einen Scherz habe machen wollen, und fügte hinzu: ›Ich habe mir sagen lassen, Sie hätten sehr viel Sinn für Humor.‹ Danach, im Vieraugengespräch – aber nicht im Beisein der Regierungsdelegation – entschuldigte er sich damit, dass er nicht gut Englisch spreche. ›Einem Mann gegenüber hätten sie nicht versucht, einen solchen Scherz zu machen‹, erwiderte ich.«[19]

Mary McAleese ist der Ansicht, dass man von der Realität ausgehen muss. Irland ist deshalb so interessant, weil es sich binnen weniger Jahre aus einer denkbar katholischen in eine Gesellschaft verwandelt hat, die per Referendum zuerst die Homo-Ehe und dann, im Mai 2018, die Abtreibung legalisiert hat. Die frühere Präsidentin der Republik verschafft sich anhand von Begegnungen mit Frauen, die in verschiedenen kirchlichen Bereichen engagiert sind – Hilfsangeboten in der Pfarrei, Katechese, geistliche Leitung von Einkehrtagen, Mitarbeit in der Pastoral, Ökumene –, einen Eindruck von der Situation. »Sie erzählen, dass die Mädchen nicht mehr an Kirche interessiert sind. Sie hat für sie keine Bedeutung. Sie wollen nichts von ihr hören, sie sind mit einer Kirche aufgewachsen, die wegen der Skandale kein Ansehen mehr genießt. Deshalb haben sie keinerlei Respekt vor den Entscheidungen der Bischöfe.«

Zwei zentrale Fragen seien es, die angegangen werden müssen. Erstens müsse die Kirche die Kultur der elementaren Menschenrechte von Grund auf verinnerlichen, weil sie in den Augen vieler Jugendlicher nicht mehr auf der Höhe der Zeit sei. Und zweitens müsse die Beteiligung der Frauen Realität werden. »Okay, ich akzeptiere, dass die Frauen vom Priesteramt ausgeschlossen sind«, ruft McAleese, »darüber wollen wir nicht streiten. Aber ich will wissen, wie sie an den Entscheidungsprozessen beteiligt werden können.«[20] Man spürt in diesen und anderen Äußerungen von Frauen, die (noch) an einer Entwicklung der Kirche interessiert sind, eine gewisse Ungeduld, weil den zu Beginn des Pontifikats angekündigten Öffnungen keine konkreten Veränderungen gefolgt sind. Dass der Reformer Bergoglio unterstützt werden muss, steht außer Frage, und doch ist die Enttäuschung förmlich mit Händen zu greifen. McAleese greift einen Punkt auf, über den in jenem Teil der weiblichen katholischen Welt, der bereit ist, sich zu beteiligen, breite Übereinstimmung herrscht, auch wenn sich nicht alle seine Exponentinnen so unverblümt ausdrücken. »Franziskus hat die Debatte eröffnet, und das war notwendig. Er hat eine gewisse Weitsicht. Und er ist auch imstande, Irrtümer auf eine sehr menschliche Weise zuzugeben. Seine Absichten sind gut, aber die Frauen wollen Taten sehen!«[21] Und vor allem wollen sie keinerlei Paternalismus mehr, wie Irlands ehemalige Präsidentin hinzufügt.

Die Theologin Cettina Militello, eine Pionierin auf diesem Gebiet, bringt dasselbe Problem präzise auf den Punkt: »Es kann nicht sein, dass die Kirche, das Volk Gottes unterwegs, die gemeinsame Taufwürde nicht anerkennt und zur alleinigen Grundlage der Rechte und Pflichten ihrer Mitglieder macht. Es kann nicht sein, dass eine voreingenommene und diskriminierende Haltung den Frauen gegenüber weiter Bestand hat.« Ebenso sei es unvorstellbar, dass die Umgestaltung des gesamten kirchlichen Systems einer einzigen Person anvertraut wird, die man für allmächtig hält. Es gehe um Dinge, die »nicht willkürlichen oder spontanen Gesten überlassen werden dürfen, sondern umfassend und verbindlich normiert werden müssen«.[22]

Wo sind die Bischöfe der Welt, die bereit sind, dem argentinischen Papst bei seiner Politik der Veränderung zur Seite zu stehen? Das ist die Frage, die das Pontifikat von Anfang an begleitet. Mary McAleese sagt, dass es »vielen Bischöfen an Mut fehlt, sie ziehen den Kopf ein und wollen nicht überrumpelt werden, falls in der Kirche ein neuerlicher Kurswechsel eintritt«.[23]

Nach den konkreten Möglichkeiten gefragt, schlägt die ehemalige Präsidentin – unter Hintanstellung des Weiheproblems – gemeinsam mit anderen engagierten Katholikinnen die Einrichtung einer ständigen Kommission im Vatikan vor, um die Frauen in die Entscheidungsprozesse einzubeziehen. Ferner eine Beteiligung von Frauen an den Bischofskonferenzen allermindestens mit Rederecht. Und Diözesansynoden alle fünf Jahre, auf denen Männer und Frauen zu gleichen Teilen vertreten sein sollen. Und schließlich die gleichberechtigte Beteiligung von Laienvertretern (Männern wie Frauen) aus einer breiten Palette von Erfahrungsbereichen an der Generalversammlung der Bischofssynode. Vor diesem Hintergrund ist es sicherlich bemerkenswert, dass die weibliche Abteilung des vatikanischen Dikasteriums für die Laien einer »Gottgeweihten« (Marta Rodríguez) von der Bewegung Regnum Christi, einem Ableger der Legionäre Christi, anvertraut worden ist.

Eigentlich hatte Mary McAleese am 8. März 2018 im Vatikan an einem Treffen über die Rolle der Frauen teilnehmen sollen. Der irische Kardinal Kevin Farrell, Präfekt des Dikasteriums für die Laien, strich ihren und den Namen zweier weiterer Personen von der Liste. Ihr Vergehen: Sie hatten sich allzu öffentlich für die Rechte der homosexuellen Bürger und Gläubigen eingesetzt. »Ich habe einen schwulen Sohn«, sagt sie. »Er ist mein Stolz und meine Freude, er hat einen wunderbaren Partner geheiratet. Sie waren beide Messdiener und haben an allen [von Wojtyła gegründeten] Weltjugendtreffen teilgenommen. In der Pubertät haben sie ihre sexuelle Orientierung entdeckt und mussten feststellen, dass die Kirche sie deswegen verachtete.«

Es gibt eine Welt außerhalb des Vatikans, von der die Hierarchie nichts weiß. Nichts wissen will.

XII

Eine Kirche in Not

Die Priester fühlen sich von Papst Franziskus schlecht behandelt. »Nie hat er ein freundliches Wort für uns«, ruft ein Geistlicher aus den Abruzzen aus. Und ein Priester aus der Romagna beschwert sich bei seinem Bischof: »Er sagt uns, dass wir hinausgehen sollen, an die Peripherien. Aber ich bin den ganzen Tag da draußen und weiß nicht aus noch ein vor lauter Arbeit!« Schon kurz nach der Wahl des argentinischen Papstes bemerkte der damalige Präsident des Rats für die Migranten, Antonio Maria Kardinal Vegliò: »Ich habe den Eindruck, dass er die Priester zu oft kritisiert: Sie tun auch Gutes!«[1]

Der Klerus der Heiligen Römischen Kirche ist eine magmaartige, komplexe Realität. Er wirkt wie ein kompaktes Heer, aber das täuscht. Und auch wenn die Kirche eine Monarchie ist, so ist sie doch kein Uhrwerk, bei dem nur ein Finger oben am Zeiger drehen muss, damit jedes Zahnrädchen tut, was es soll. Das Verhältnis zwischen dem Reformerpapst und dem Gefüge des Klerus ist schwierig. Italien, das Gebiet, dessen »Primas« der Papst ist, spiegelt die Ablehnung getreulich wider. Eine Minderheit unter den etwa 32 000 Priestern im aktiven Dienst hat den Amtsantritt des argentinischen Papstes begeistert begrüßt. Bergoglianer *avant la lettre*. Sie reichen den wiederverheirateten Geschiedenen schon längst stillschweigend die Kommunion, haben ihre Gemeinden für Homosexuelle und ihre Partner geöffnet und wissen, dass man die Jugendlichen, die unverheiratet zusammenleben, »begleiten« muss, statt sie zu verteufeln. Sie setzen sich für die Armen und die Geflüchteten ein (ein Engagement, das man allerdings bei Pfarrern aller Denkrichtungen findet) und hängen womöglich die Haushaltsbilanz der Pfarrei für alle sichtbar an der Kirchentür aus. Es ist eine Schicht von Priestern, die seit der Wahl von Papst Franziskus das Gefühl hat, »sich freier bewegen zu können«, wie Alessandro Castegnaro, Leiter des *Osservatorio Socio-Religioso del Triveneto*, erklärt. Die Antipoden jener Vollstrecker von Normen und Gesetzen, die vermeintlich von einem unversöhnlichen Richtergott stammen. »Papst Franziskus«, bemerkt Don Alberto Maggi, Buchautor und Prediger in Montefano in den Marken, »hat Bischöfe und Priester aus der Fassung gebracht, die seit Jahren in der ›Lehre‹ gelebt haben. Empathielos, kalt, von der Angst blockiert. Beichtväter, die bei den Gläubigen verheerende Schäden angerichtet haben. Zu mir ist eine Frau gekommen, geschieden, zwei Kinder; sie hatte jung geheiratet. Mit 40 hatte sie wieder einen Mann gefunden, und dann haben sie ihr in der Wallfahrtskirche von Loreto gesagt, dass sie im Zustand der Todsünde lebe. Ich habe ihr die Kommunion gereicht, und sie hat sie unter Tränen empfangen.«[2]

Auf der anderen Seite aber steht ein großer Teil des Klerus, der es nicht erträgt, wenn der Papst sich gegen narzisstische und »salbungsvolle« Priester wendet; gegen solche, die an ihrem schönen Auto und an ihrer Routine hängen – »Das haben wir immer so gemacht!« –, und solche, die im Gegenteil immer nur Pläne und Projekte im Kopf haben und alles der Effizienz unterordnen. Die Kritik des Papstes ist stichhaltig, doch die Masse der Glaubensboten, die aufgrund unmenschlicher Arbeitsrhythmen in vielen Fällen nur mehr Sakralfunktionäre sind, reagiert irritiert. Sie müssen vier oder fünf Gemeinden betreuen, weil die Berufungskrise die Bestände ausgedünnt hat. Und sie müssen eine Vielzahl von Initiativen am Laufen halten. Don Paolo Citran, Pfarrer in Baggio in der Umgebung von Mailand, zählt auf: Bibeltreffen mit den Senioren, Gespräche mit den Paaren, pastorale Jugendarbeit einschließlich einer siebentägigen »Konvivenz«, einer Art Einkehrwoche, außerdem Kommunion- und Firmunterricht und dann auch noch das Jugendzentrum, die sportlichen Aktivitäten, die Workshops, die Beratungs- und Unterstützungszentren der Caritas, der Italienischunterricht für die Geflüchteten, das Zentrum für Mütter in Not mit ihren Kindern, die Bedürftigentafel ...[3]

In Italien ist die Pfarrei nach dem Verschwinden der Parteien und Gewerkschaften so etwas wie eine letzte Bastion. Nicht alle Gemeinden bieten eine so breite Palette an Aktivitäten an, aber alle unterhalten vielfältige religiöse und soziale Initiativen. In Pompei hatte Don Gioacchino Cozzolino, heute Leiter des Katechese-Büros an der Wallfahrtskirche Unserer Lieben Frau vom Rosenkranz, als Pfarrer alle Hände voll zu tun: die Katholische Aktion, die Theatergruppe, der Gospelchor, die Treffen mit den Jugendlichen, die Versammlungen mit den Erwachsenen, die Einkehrtage, die Schulfreizeiten, die »Lectio divina«.[4]

Unterdessen wird die Situation, was die neuen Jahrgänge betrifft, immer kritischer. Die Zahl der Priester nimmt im Verhältnis zur Zahl der Katholiken (die weltweit um 14 Millionen gestiegen ist) unerbittlich ab, und auch die absoluten Zahlen gehen zurück. Der *Annuario Pontificio* von 2019 verzeichnet einen Rückgang von 414969 (in 2017) auf 414582 Priester. Die Priesteramtsanwärter verringern sich von 116160 auf 115328. Das Durchschnittsalter der Priester steigt kontinuierlich. »Ein Drittel der Priester in unserem Bistum ist älter als 75«, erklärt Matteo Zuppi, Bischof von Bologna. »Wir erwarten für die nächste Zeit zwei Neuweihen, ein weiterer Kandidat ist in der Ausbildung, das ist alles.«[5] Im Bistum Pompei ist zwischen 1973 und 1993 kein einziger Priester neu geweiht worden. In Rieti, wo die Mehrheit der Priester zwischen 55 und 70 Jahre alt ist, sieht die Situation folgendermaßen aus: null Weihen in 2016, null in 2017, null in 2018, null in 2019. Man rechnet damit, dass 2020 zwei Kandidaten ihr Studium abschließen. Chieti schätzt sich glücklich, weil dort seit Jahrzehnten regelmäßig zwei Neupriester pro Jahr geweiht werden (was aber nicht ausreicht, um die fehlenden zu ersetzen). In Ravenna wurde fünf Jahre lang kein einziger Priester geweiht, dann einer, dann wieder fünf Jahre lang keiner.

Viele Diözesen in Italien und andernorts importieren Priester aus Osteuropa oder aus der Dritten Welt. »In Rieti kommen auf 70 Priester 25 Ausländer, es ist wichtig, dass sie gut integriert werden«, sagt Bischof Pompili. Dank seiner Erfahrung als ehemaliger Sekretär der Italienischen Bischofskonferenz hat der Bischof einen Blick für die Gesamtsituation. »Es wäre falsch, in eine ›Import-Mentalität‹ zu verfallen. Das kann sich als Droge entpuppen. Es ist nicht gesagt, dass die Inkulturation und die Eingliederung vor Ort gelingen.«[6] In Deutschland zum Beispiel gibt es häufig Beschwerden über Priester, die aus Osteuropa hierher versetzt wurden, als handele es sich um einen x-beliebigen Arbeitsplatz: Sobald es ihnen möglich ist, nehmen sie ein paar Tage frei, um zu ihren Verwandten und Freunden jenseits der Grenze zurückzukehren. Übrigens hält auch Papst Franziskus nichts von Versetzungen im großen Stil, weil das zu einer Unterversorgung in den Herkunftsländern führt: Insbesondere in der Dritten Welt leiden Diözesen mit großen Territorien ebenfalls unter dem Priestermangel.

Die Berufungseinbrüche und der deutliche Rückgang in den historischen Ordensgemeinschaften werden noch dadurch erschwert, dass die Zahl der aktiven Laien in den Gemeinden kontinuierlich sinkt. Die Gläubigen, die bereit sind, als Katecheten zu arbeiten, werden allmählich knapp. Wird es – wie in Deutschland bereits der Fall – zu einer bezahlten pastoralen Mitarbeit kommen? Viele italienische Bischöfe sind dagegen oder wissen keinen Rat. Übrigens macht sich die Krise auch jenseits der Alpen unter den katholischen Laien bemerkbar, die bereit sind, in der Pfarrei zu arbeiten. Das Knirschen im Gebälk eines ins Wanken geratenen Systems lässt sich – mehr noch als an den im *Annuario Pontificio* veröffentlichten Zahlen – an der Situation vor Ort erkennen. Die Strukturen, die das Konzil von Trient vor einem halben Jahrtausend geschaffen hat – der Pfarrer mit seiner Pfarrei, etliche Aushilfspriester, mitgliederstarke Männer- und Frauenorden, eine straffe spirituelle und soziale Kontrolle des Territoriums –, sind nicht mehr tragfähig. In einem

Vierteljahrhundert, so schätzt man, wird die Krise das gesamte System erfasst haben. Die permanente Zusammenlegung von Pfarreien ist eine Scheinlösung, die die Beziehung zwischen dem Pfarrer und den Menschen, die eigentlich seine Gemeinde sein sollten, ausfasern lässt. Doch es geht nicht nur um die Überalterung und Quantität des Klerus.

Papst Franziskus wendet sich an Geistliche, die seit geraumer Zeit einen dramatischen Bedeutungsverlust erleben. Der Priester und Theologe Gennaro Matino erzählt, dass sich die Mehrheit der Pfarrer im Süden verzweifelt abmüht: »Die Glockentürme stehen inzwischen am Rand des gesellschaftlichen Lebens. Das Interesse der Leute zu wecken ist ein ständiger Kampf. Wer den Weg zum Priestertum einschlägt, hat große Ideale, aber oft fehlt es am kulturellen Anspruch und an nennenswerten Erfahrungen. Es sind mutige Priester, die Gefahr laufen, dass sie am Ende alleine dastehen und sich schlechtfühlen.«[7] Der Umgang mit den Gläubigen ist anstrengender geworden. Wenn der Gläubige im Beichtstuhl nicht zufrieden ist, protestiert er oder geht anderswohin. Die Kirchgänger von heute – das gilt auch für Deutschland oder Frankreich und ganz allgemein für die Erste Welt – sehen sich eher als Konsumenten. »Sie verhalten sich dem Pfarrer gegenüber wie Kunden, die Ansprüche stellen«, hört man von verschiedenen Seiten. »Der Pfarrer erlebt die Autoritätskrise der Kirche jeden Tag. Er wird nicht automatisch anerkannt, er verdient sich seine Anerkennung auf dem Platz und auch nur dann, wenn er mit persönlichem Charisma punkten kann«, erklärt Castegnaro auf der Grundlage seiner Recherchen.

Das bestätigt auch Colm Holmes, Präsident von *Wir sind Kirche* im durch die Säkularisierung revolutionierten Irland: »Die Zeiten, als die Gläubigen noch dachten, der Priester wisse alles und sei in der Lage, Weiß und Schwarz zu unterscheiden, sind vorbei.«[8] Die Gläubigen verlangen viel von ihrem Pfarrer. »Sie verlangen beständige Präsenz, Transparenz, sie verlangen das Evangelium, sie verlangen Hilfe, sie haben Ansprüche und Erwartungen … wie jemand, der ein Recht darauf hat und Forderungen stellt«, gibt Don Citran zu, der seine Arbeit aufrichtig liebt. Nach seinem Verständnis ist er mitten unter die Menschen gesandt, um ihnen das Antlitz des barmherzigen Gottes zu zeigen, den Papst Franziskus verkündet. »Das Priesterleben ist undankbar«, fügt er hinzu, »die Leute ›fressen dich auf‹, und gleichzeitig stellst du im gesellschaftlichen Leben gar nichts mehr dar. Ein Priester, den ich gekannt habe, hat sich das Leben genommen: Er schwankte zwischen Depressionen und Mystizismus. Und noch ein befreundeter Priester hat sich umgebracht.« Andere geben den Priesterberuf auf.

Im von der Säkularisierung besonders betroffenen Nordeuropa ist die Situation noch besorgniserregender. »Wenn man sich vor 50 Jahren auf das Priestertum vorbereitete, hatte man einen präzisen Weg vor Augen: Aus dem Seminaristen würde ein Pfarrer mit einer klar definierten geistlichen und gesellschaftlichen Rolle werden«, erläutert Volker Mahlburg, Leiter des Studienzentrums Sankt Lambert, eines unweit von Bonn gelegenen Seminars für Erwachsenenberufungen. »Heute, wo so viele Pfarreien zusammengelegt werden, hat das Seelsorgeteam einen hauptamtlichen Pfarrer, und es besteht die Gefahr, dass die anderen Priester sich wie Angestellte fühlen. Und neben dem unwiederbringlichen Verlust an gesellschaftlichem Einfluss stellt sich auch noch die Frage, wie man seinem geistlichen Sendungsauftrag denn überhaupt nachkommen soll: das Wort zu verkünden, die Messe zu feiern, sich um die Armen zu kümmern.«[9] An vielen Berufungen nagt die Angst, eine Rolle zu übernehmen, die ihre gesellschaftliche Bedeutung und ihr Ansehen bei den Leuten nicht selten verloren hat.

Diese obendrein mit Verwaltungsaufgaben überlastete Masse ist es, die Franziskus mit seinen Hieben trifft: dass sie keine Karrieristen sein, einfach predigen, nicht die Intellektuellen spielen, die Krankenbesuche nicht an andere delegieren und nicht der Versuchung erliegen sollen, ein Doppelleben zu führen. Dass sie auch außerhalb der Arbeitszeiten erreichbar sein, ihre eigene Bequemlichkeit aufgeben, nicht tratschen, von klerikalen Narzissmen und Eifersüchteleien frei sein und wie gute Samariter die Bedürftigen aufsuchen sollen, statt »Buchhalter des Geistes« zu sein. Und seit der Veröffentlichung des Dokuments *Amoris laetitia* kommt zu alledem auch noch die Aufgabe der »Unterscheidung« hinzu, die sie üben müssen, um die Paare der wiederverheirateten Geschiedenen zu begleiten und gegebenenfalls auf den Wiederempfang der Kommunion vorzubereiten.

Dieser Sendungsauftrag ergeht an Priester, die oft orientierungslos sind. »Viele Pfarrer sehen sich plötzlich mit den Impulsen konfrontiert, die von Franziskus kommen, und haben keine präzisen Programme und Regeln, die sie anwenden könnten. Sie wissen nicht mehr, wo sie sich positionieren sollen, und scheinen die festen Bezugspunkte der Vergangenheit verloren zu haben«, gibt der Bischof einer wichtigen italienischen Diözese zu. Sie sind verzagt, weil sie an eine normative und dogmatische Kirche gewohnt waren und nun nicht wissen, wo der »Dialog« mit der Gesellschaft, den der Papst von ihnen verlangt, seine Grenzen hat. Inmitten eines Episkopats, der in der Frage der wiederverheirateten Geschiedenen zutiefst gespalten ist, sind viele Priester hilflos, wenn es darum geht, den rechten Weg der »Unterscheidung« zu finden, oder sie versuchen es nicht einmal oder wünschen sich neue bürokratische Instruktionen. »Weil«, so erklärt Castegnaro, »die kirchliche Vorschrift, die die wiederverheirateten Geschiedenen von der Eucharistie ausschließt, de facto weiterhin Bestand hat. Und es gibt Priester, die jahrzehntelang mit anderen Regeln gelebt haben und die jetzt denken: ›Ich wäre nicht in der Lage, ihnen die Kommunion zu spenden, ich wäre nicht in der Lage, sie loszusprechen …‹ Diese plötzliche Last der Verantwortung wirkt destabilisierend.«[10] Und dann, so fügt der Forscher hinzu, »sind da auch noch die, die vorschlagen, ein Formular mit dem Titel ›Beginn des Weges der Reflexion und Buße‹ aufzusetzen, das die Wiederverheirateten unterschreiben sollen. Sie brauchen ein Stück Papier. Jedenfalls ist der Klerus geteilter Meinung, was Franziskus' Entscheidung betrifft.« Für Castegnaro steht außer Frage, dass auch ein Teil der Bischöfe gegen den Kurs des Pontifex ist.

Die Stressfaktoren für den Klerus sind zahlreich. Unter dem Druck der Massenmedien, die Franziskus bejubeln, kommt die Angst zum Vorschein, dass das eigene Charisma nicht ausreichen könnte. Viele Priester und Bischöfe – so hört man in verschiedenen Teilen Europas – reagieren frustriert auf die Hinweise des Papstes, weil sie sich verurteilt fühlen. Ein großer Teil von ihnen ist an die Formen der Präsenz gewöhnt, die in der Vergangenheit typisch waren. Und das wiederum stiftet auch unter den Gläubigen Verwirrung, die sich einerseits beeinflussen lassen, wenn die Massenmedien die Hoffnung auf eine »neue Sensibilität« der Kirche schüren, und die es andererseits vonseiten der Priester und Bischöfe vor Ort mit pastoralen Verhaltensweisen zu tun haben, die seit Jahrzehnten unverändert sind.

Vervollständigt wird dieses uneinheitliche Bild durch ein weiteres Phänomen, das in klarem Gegensatz zu jenem Priestertypus steht, den Papst Bergoglio sich wünscht. Ein nicht unbeträchtlicher Teil der neuen Priestergenerationen verspürt eine traditionalistische Nostalgie. Don Matino – und etliche ältere Priester und Ordensfrauen im Norden wie im Süden beobachten Ähnliches – berichtet von einem bemerkenswerten Revival der Spitzen, Rüschen und römischen Kragen. »Unter den jungen Priestern gilt der Klerikalismus als Erfolgsmodell. Ein gewisser Spiritualismus, die Wiedereinführung von Prozessionen und Aufmärschen, Pfarrer, die wieder in Soutane und Birett auf die Straße gehen. Für uns von der Konzilsgeneration ist die Kirche wie eine gotische Kathedrale mit nüchternen Linien. Heute neigt man wieder zu barocken Formen. Feierlichkeit anstelle einer Vertiefung des Wortes Gottes und der Wahlfreiheit der Gläubigen.«

Norditalienische Seminarprofessoren berichten, dass manche jungen Priesteramtsanwärter »mit einer bestimmten Vorstellung vom Priestersein ans Seminar kommen und es wieder verlassen, ohne dass sich an dieser Vorstellung etwas geändert hat«. Oft führt ihr übertrieben sakrales und autoritäres Verständnis der priesterlichen Sendung dazu, dass ihre Träume nach einigen Jahren an der harten Wirklichkeit zerschellen. Kardinal Menichelli, der frühere Bischof von Ancona, hält es für wichtig, dass Franziskus die persönliche Christusbeziehung jedes Einzelnen so betont. Das bedeutet, dass die Gläubigen für die Bischöfe und den Klerus »nie ein Einheitsbrei sein können, wo man sagt: Entweder sind alle drinnen oder alle draußen«. Jeder ist im wahrsten Sinne des Wortes eine Einzelperson. Wenn man ihn fragt, was ihm von seinen Gesprächen mit Franziskus am deutlichsten in Erinnerung geblieben sei, antwortet der Kardinal: »Als er zu mir gesagt hat: Du bist kein guter Priester, wenn dir nicht bewusst ist, dass du ein Sünder bist, wenn du nicht um deine eigene Schwäche und die der anderen weißt, wenn du nicht das Bedürfnis nach Barmherzigkeit verspürst.«[11] Das ist der Priester unterwegs, der Franziskus vorschwebt.

Erzbischof Vincenzo Paglia, den der Papst zum Präsidenten der Akademie für das Leben ernannt hat, erzählt, der Papst sei besorgt über die Verzögerungen bei der Reform der Priesterausbildung. Es bestehe die Gefahr, dass die angehenden Seelsorger nicht auf die Begegnung mit der Gegenwartsgesellschaft vorbereitet sind. »Manche jungen Priester, befürchtet der Papst, achten offenbar mehr auf Äußerlichkeiten als auf die Begegnung mit der ›Person‹ ihres Gegenübers und tun sich schwer damit, über die bekannten Muster hinauszugehen.«[12]

Nachdem Jorge Mario Bergoglio zum Papst gewählt worden war, verzeichneten viele Gemeinden volle zwei Jahre lang einen deutlich gestiegenen Zulauf von Gläubigen. Einige »Abständige« fanden wieder den Weg in die Kirche ihres Wohnviertels, Menschen, die sich stillschweigend von einer als starr und bürokratisch wahrgenommenen Amtskirche entfernt hatten, kamen wieder zur Beichte. Im Hinblick auf Lateinamerika sprach man im Vatikan von einem regelrechten Beicht-Boom. Aus den Umfragen des Soziologen Franco

Garelli geht hervor, dass in der ersten Phase des Pontifikats die Hälfte der befragten Jugendlichen (zwischen 18 und 29 Jahren) angab, sich dank Franziskus dem Glauben wieder angenähert und in religiöser Hinsicht wieder mehr engagiert zu haben. Gegen Ende des Jahres 2014 erklärte der Pfarrer Don Franco Bergamin, der zwischen Rom und Neapel aktiv ist, dass die Zahl der Beichten zugenommen habe: »Die Leute kommen zurück, sie haben das Gefühl, dass man ihnen zuhört. Franziskus drückt das Bedürfnis nach Barmherzigkeit aus, lässt einen Gott sichtbar werden, der vergibt.«[13] Laut Don Mariano Cera, der sich in der Pfarrei Santa Maria in Traspontina, nur wenige Schritte vom Vatikan entfernt, um die Gläubigen des Viertels, aber auch um Pilger und Schwestern aus den umliegenden Ordenshäusern kümmert, hatte Franziskus eine außergewöhnliche Wirkung: »Manche Menschen, die jahrzehntelang fort gewesen waren, trieb die Sehnsucht nach einer echten Beichte wieder in den Beichtstuhl, ›weil ich bei diesem Papst das Gefühl habe, neu anzufangen‹.«[14] Der damalige Bischof von Mantua, Roberto Busti, versicherte, er habe persönlich gehört, wie Gläubige im Beichtstuhl ausriefen: »Ich bin hier, weil der Papst gesagt hat, wir sollen zur Beichte gehen.«[15]

Don Pierluigi Piazza, der Pfarrer von Zugliano Veneto, wies allerdings schon damals darauf hin, dass unter den Jugendlichen eher eine »Bewunderung aus der Distanz« zu beobachten sei[16], und Don Lek Marku, ein junger Pfarrer aus Albanien, der drei kleine Gemeinden in der Provinz Terni betreut, warnte davor, das Phänomen überzubewerten. Ja, es habe ein paar Beichten mehr als sonst gegeben, aber man müsse sich fragen, ob es sich nicht eher um eine emotionale Reaktion handele, die sich »nicht in einer konkreten und beharrlichen Zustimmung zur Botschaft des Evangeliums« ausdrücken werde.[17]

Sechs Jahre später fällt die Bilanz nüchterner aus. Don Cassano, der Pfarrer der römischen Gemeinde, in der das Treffen zwischen dem Papst und dem kleinen Emanuele stattgefunden hat, meint, dass es bei den Messbesuchen und Beichten keinen »Franziskus-

Effekt« gegeben habe. Vielleicht seien ein paar Gläubige mehr zur Beichte gekommen, doch wenn der Priester etwa im Hinblick auf die Ehekrisen (wie Franziskus) von einem »Weg des Nachdenkens« spreche, dann suchten die Leute das Weite. »Die Wahl hat eine starke mediale Wirkung erzielt, und ich dachte, dass die Menschen sich annähern würden. ›Abständige‹ Freunde zeigten sich erfreut über den neuen Papst, doch dann sagten sie zu mir: ›Franziskus ist eine Sache, aber die Kirche ist etwas ganz anderes!‹, und blieben der Messe weiterhin fern.«[18] Auch Don Cozzolino in Pompei hat keinen neuen Zulauf wahrgenommen. Don Citran in Baggio stellt fest, dass zwar wieder mehr Menschen zur Beichte und in die Kirche kommen, dass aber die Sympathie für den argentinischen Papst bei der Masse der Gläubigen keine echte Veränderung herbeigeführt habe. »Zu Themen wie Einwanderung und Armut schlägt sich die Sympathie nicht in einem wirklichen Zuhören nieder.« Don Matino aus Neapel bringt es auf den Punkt: »Franziskus hat weder etwas hinzugefügt noch etwas weggenommen.« Denn das Papsttum wiederzubeleben ist das eine, doch die Kirche zu verjüngen etwas ganz anderes. Dass der Papst eine Persönlichkeit besitzt, die auf Glaubende wie Nichtglaubende und auch auf die Angehörigen anderer Religionen eine starke Wirkung ausübt, lässt sich bereits als historische Tatsache bezeichnen, doch aus dem Innern der Kirche dringen Signale, die darauf hinweisen, dass der Säkularisierungsprozess, der seit Jahrzehnten in Gang ist, weiter voranschreitet, während der Prozess der Erneuerung der kirchlichen Gemeinschaft in ihrer Gesamtheit überaus langwierig ist. »Die Gläubigen und die Priester in Bewegung zu setzen, ist eine andere Sache«, bemerkt Matino. Man könne nicht behaupten, dass die Umgestaltung, die Papst Bergoglio anstrebt, wirklich umgesetzt würde. Wie viele Pfarreien und Bistümer haben *Evangelii gaudium*, das Grundlagendokument des Pontifikats, wirklich verinnerlicht?, fragt sich der Theologe.

In Lucca macht Don Lucio Malanca, der für die Seelsorge in der gesamten Altstadt verantwortlich ist, die folgende Beobachtung:

»Franziskus verblüfft mit seinem Charisma und seiner Prophetie, aber seine Worte werden recht oft in populistischer Weise gegen die Kirche und den Klerus verwendet. Die Komplexität seines Denkens wird in der Regel nicht verstanden.«[19] Malanca stellt dieselbe Frage: Wie viele Menschen haben *Evangelii gaudium* wirklich gelesen? Was ist hängengeblieben? Die Massenmedien stellen heraus, wie groß der Konsens rund um den Papst ist, doch die Unbeweglichkeit großer Teile der Kirche bleibt unbemerkt. Der Soziologe Garelli weist darauf hin, dass man zwischen der Bewunderung für Franziskus und der breiten gesellschaftlichen Ablehnung gegenüber einer Kirche unterscheiden müsse, die unfähig sei, das moderne Bewusstsein anzusprechen. Alessandro Castegnaro ergänzt: »Bei der alten Garde der Hierarchie ist die Wirkung des Pontifikats bescheiden. Auf die Gläubigen übt der Papst einen Einfluss aus, den man nicht unterschätzen sollte, aber das alles findet in einer Mikrodimension statt, die sich dem zivilen und politischen Engagement entzieht.« Wohingegen sich Bergoglios prophetischer Elan insbesondere in der gegenwärtigen historischen Epoche auf ein Glaubenszeugnis richtet, das sich eigentlich aktiv im gesellschaftlichen Leben und auch in der politischen Dimension ausdrücken sollte. Franziskus wiederholt es oft genug: Der Gläubige darf nicht auf dem Balkon stehenbleiben, er muss sich »einmischen« und für das Gemeinwohl einsetzen, ohne sich korrumpieren zu lassen. Und wenn er hin und wieder etwas Falsches tut und sich die Hände schmutzig macht, dann soll er um Vergebung bitten und weitermachen. »Aber tu es, tu es … Und für eine gerechtere und solidarischere Gesellschaft kämpfen.« Gegen die Übermacht des Gottes Geld, der wegwirft, was ihm nichts nützt.[20] Das Evangelium ist auch eine politische Botschaft, hat er den Jesuiten aus Panama erklärt, insofern es »auf die Polis ausgerichtet ist, auf die Gesellschaft, auf jeden Menschen, der zur Gesellschaft gehört«. Und auch wenn es gut ist, sich nicht von den Ideologien vereinnahmen zu lassen, dürfe man sich doch ebenso wenig von der Ideologie der »Nichteinmischung« beherrschen lassen.[21]

Die großen Abwesenden in diesem Szenario sind die Jugendlichen. Die Massenevents mit den Jugendlichen, die dem Papst applaudieren, vermitteln ein falsches Bild. Ihre Sympathie für Bergoglio ist echt, aber vor Ort, in den Gemeinden, nimmt ihre Präsenz kontinuierlich ab. Don Cassano, in dessen Seelsorgebereich am Stadtrand von Rom, rund um den »Serpentone«, insgesamt 6 000 Menschen leben, gelingt es nicht, mehr als sieben oder acht Jugendliche zu mobilisieren, damit sie die Wochenendangebote für die Kleinsten betreuen. Eine Sommerfreizeit für Kinder zu organisieren wird zu einem mühseligen Unterfangen, weil sich keine Jugendlichen dazu bereitfinden – nicht einmal gegen eine kleine Aufwandsentschädigung. Das »Handyvolk«, wie Luigi Bettazzi, der frühere Bischof von Ivrea, sie nennt: Es ist nicht einfach, einen Draht zu ihnen zu bekommen. Don Cozzolino erzählt, dass es bei Menschen, die gewohnheitsmäßig per Smartphone kommunizieren, sogar schwierig sei, eine Diskussion zu organisieren. »Es ist eine ungläubige und sehr anfällige Generation. Insbesondere die Mädchen sind misstrauisch, sie sind auf der Hut, als würden sie denken: Was wollen die von mir?« Kardinal Kasper räumt ein: »Sie stehen außerhalb der Kirche, aber viele spüren das Bedürfnis, sich mit spirituellen Dingen zu befassen. Vielleicht sind sie deshalb für Franziskus.«

Eine Feststellung hört man in den gläubigen Familien – auch solchen, die in der Pfarrei engagiert sind –, in den Bewegungen und in den katholischen Ehrenämtern immer wieder: »Gott kommt am Horizont unserer Kinder einfach nicht vor.« Die Weitergabe einer Praxis und Erinnerung ist unterbrochen. Was nicht heißen soll, dass die neuen Generationen durch bestimmte Ereignisse in ihrem Leben nicht doch zu einer Begegnung mit dem christlichen Gott hingeführt werden können.

Domenico Sorrentino, der Bischof von Assisi, erzählt von Jugendlichen, die sich danach sehnen, ihre spirituelle Suche zu vertiefen, nach eigener Aussage jedoch nicht das geringste Bedürfnis verspüren, zur Messe zu gehen. Garelli, der Verfasser des Buches

Piccoli atei crescono, spricht es aus: Es gibt einen harten Kern von Nichtglaubenden, deren Anteil sich unter den jungen Generationen Italiens inzwischen auf 25 Prozent und mehr beläuft. Ein Phänomen breitet sich aus, das schon seit geraumer Zeit zu beobachten ist: Glauben, ohne dazuzugehören »Sie sagen dir: Ich kultiviere meine Spiritualität und meine persönliche Harmonie. Ich bin nicht unempfänglich für religiöse Dinge, aber die Verbindung zur Kirche ist weniger eng geworden.«

In dieser schwer greifbaren Situation brechen sich gegensätzliche Impulse Bahn. Wer die Entwicklung der kirchlichen Gemeinschaft beobachtet, spricht von einer jugendlichen Spiritualität, die unterschiedslos für alles offen ist. Derselbe Jugendliche, der sagt: »Ich gehe zum Treffen mit Papst Franziskus, weil es mir Energie gibt«, sagt auch: »Ich gehe nach Katmandu, das gibt mir ein gutes Gefühl«. Zwischen den beiden Entscheidungen besteht kein Gegensatz. Was zählt, ist die Verwirklichung der eigenen Individualität. Im Lauf der Jahre – Priester, Ordensfrauen, Dozenten am Priesterseminar und Professoren an den päpstlichen Universitäten können ein Lied davon singen – ist das biblische Gedächtnis verschwunden. Mose, David, Abraham, die Samariterin, die Zeugen der Verklärung Jesu sind verblasste oder sogar gänzlich unbekannte Gestalten. Und man hat den Kontakt zu Kategorien verloren, die früher unverrückbar feststanden. »Das Fegefeuer existiert, aber niemand weiß, wozu es da ist. Das Jenseits ist entmaterialisiert, das kann man nur in der *Göttlichen Komödie* darstellen. Das ›Heil‹ ist für die Jugendlichen inhaltslos geworden«, erklärt Castegnaro, der über die »Jugendlichen draußen« geforscht hat. Colm Holmes von *Wir sind Kirche* ist der Ansicht, das zwei Generationen von Jugendlichen bereits verloren sind.

Franziskus spricht eine Sprache, die das jugendliche Publikum schätzt, weil sie authentisch, konkret und ehrlich ist. Doch der Kontext des religiösen Gedächtnisses, in dem der Pontifex sich verortet, ist einem Großteil der neuen Generationen unbekannt. Bischöfe wie Sorrentino bleiben optimistisch: »Auch die ersten Christen waren nicht zahlreich und lebten in einer Welt, die von einer Mischung aus anderen Philosophien und Religionen geprägt war. Ich glaube trotz allem, dass wir am Beginn eines neuen Frühlings stehen.«[22] Der Bischof verschanzt sich nicht hinter unrealistischen Vorstellungen, im Gegenteil: Er ist der Meinung, dass die historische Krise der kirchlichen Strukturen, die mit der zahlenmäßigen Krise Hand in Hand geht, auf keinen Fall unterschätzt werden darf. Dennoch ist er davon überzeugt, dass das Bergoglio-Pontifikat ein neues Bewusstsein für das Evangelium begünstigt. Seit einigen Jahren entstehen, so erklärt er, in der Diözese Assisi »geistliche Familien, die sich wie ›damals‹ in Jerusalem zu Hause versammeln«. In jeder Pfarrei gibt es solche Gruppen von geistlichen Familien. »Sie verbrüdern sich, denken über das Wort Gottes nach, setzen sich karitative Ziele. Die zersplitterte Gesellschaft spiegelt sich auch in der Kirche wider, also scharen sich die Leute um das Evangelium.« Sorrentino ist sogar nach Seattle in die Vereinigten Staaten eingeladen worden, um über diese Erfahrung zu sprechen.

In der Zwischenzeit wird die feste Struktur, die die katholische Kirche jahrhundertelang charakterisiert hat, von Jahrzehnt zu Jahrzehnt immer lockerer und ist mit Händen zu greifen, wie das Fernbleiben der Jugend die Kirche ausbluten lässt. Der 30-jährige Guido Veccia, Leiter einer Pfadfindergruppe in Ancona, beschreibt die Situation von innen, aus der Sicht derer, die nach wie vor ein Teil der Kirche sein wollen: »Die Jugendlichen finden in der Pfarrgemeinde nur schwerlich etwas, das ihnen hilft, in der Welt zu bestehen. Im Allgemeinen bietet ihnen die Gemeinde entweder Ablenkung oder eine realitätsferne Lehre.«[23] Veccia ist für die »Rover« zuständig, also für die Pfadfinder, die zwischen 16 und 18 Jahre alt oder auch ein wenig älter sind. »Sie haben keine Ahnung von der Messe, von der Bedeutung der Eucharistie, sie haben keine Beziehung zur Sprache der Liturgie und zum Leben der Kirche. Die Priester haben ihnen nur das Gefühl für die Sünde vermittelt, für das, was man nicht tut.« Zustimmung zu Franziskus? Mag sein, doch letztlich sind ihnen die

Themen, die ihm am Herzen liegen, egal. Die jungen Erwachsenen in seinem Alter stehen der Kirche fern, sehen nur ihren Prunk oder verurteilen sie wegen der Missbrauchsskandale. Zuweilen begegnet Veccia Nichtglaubenden, die stärker für die Anliegen des Papstes sensibilisiert sind als seine katholischen Altersgenossen. Natürlich haben die engagierteren Gläubigen Franziskus' Kurswechsel in Richtung auf einen authentisch gelebten Glauben begrüßt. Doch ein Fazit kann sich der junge Pfadfinderleiter nicht verkneifen: »Wem das, was Franziskus sagt, gefällt, der hat sich mit der Zeit von der Kirche entfernt, wem es nicht gefällt, der gehört zu denen, die geblieben sind.«

XIII
Verhasst

Rom ist weihnachtlich geschmückt. Es ist der 21. Dezember. Auf dem Viale Trastevere stürzen zwei Jugendliche auf einen Kiosk zu, reißen ein Plakat mit dem Bild des Papstes herunter, knüllen es zusammen und treten wütend mit den Füßen darauf herum. Eine Frau kommt vorbei und fragt sie, weshalb sie das tun. »Dieser Franziskus gefällt uns nicht«, lautet die aggressive Antwort. Kein Papst der modernen Zeit war je so verhasst wie Franziskus. Dabei geht es nicht um Zahlen, sondern um die Verachtung, mit der ihn ein Teil der Gesellschaft attackiert, auch wenn es sich dabei um eine Minderheit handelt. Die Proteste der vergangenen Jahrzehnte gegen Wojtyła oder gegen Ratzinger – in den Niederlanden, in Deutschland oder England oder auch bei den Aufmärschen im Umfeld der Volksabstimmungen in Italien – hatten politischen Charakter, und die bissigen Slogans waren Teil eines Konflikts über so große Themen wie Scheidung, Abtreibung, Missbrauch oder die Reform der Kirche.

Heute dagegen brechen sich ein Hass und eine Verachtung Bahn, die intuitiver und kleinteiliger sind. Franziskus muss sich nicht nur mit den Wölfen der kirchlichen Hierarchie auseinandersetzen, die gegen ihn sind, sondern auch mit der dunklen Aufwallung von etwas, das in der Gesellschaft gärt, die plebejische Sprache liebt, sich als identitäre Hysterie präsentiert und sich einen klerikalen Nationalstolz auf die Fahnen schreibt, der keinen Meinungsaustausch duldet. Rechtsextreme Gruppierungen, die sich von der sprachlichen Brutalität des ehemaligen Vizepremiers Salvini und seiner demonstrativen Verachtung des Antifaschismus ermutigt fühlen, blasen öffentlich zum Angriff auf den Papst und seine Sozialbotschaft. Eines Sonntags hat die neofaschistische Gruppierung

Forza Nuova über der Via della Conciliazione, gleich gegenüber dem Petersdom, ein Spruchband mit der Aufschrift »Bergoglio Badoglio. Einwanderung stoppen« angebracht. Wie um zu sagen, der argentinische Papst habe Italien und die Italiener verraten (Marschall Pietro Badoglio, der 1943 den Waffenstillstand mit den Amerikanern geschlossen hat, gilt in der neofaschistischen Rhetorik als »Verräter« des Bündnisses zwischen dem faschistischen Italien und Hitlerdeutschland). Im Netz überschreitet die eskalierende Aggressivität gegen Franziskus sämtliche Grenzen. »Ich wünsche mir, dass der Herr uns von diesem Verräter und Diktator unserer Kirche befreit ... Papst Ratzinger sollte die Situation wieder in die Hand nehmen, oder die römisch-katholische Kirche wird in Scherben gehen«, ist nur ein kleiner Ausschnitt aus der Masse der täglichen Beleidigungen. Es kommt auch vor, dass eine gegen Bergoglio gerichtete Zeitung an einem beliebigen Datum einen ganz normalen Artikel zum Tagesgeschehen auf der ersten Seite bringt und eine gemeine Papstkarikatur mitten hineinknallt: einen Franziskus mit grimmigem Gesicht, Doppelkinn und einer Unterlippe wie ein Tier.[1] Aus blanker Gehässigkeit. »Dieses Pontifikat ist nicht *nice*, nicht nett, es ist ein dramatisches Pontifikat, mit Kardinälen, die den Papst attackieren, und Atheisten, die ihn unterstützen«, gibt sein treuer Weggefährte, der Jesuitenpater Spadaro, zu. Und ein italienischer Bischof, Armando Trasarti aus Fano, bemerkt bitter: »Es gibt Menschen, die beten, dass der Papst stirbt, und sich selbst als fromm bezeichnen.«

»Ich bewahre mir den inneren Frieden, den ich seit dem Konklave in mir trage, das ist ein Geschenk des Geistes, das ich zu Beginn des Pontifikats bekommen habe und das ich bis heute in mir spüre«, hat der Papst einem lateinamerikanischen Freund anvertraut. Man wirft ihm vor, ein Ketzer zu sein? »Das nehme ich mit Humor«, so seine Antwort im Gespräch mit der mexikanischen Journalistin Valentina Alazraki. »Wenn die Hunde bellen« – dieses Zitat aus dem *Don Quijote* hat Bergoglio sich schon in seiner Zeit als Erzbischof von Buenos Aires zu eigen gemacht –, »bedeutet das, dass wir vorwärtsreiten«.[2]

In dieser stürmischen Phase des Pontifikats und des Planeten ist er davon überzeugt, dass man »jeder Versuchung der Verwirrung und des Defätismus widerstehen« muss. Und nicht in die Falle des Opfergehabes oder der Rachsucht geraten darf.[3] Die wichtigsten Entscheidungen trifft Bergoglio im Gebet. »Er hat eine Art Eingebung«, erzählt ein Prälat, der ihn gut kennt, »und dann entschließt er sich, weiterzumachen.« Das bayerische Bild der Maria Knotenlöserin hilft ihm dabei. Bruno Forte, Bischof von Chieti und Sondersekretär der beiden Familiensynoden, weist darauf hin, dass die wichtigsten Dokumente seines Pontifikats von einer freudigen und freien Auffassung des Glaubenslebens inspiriert sind: »Freude des Evangeliums«, »Freude der Liebe«, »Freut euch und jubelt«.[4] Doch es gibt noch eine weitere Erklärung für die Zähigkeit des argentinischen Pontifex: seine jesuitische Ausbildung. »*Militia est vita hominis super terram* …«, pflegte der heilige Ignatius zu sagen. »Leben heißt kämpfen« – und Bergoglio kämpft.

Franziskus ist ein zutiefst freier Mensch, der ohne Scheu zugibt, dass er zu einer Psychoanalytikerin gegangen sei, um des inneren Durcheinanders Herr zu werden, und dass er »viele, viele Zweifel« gehabt habe, wie er den Gläubigen in einer römischen Pfarrei erzählt hat. Er zeigt sich kniend im Beichtstuhl und erwähnt in der Generalaudienz, dass er alle zwei Wochen zur Beichte geht. Denn »auch der Papst ist ein Sünder« und muss sich einem Beichtvater öffnen. »[Er] hört die Dinge, die ich ihm sage, er rät mir, und er vergibt mir, weil wir alle diese Vergebung brauchen.« Im Sommer 2017 hat er an der Tür seiner Wohnung in Santa Marta ein Plakat mit der Aufschrift »Jammern verboten« angebracht, das ihm ein sizilianischer Psychotherapeut auf dem Petersplatz geschenkt hatte. »Franziskus hat das Bild der Kirche befreit«, bemerkt Raffaele Kardinal Farina. »Er hat sie aus ihrer Ecke herausgeholt«, sagt ein italienischer Bischof. Er habe die Kirche gedrängt, etwas zu riskieren, erklärt Erzbischof Vincenzo Paglia von der vatikanischen Warte aus, und ihr dadurch einen großen Horizont eröffnet. Und es sei wichtig, dass er auch seinen Gegnern Raum gegeben habe.

In dieser zweiten Halbzeit seines Pontifikats bewegt sich Franziskus weiterhin energisch voran, um die Grenzen der Kirche zu erweitern. Einige seiner scharfsichtigsten Gegner wissen, dass Bergoglio mit seinem Vorgehen unumkehrbare Fakten geschaffen hat. »Zu den nicht verhandelbaren Prinzipien wird man nicht mehr zurückkehren«, gesteht der Verfasser des Blogs »Rosso Porpora«, ein hartnäckiger Anti-Bergoglianer, im privaten Kreis. Papst Franziskus hat die obsessive Beschäftigung des traditionellen Katholizismus mit Fragen der Sexualmoral ein für alle Mal zu den Akten gelegt. Vorehelicher Geschlechtsverkehr, Empfängnisverhütung, Scheidung, Wiederheirat und homosexuelle Beziehungen sind aus der Sphäre ihrer immerwährende Verteufelung herausgetreten. Unter Papst Bergoglio wurden in Italien 2016 und 2017 die Gesetze über die zivile Eheschließung (auch zwischen Partnern des gleichen Geschlechts) und über das biologische Testament verabschiedet, ohne dass ein Bündnis zwischen dem Vatikan, der italienischen Bischofskonferenz und der parlamentarischen Rechten dagegen Front gemacht hätte, wie es unter Benedikt XVI. und Kardinal Ruini der Fall gewesen wäre. Die Wende hat nicht wenige italienische Bischöfe verwirrt, die nun ohne die Gegenpositionen dastehen, die in den vorigen Pontifikaten ihren Höhepunkt erreicht hatten. Auch in den Vereinigten Staaten kann ein Teil des Episkopats das Ende der altvertrauten »Kulturkämpfe« nicht verwinden.

»Franziskus' Worte«, sagt Kardinal Parolin, Staatssekretär und einer, dessen Namen man beim nächsten Konklave auf dem Zettel haben sollte, »werden von machtvollen Gesten begleitet.« Und wirklich spielen Gesten in diesem Pontifikat eine tragende Rolle. Der Papst hat den Katechismus nicht umgeschrieben, aber der herzliche Empfang, den er 2015 in der Washingtoner Nuntiatur einem schwulen Ex-Jesuitenschüler und seinem Partner bereitet hat, spricht Bände. Ein nicht minder klares Signal war seine Aussage, dass es falsch sei zu glauben, die Christen müssten sich vermehren »wie die Kaninchen«.[5] Ein einziges Wort, eine Aufforderung zur verantwortlichen Elternschaft ohne weitere technische Details – und all die ermüdenden Diskussionen über die Pille sind vom Tisch.

Franziskus hat die Abtreibung immer als ein Übel betrachtet, obwohl er Barmherzigkeit gegenüber Frauen in Notsituationen predigt. In letzter Zeit hat er sich – angesichts einer internen Opposition, die ihm »Verrat« an Prinzipien der kirchlichen Lehre vorwirft – zu scharfen und harten Worten gedrängt gefühlt. Er hat die Abtreibung damit verglichen, dass jemand einen Auftragsmörder engagiert, um ein menschliches Leben auszulöschen, und die selektive Abtreibung als Völkermord »mit weißen Handschuhen« im Stil der Nazis abgestempelt. Das rief in ebenjenen laikalen Kreisen Reaktionen hervor, die dem, was er zu sagen hat, sonst sehr aufmerksam zuhören. »Lieber Papst«, wandte sich die Schriftstellerin Dacia Maraini an ihn, »ich kann nicht umhin, Sie zu fragen, warum Sie so harte und strafende Worte gebraucht haben. Ich möchte Sie nur daran erinnern, dass keine Frau aus Vergnügen abtreibt. Wenn sie abtreibt, dann deshalb, weil sie aus vielen schmerzlichen Gründen dazu gezwungen wird, die Ihnen bekannt sein sollten … Glauben Sie denn wirklich, dass man ein uraltes Übel mit Drohungen und Verteufelung bekämpfen kann?« Die einzige Alternative, so Maraini, die ihre Wertschätzung für Bergoglio bekräftigt, sei der geduldige Aufbau einer Kultur der verantwortlichen Mutterschaft.[6]

Die Gesten sind Fleisch und Blut des Bergoglio-Pontifikats, sie sind sein Entwurf eines christlichen Lebens in der Welt von heute. Wenn er sich das gelbe Band der koreanischen *Comfort Girls*, der Sexsklavinnen der japanischen Truppen während des Zweiten Weltkriegs, an die Soutane heftet, stellt er sich damit an die Seite aller Sklaven der heutigen Zeit. Wenn er das Heilige Jahr der Barmherzigkeit in Bangui im Herzen Schwarzafrikas eröffnet, macht er deutlich, dass der römische Triumphalismus überwunden ist und dass der Weg des Christentums künftig über die globalen Peripherien führen muss.

Gesten, die den Nerv der Zeit treffen und Franziskus' Ökumene prägen. Als er im Oktober 2016 nach Schweden reist, um an den 500-Jahr-Feiern der Reformation teilzunehmen, hat er sich nicht wie Benedikt XVI. bei seinem Deutschlandbesuch 2011 darauf beschränkt, Luthers Gottessehnsucht zu loben. Als erster Papst hat er das Ereignis der Reformation als Teil einer gemeinsamen christlichen Geschichte behandelt. Während des ökumenischen Gebets in der Kathedrale von Lund – bei dem er dasselbe nüchterne weiße Gewand trug wie die lutherischen Würdenträger – umarmte er die lutherische Bischöfin Antje Jackelén, die erste Frau im Amt des Primas der Kirche von Schweden, und erkannte »dankbar […] an, dass die Reformation dazu beigetragen hat, die Heilige Schrift mehr ins Zentrum des Lebens der Kirche zu stellen.« In der gemeinsamen Erklärung, die er zusammen mit dem Präsidenten der lutherischen Weltbundes Bischof Munib Younan unterschrieb, ging er noch weiter und hob die Schicksalsgemeinschaft zwischen Katholiken und Lutheranern hervor, die, wie es in dem Dokument heißt, »tiefe Dankbarkeit empfinden für die geistlichen und theologischen Gaben«, die die Reformation gebracht habe. Worte, die Meilensteine sind und erklären, weshalb man Franziskus von protestantischer Seite mit solcher Achtung und Sympathie begegnet.

Auch die Gesten der geistlichen Einheit mit den orthodoxen Christen sind vielfältig. So hat Franziskus Zitate des orthodoxen Ökumenischen Patriarchen Bartholomäus in seine Enzyklika *Laudato si'* aufgenommen, um deutlich zu machen, dass auch die orthodoxe Theologie für die katholische Kirche ein »Lehramt« darstellen kann. Und als er den Patriarchen an seinem Amtssitz in Konstantinopel besuchte, bat er Bartholomäus, ihn zu segnen: eine Geste der Demut im Zeichen der Brüderlichkeit und ein symbolischer Verzicht auf jedwede Form der Vorherrschaft des Bischofs von Rom, dessen Auftrag nur mehr darin besteht, »den Vorsitz in der Liebe«

zu führen, wie es Franziskus gleich nach seiner Wahl bei seiner ersten Begegnung mit der Menge auf dem Petersplatz formuliert hat. An jenem Novembertag des Jahres 2014 reagierte Bartholomäus mit einer nicht minder feinfühligen Geste und küsste Franziskus, der mit gesenktem Haupt vor ihm stand, auf die Stirn. Die Reisen nach Rumänien und Bulgarien 2019 waren ein weiteres Zeichen der Aufmerksamkeit gegenüber der orthodoxen Welt, die heute von dem Konflikt zwischen Konstantinopel und Moskau zerrissen ist, nachdem Bartholomäus das vom Patriarchat der ganzen Rus abgekoppelte unabhängige orthodoxe Patriarchat der Ukraine anerkannt hat. Der Konflikt ist (nachdem der russische Patriarch bereits 2016 das panorthodoxe Konzil von Kreta sabotiert hatte) ein harter Schlag für alle ökumenischen Erwartungen. Der Papst hat beiden Patriarchen, Bartholomäus und Kyrill, einen eigenhändigen Brief geschrieben, um ihnen in dieser denkbar schwierigen Zeit seine Nähe zu bekunden.

Franziskus' Ökumene vergisst auch nicht, was die katholische Kirche den christlichen Minderheiten in Italien im Lauf der Geschichte angetan hat. In der Waldenserkirche in Turin hat er um Vergebung gebeten »für die unchristlichen, ja sogar unmenschlichen Haltungen und Verhaltensweisen, die wir euch gegenüber in der Geschichte hatten.«[7] Als er in Caserta die Pfingstgemeinde von Pastor Giovanni Traettino besuchte, mit dem er seit Buenos Aires befreundet ist, bat er für die Verfolgungen um Vergebung, die die Pfingstler im Namen der faschistischen Rassengesetze auch von Katholiken hatten erdulden müssen.

Was den interreligiösen Dialog angeht, hat der argentinische Papst in den letzten Jahren insbesondere versucht, all jenen Einhalt zu gebieten, die gegen den Islam hetzen und die muslimische Religion für die blutigen Terroranschläge in Europa sowie für die Exzesse des sogenannten Islamischen Staats im Nahen Osten verantwortlich machen. Franziskus hat die Gleichsetzung von Islam und Terrorismus schon immer zurückgewiesen, sie als Lüge bezeichnet und daran erinnert, dass die meisten Opfer selbst Muslime sind. Er hat

die islamischen Leader aufgefordert, die Anschläge der fundamentalistischen Terroristen in aller Deutlichkeit zu verurteilen[8], und sich
beim Treffen mit den religiösen Würdenträgern des Islams 2017 in
Kairo unter Verwendung eines Zitats von Johannes Paul II. für einen
Bund zwischen Brüdern und Schwestern ausgesprochen, die »unter
der Sonne des einen barmherzigen Gottes« leben. In der ägypti-
schen Hauptstadt, Sitz der altehrwürdigen Al-Azhar-Moschee (die
als das spirituelle Zentrum des sunnitischen Islams gilt), rief Papst
Bergoglio zu einem gemeinsamen Engagement auf, das dem Zweck
dienen soll, jedweden Angriff auf die Würde und die Rechte des
Menschen anzuprangern: indem man die Gewalt entlarvt, »die sich
hinter einem vermeintlichen sakralen Charakter verbirgt«, und jede
Form von Hass im Namen der Religion als götzendienerische Ver-
fälschung Gottes verurteilt. Weil der Name Gottes Frieden ist.[9]

Als im Juli 2016 zwei junge »IS-Soldaten« französischer Natio-
nalität den Pfarrer Jacques Hamel in seiner Kirche im Städtchen
Saint-Étienne-du-Rouvray unweit von Rouen massakrierten, ehrte
Papst Franziskus das Andenken der um ihrer Treue zu Christus willen ermordeten christlichen Märtyrer. Ohne jedoch der anti-islami-
schen Hysterie neue Nahrung zu geben. Der Tod eines sanftmütigen
Mannes wie des Pfarrers Hamel, sagte er, als er in Santa Marta die
Messe für ihn feierte, sei das Zeichen einer satanischen Verfolgung.
Und fügte hinzu: »Wie gut wäre es, wenn alle religiösen Bekennt-
nisse bekräftigen würden: ›Es ist satanisch, im Namen Gottes zu
töten.‹«[10]

Der tückischste Vorwurf, den Franziskus' Feinde gegen den Papst
erheben, ist der, dass er die christlichen Opfer der weltweiten Konflikte vernachlässige. Als der Papst an Ostern nach dem an Christen
in Sri Lanka verübten Blutbad (das am 21. April 2019 über 300
Menschenleben gefordert hatte) seinen Schmerz über die Anschläge
zum Ausdruck brachte und »der christlichen Gemeinde, die getroffen wurde, während sie zum Gebet versammelt war«, seine »liebevolle
Nähe« bekundete, schrie das Lager der Bergoglio-Gegner sogleich,

das sei zu wenig. Das Schicksal der Christuszeugen und seiner neuen Märtyrer, das Schicksal des Christentums selbst, schrieb die Zeitung »Libero«, stehe »offenbar nicht sehr weit oben auf Bergoglios Tagesordnung, weil es andere Probleme gibt …«. Eine Anschuldigung, die die Gegner hartnäckig immer und immer wieder gegen einen Papst vorbringen, der von Anfang an nicht bereit war, bestimmte Opfer des Terrorismus hervorzuheben, sondern systematisch betont hat, dass alle – Christen, Juden, Muslime, Jesiden, Männer und Frauen aus allen religiösen und ethnischen Gemeinschaften – Töchter und Söhne Gottes sind. Und auch wenn katholische Kirchen zerstört werden, gibt es unter ihnen keine Rangfolge: Deswegen lehnte Franziskus höflich ab, als der französische Präsident Emmanuel Macron ihm vorschlug, nach dem katastrophalen Brand die erste Messe in der Kathedrale Notre Dame zu feiern.

Der intensive und ausdauernde Dialog, den er seit Beginn seines Pontifikats mit dem Islam führt, erreichte einen ersten Höhepunkt in dem gemeinsam mit dem Imam der al-Azhar-Moschee Ahmad al-Tayyeb unterzeichneten *Dokument über die Brüderlichkeit aller Menschen für ein friedliches Zusammenleben in der Welt.* Dieses Ereignis fand am 4. Februar 2019 anlässlich einer in den Vereinigten Arabischen Emiraten veranstalteten interreligiösen Konferenz in Abu Dhabi statt. Zum ersten Mal seit dem Aufstieg Mohammeds vor 14 Jahrhunderten haben die religiösen Oberhäupter des Katholizismus und der sunnitischen Welt einen gemeinsamen Pakt geschlossen. Der Text ist die Frucht einjähriger theologischer Vorbereitungsarbeiten und klingt wie eine Art christlich-islamische Enzyklopädie: »Der Glaube lässt den Gläubigen im anderen einen Bruder sehen, den man unterstützt und liebt.« Die Verschiedenheit der Religionen ist – so heißt es dort im Anklang an den Koran – von der göttlichen Weisheit selbst so gewollt. »Deshalb wird der Umstand verurteilt, Menschen zu zwingen, eine bestimmte Religion oder eine gewisse Kultur anzunehmen wie auch einen kulturellen Lebensstil aufzuerlegen, den die anderen nicht akzeptieren.«

Die Verurteilung des Terrorismus und jedweder durch die Instrumentalisierung der Religion und des Namens Gottes verursachten Gewalt und Verfolgung ist in dem von Franziskus und al-Tayyeb unterzeichneten Dokument nicht etwa eine Verlegenheitslösung, sondern Teil einer größeren Vision. Denn die Religionen haben den Auftrag – hier fühlt man sich an das Konzilsdokument *Gaudium et spes* erinnert –, »die Freuden, Leiden und Probleme der heutigen Welt« zu teilen. Auf islamischer Seite lässt der Text die Lebenserfahrung des Philosophen und Theologen al-Tayyeb erkennen, der an der Pariser Sorbonne und an der Universität Fribourg in der Schweiz studiert hat. Es ist ein religiöses und zugleich geopolitisches Dokument, das von Frieden, sozioökonomischer Ungerechtigkeit und angemessener Verteilung der natürlichen Ressourcen, aber auch von der Verwirklichung des »vollwertigen Bürgerrechts« spricht, die in jeder Gesellschaft für alle gewährleistet sein muss. Auch die Rechte der Frau werden bekräftigt: auf Bildung, Arbeit, Ausübung ihrer politischen Rechte und auf die Freiheit »von historischen und sozialen Zwängen«, die im Gegensatz zu ihrer Würde stehen.[11]

Matteo Zuppi, den Bergoglio zum Erzbischof von Bologna ernannt und 2019 ins Kardinalkollegium aufgenommen hat, verweist auf ein theologisches Merkmal im pastoralen Ansatz des Papstes: »Für Franziskus geht es nicht darum, eine Welt zu erobern, sondern die Samenkörner Gottes zu erkennen, die in dieser Welt bereits ausgesät sind.«[12] Von diesem Grundsatz lässt sich der Pontifex auch in seinem geopolitischen Handeln leiten.

Am 22. September 2018 konnte der Vatikan – nach intensiven Verhandlungen, langjährigen Kontakten und bilateralen Geheimgesprächen, die bereits unter Johannes Paul II. und Benedikt XVI. begonnen hatten – die Unterzeichnung eines offiziellen Abkommens mit China über die Bischofsernennungen verkünden. Ein historisches Ereignis.

Zum ersten Mal seit Gründung der Volksrepublik trägt ein internationales Dokument die Unterschriften hochrangiger Vertreter

Chinas und des Vatikans: des für die internationalen Beziehungen des Heiligen Stuhls zuständigen Untersekretärs des Staatssekretariats Erzbischof Antoine Camilleri sowie des stellvertretenden chinesischen Außenministers Wang Chao. Um dieses Ziel zu erreichen, musste der Papst den einen oder anderen diplomatischen Preis zahlen und unter anderem darauf verzichten, den Dalai Lama im Vatikan zu empfangen.

»Zum ersten Mal nach vielen Jahren sind heute alle Bischöfe Chinas in Gemeinschaft mit dem Bischof von Rom«, so der zufriedene Kommentar von Staatssekretär Parolin, der maßgeblich an den Verhandlungen beteiligt war. Auf diese Weise sollte die langjährige Spaltung zwischen einer von der Regierung kontrollierten offiziellen katholischen Kirche und einer katholischen Untergrundkirche überwunden werden. Agostino Giovagnoli, Dozent für zeitgenössische Geschichte an der katholischen Universität von Mailand, schreibt, dass sich »dort, wo zuvor eine undurchdringliche Mauer war, eine Bresche geöffnet hat, die nach vielen Richtungen hin verbreitert werden kann.«[13]

Das Abkommen ist ein leoninischer Vertrag. Peking hat seine Sicht von einer katholischen »Nationalkirche« durchgesetzt, die ihre grundlegenden Entscheidungen selbstständig trifft. Oder, um es im chinesischen Politjargon zu formulieren, einer Kirche, die auf dem »Prinzip der Unabhängigkeit und der Sinisierung der Religion« beruht. Die Methode einer Terna, einer vom Pontifex erstellten Dreierliste von Kandidaten für das Bischofsamt, die der Heilige Stuhl sodann der Regierung vorschlägt, hat Peking abgelehnt. Diese Methode war zwischen dem Vatikan und den Ostblockstaaten üblich gewesen: Die Auswahl der Kandidaten war Sache des Pontifex. In dem Abkommen mit Peking ist das umgekehrte Verfahren vorgesehen. Der »Rat der katholischen Bischöfe« Chinas legt dem Pontifex, der offiziell für die Ernennung zuständig ist, den Namen des Kandidaten vor. Wenn der Papst nicht mit dem vorgeschlagenen Kandidaten einverstanden ist, wird der Rat der Bischöfe eine nebulöse Phase des »Abwägens« einleiten.

Das Abkommen ist provisorisch, das heißt, es kann mit der Zeit verändert werden. Und vor allem ist es geheim (und zwar, wie es scheint, auf Ersuchen des Vatikans). *Avvenire* hat weitere Details veröffentlicht, die darauf hinweisen, dass die vatikanische Seite eine Schwächung ihrer Position in Kauf genommen hat. »Der Heilige Stuhl«, so liest man in der Tageszeitung des italienischen Episkopats, »akzeptiert, dass die Designation der Kandidaten für das Bischofsamt von unten, von den Vertretern der Diözese unter Beteiligung der patriotischen Vereinigung, vorgenommen wird.« Die patriotische Vereinigung untersteht der direkten und engmaschigen Kontrolle der chinesischen kommunistischen Partei. Das letzte Wort, die »Bestätigung«, obliegt dem Pontifex.[14] Anlässlich der Unterzeichnung des Abkommens hat sich der Papst bereit erklärt, die Exkommunikation von sieben Bischöfen, die die Regierung ohne päpstliche Genehmigung ernannt hatte, und einem weiteren irregulären Bischof, der inzwischen verstorben ist, aufzuheben. Über das Schicksal der Bischöfe der Untergrundkirche, die alle zu ihrer Zeit von den jeweils amtierenden Päpsten ernannt worden sind, muss noch entschieden werden. Einige von ihnen haben sich auf Bitten des Vatikans bereitgefunden, als Weihbischöfe des offiziellen Ordinarius zu fungieren.

»Ich muss an den Widerstand [der Untergrundkirche] denken, an die Katholiken, die gelitten haben: Es stimmt, sie werden leiden. Bei einem Abkommen gibt es immer Leid«, hat Papst Franziskus auf dem Rückflug von seiner Estlandreise gegenüber der Presse zugegeben. Letztendlich sei es jedoch entscheidend, dass die Ernennung vom Papst vorgenommen werde und dass es einen Dialog über die möglichen Kandidaten gebe.[15] In Europa und Lateinamerika, so fügte er realistisch hinzu, seien die Bischöfe in den vergangenen Jahrhunderten ebenfalls von den Monarchen ausgewählt worden. Will heißen, man muss auf die historische Entwicklung vertrauen. Unmittelbare Folge des Abkommens war, dass zwei chinesische Bischöfe – der Bischof von Yan'an, John Baptist Yang Xiaoting, und der Generalsekretär des chinesischen Bischofsrats und Bischof von

Chengde, Joseph Guo Jincai, dessen Exkommunikation gerade erst aufgehoben worden war – an der Jugendsynode teilnahmen. Sowohl Johannes Paul II. als auch Benedikt XVI. hatten versucht, chinesische Bischöfe zu den Synodalversammlungen einzuladen. Die Pekinger Regierung hatte jedes Mal ihr Veto eingelegt.

Wenige Tage nach Bekanntmachung des Abkommens sandte Franziskus eine »Botschaft an die chinesischen Katholiken«. Ein klares und sachliches, religiöses und zugleich politisches Dokument. Der Papst sorgt sich um die Untergrundkatholiken, die womöglich das Gefühl haben, im Stich gelassen worden zu sein, und die sich vor allem »nach dem Wert des Leidens [fragen], das man für die Treue zum Nachfolger Petri hinnehmen musste.« Er betont, wie wichtig es im Hinblick auf die Verkündigung des Evangeliums ist, dass nun endlich »die volle und sichtbare Einheit« der katholischen Kirche in China verwirklicht werden konnte, ruft die verschiedenen katholischen Gruppen zur Versöhnung auf und ermuntert Bischöfe, Priester und Gläubige, »nach guten Kandidaten zu suchen« (ein Abschnitt, der deutlich macht, dass er die Methode der Wahl von unten akzeptiert). Der Papstbrief bringt die Hoffnung auf einen guten Dialog zwischen kirchlicher Gemeinschaft und zivilen Behörden sowie den Wunsch zum Ausdruck, freundschaftliche Beziehungen zwischen dem Heiligen Stuhl und China aufzubauen, und versichert gleichzeitig, dass sich die chinesischen Katholiken »durch die Gewährleistung einer größeren Achtung der menschlichen Person auch im religiösen Bereich« dafür einsetzen, die Entwicklung der Gesellschaft zu fördern.[16]

Ein Absatz der Botschaft bringt Papst Bergoglios Psychologie auf den Punkt: »Wenn Abraham ideale Bedingungen – sozialer und politischer Natur – verlangt hätte, um sein Land zu verlassen, wäre er vielleicht nie aufgebrochen.« Franziskus hat keine Angst davor, die Wege der Geschichte zu beschreiten. »Die Zeit ist mehr wert als der Raum«, hat er gleich zu Beginn seines Pontifikats verkündet und seither in seinen wichtigsten Dokumenten – der gemeinsam mit Benedikt unterzeichneten Enzyklika *Lumen fidei*, dem apostolischen Schreiben *Evangelii gaudium*, dem nachsynodalen Schreiben *Amoris laetitia* und der Enzyklika *Laudato si'* – immer und immer wieder betont. Für Bergoglio ist es das Wichtigste, Prozesse in Gang zu bringen. Ebenso wichtig ist es, sich ohne Scheu mit der Wirklichkeit auseinanderzusetzen. »Der Torwart muss den Ball fangen, woher er auch kommt«, verkündet der argentinische Papst in seiner volkstümlichen Ausdrucksweise. Peking ist ein strategischer Protagonist unserer Gegenwart und, wenn es um den Frieden geht, ein unverzichtbarer Partner. Doch nicht zu dem Zweck, den Planeten wie bei der Konferenz von Jalta in neue Einflussbereiche aufzuteilen, betont Bergoglio. »Die westliche Welt, die östliche Welt und China sind imstande, das Gleichgewicht des Friedens zu halten, und sie haben die Kraft, das zu tun. Wir müssen einen Weg finden, immer über den Dialog«, erklärte Franziskus, als die Verhandlungen noch im Gang waren, gegenüber der Hongkonger *Asia Times*.[17]

Das Abkommen mit China ist ein Wagnis und eine Investition. Die chinesische Regierung hat sich immer dagegen verwahrt, eine (in diesem Falle kirchliche) Institution im Land zu haben, die einer ausländischen Macht, nämlich dem Papst in Rom, untersteht. In Peking ist man entschlossen, die gesellschaftlichen Dynamiken auch künftig mit eiserner Hand zu kontrollieren. Die Überwachung und Zensur der sozialen Medien ist denkbar rigoros. »Neue Erlasse aus dem Jahr 2018 regulieren die gottesdienstlichen Aktivitäten bis ins Kleinste und verbieten die religiöse Unterweisung der unter 18-Jährigen; das betrifft auch die Organisation von Schulfreizeiten und Zeltlagern«, erklärt Pater Bernardo Cervellera, Missionar vom päpstlichen Institut für die auswärtigen Missionen (PIME) und Leiter der Agentur *Asia News*. Private religiöse Treffen sind verboten. »Gebetsaktivitäten zu Hause sind untersagt, man darf nur in eigens dafür vorgesehenen Gottesdienstgebäuden beten«,[18] fügt er hinzu. Die Vielzahl der bürokratischen Genehmigungen, die man einholen muss – auf lokaler, auf Distrikt- und auf staatlicher Ebene –, ist zermürbend. Für die Zerstörung von gottesdienstlichen Gebäuden oder religiösen Symbolen gibt es die unterschiedlichsten Vorwände. Andererseits hängt es in einem so riesigen Land sehr von den örtlichen Funktionären ab, wie genau oder ungenau die Regeln zur Anwendung kommen. Unterdessen ist ein weiteres Hindernis aufgetreten. Wenn sich ein Kleriker bei den chinesischen Behörden registrieren lässt, muss der betreffende Priester oder Bischof ein Dokument unterzeichnen, in dem er den Grundsatz der Unabhängigkeit, Autonomie und Selbstverwaltung der Kirche in China akzeptiert. Und das, wie man in Rom zugibt, »trotz der [von Peking eingegangenen] Verpflichtung, […] auch die katholische Lehre zu respektieren«. In einer im Juni 2019 veröffentlichten Orientierungshilfe empfiehlt der Heilige Stuhl, das unterzeichnete Dokument mit dem schriftlichen Vermerk zu versehen, dass die Registrierung »keine Abstriche mit Blick auf die Prinzipien der katholischen Lehre bedeute«. Wenn eine solche schriftliche Präzisierung nicht möglich sei, solle auch eine mündliche Ergänzung mit oder ohne Zeugen genügen. Entscheidend sei, dass die Registrierung in der Absicht erfolge, zum Wohl der diözesanen Gemeinschaft zu handeln.[19]

Im August 2019 fanden die beiden ersten Bischofsweihen mit päpstlichem Mandat nach den (geheimen) Regeln des zwischen dem Heiligen Stuhl und China geschlossenen Abkommens statt. Antonio Yao Shun, der erste der neugeweihten Bischöfe, hat in den Vereinigten Staaten und in Jerusalem studiert. Er ist Bischof von Jining in der Inneren Mongolei. Während der Weihezeremonie wurde ein Brief der chinesischen katholischen Bischofskonferenz verlesen, der Shuns Wahl »gemäß der Tradition der Wahl der Bischöfe durch die Heilige Kirche und den Vorschriften der [Bischofs]Konferenz« bestätigte. Der zweite geweihte Bischof ist Stephen Xu Hongwei, Weihbischof von Hanzhong. Beide waren im April während einer Versammlung gewählt worden, die unter Vorsitz der chinesischen Kirchenhierarchie in einem Hotel stattfand. Sie waren die einzigen Kandidaten. Die Agentur *Asia News* berichtet jedoch, beide Kandidaten seien im Vorfeld vom Heiligen Stuhl gebilligt worden.[20]

Franziskus schaut weit voraus. Es sei nötig, »Pilger auf den Wegen der Geschichte zu werden«, so seine Überzeugung, die er auch in der »Botschaft an die chinesischen Katholiken« zum Ausdruck bringt. Zudem ist die Zahl der Katholiken in der Volksrepublik, die auf zehn Millionen geschätzt wird, infolge der Massenverstädterung, der zahlreiche örtliche Gemeinden zum Opfer gefallen sind, im Sinken begriffen. Die florierenden autonomen evangelikalen Gemeinschaften dagegen sind inzwischen bei 50 Millionen Mitgliedern angelangt. Für Franziskus bleibt wesentlich, dass es gelungen ist, den Giganten des 21. Jahrhunderts – China – in ein internationales Abkommen einzubinden.

»Franziskus ist ein Seelsorger und ein Missionar«, wiederholen diejenigen Mitglieder der Kurie, die ihm am nächsten stehen. Für einen Mann von noch nicht ganz 83 Jahren ist seine Leistungsfähigkeit enorm. Er steht jeden Morgen kurz vor fünf Uhr auf und geht für eine Stunde in die Kapelle, um zu beten. Abends um zehn schaltet er das Licht aus. Fernsehen gibt es bei ihm nicht, nur den druckfrischen *Osservatore Romano* am Nachmittag und morgens *Il Messaggero*: da er am Puls des Tagesgeschehens in der Hauptstadt sein will, in der er lebt (außerdem erreichen ihn die vatikaninternen Presseschauen). Weil ihn sein Ischias quält, hatte es eigentlich ein Pontifikat mit nur wenigen Ortswechseln werden sollen, und doch ist auch Franziskus ein Wanderpapst mit vielen Reisen pro Jahr geworden. 2019 folgten Schlag auf Schlag die Teilnahme am Weltjugendtag in Panama, die Besuche in den Vereinigten Arabischen Emiraten und in Marokko, die Reisen nach Bulgarien, Nordmazedonien, Rumänien, Madagaskar, Mosambik, Mauritius, Thailand und Japan. »Die Reisen strengen ihn an, aber sie liegen ihm sehr am Herzen«, erklären die, die ihn oft begleiten. Ein guter Priester, glaubt Franziskus, lässt sich von seiner Herde »auffressen«. Bergoglio lässt sich von seinem Papstamt verzehren.

XIV

»Ich gehe voran«

Im siebten Jahr des Pontifikats ist die Entwicklung der Amazonien-Synode, die im Oktober 2019 unter Beteiligung der Bischöfe von Brasilien, Kolumbien, Peru, Venezuela, Bolivien, Ecuador, des ehemals britischen und des ehemals französischen Guayana und Surinams im Vatikan stattfindet, zum Dreh- und Angelpunkt von Franziskus' Reformvorhaben geworden. Die Synode ist von globaler Bedeutung, weil unter anderem zwei Themen auf dem Tisch liegen: die Frage der *Viri probati* – verheirateter, in Glaubens- und Sittenfragen bewährter Männer, denen erlaubt werden soll, die Eucharistie zu feiern – und die Frage nach der Rolle der Frau in der Gemeindeleitung.

Der aus Österreich stammende brasilianische Bischof Erwin Kräutler hatte den Papst gleich zu Beginn seiner Amtszeit mit der Problematik konfrontiert. In der von ihm geleiteten, flächenmäßig sehr ausgedehnten Diözese Xingu leben 700 000 Gläubige, die sich auf 800 Gemeinden mit 27 Priestern verteilen. Mit dem Ergebnis, dass in jeder Gemeinde nur zwei oder drei Mal jährlich die Messe gefeiert werden kann. Damals hatte Franziskus geantwortet, es sei Sache der örtlichen Bischöfe, der nationalen Bischofskonferenzen, Vorschläge zu erarbeiten und diese Vorschläge sodann dem Vatikan vorzulegen.

Franziskus hat sich der Frage behutsam genähert. Er weiß, dass sie eine Revolution in der katholischen Kirche auslösen könnte, weil der chronische Mangel an Priestern und Priesterberufungen nicht nur Amazonien, sondern viele andere Regionen der katholischen Kirche betrifft. »Wir müssen darüber nachdenken, ob *Viri probati* eine Möglichkeit sind«, erklärte er 2017. »Dann müssen wir auch bestimmen, welche Aufgaben sie übernehmen können, zum Beispiel in weit entlegenen Gemeinden.«[1]

Mithin hat das Arbeitspapier (*Instrumentum laboris*) zur Amazonien-Synode zwar einerseits bekräftigt, dass der Zölibat ein »Geschenk für die Kirche« ist, andererseits aber den Boden für Neuerungen bereitet. Es werde, so heißt es in dem Dokument, »darum gebeten, im Blick auf die entlegensten Gebiete der Region die Möglichkeit zu prüfen, ältere Menschen zu Priestern zu weihen. Diese Menschen sollten vorzugsweise Indigene sein, die von ihrer Gemeinde respektiert und akzeptiert werden. Sie sollten geweiht werden, obwohl sie schon eine konstituierte und stabile Familie haben, mit dem Ziel, die Spendung der Sakramente zu sichern, die das Leben der Christen*innen begleiten und stützen.«[2]

Ein letzter Hinweis auf Franziskus' Absichten war die Ernennung des emeritierten Erzbischofs von São Paulo, des über 80-jährigen brasilianischen Kardinals Cláudio Hummes, mit dem er eng befreundet ist, zum Generalrelator der Synode. Hummes, der die Wende von jeher befürwortet, hatte bereits 2006 – als Benedikt XVI. ihn gerade erst zum Präfekten der Kongregation für den Klerus ernannt hatte – öffentlich erklärt, dass der Zölibat kein Dogma ist und dass auch einige der Apostel verheiratet waren. Damals war der Kardinal auf Anweisung von Papst Ratzinger sofort zum Schweigen gebracht worden. Zur Pan-Amazonas-Synode kommt er mit der Überzeugung, dass Veränderungen dringend notwendig sind: »Ich glaube, dass in der Kirche eine große Notwendigkeit besteht, neue Wege zu finden [...] wir müssen ohne Furcht über neue Perspektiven sprechen«.[3]

Doch noch ehe die Synode am 6. Oktober 2019 begann, hatte der traditionalistische Flügel auf den Fluren der Kurie bereits Gerüchte und Warnungen in Umlauf gebracht. »Das Beispiel eines verheirateten Klerus wird nicht innerhalb der Grenzen des Amazonasgebiets bleiben, und das würde die innerkirchlichen Spannungen verschärfen«, erklärte ein ratzingerianisch ausgerichteter Bischof. Kardinal

Burke und Bischof Athanasius Schneider (Kasachstan) eröffnen ein präventives Sperrfeuer und rufen die Gläubigen in aller Welt dazu auf, 40 Tage lang zu fasten und zu beten, um zu verhindern, dass die Synode grünes Licht für häretische Neuerungen gibt.

Dennoch verabschieden die Bischöfe nach einer dreiwöchigen, überaus freimütig und unabhängig geführten Debatte mit einer Zweidrittelmehrheit das Gesuch an den Papst, verheiratete Kleriker einzusetzen. Unter der Ziffer 111 schlägt das Abschlussdokument vor, »geeignete und von der Gemeinde anerkannte Männer zu Priestern zu weihen. Sie sollten bereits ein fruchtbares Diakonat und eine Ausbildung zum Priesteramt absolviert haben und sie sollten eine legitime und stabile Familie beibehalten können.«[4]

Für die katholische Kirche des lateinischen Ritus ist dies eine grundlegende Kehrtwende. Nach der Enttäuschung der Familiensynoden, bei denen sich die Konservativen mit ihrem Widerstand durchgesetzt hatten, ist der Erfolg der Amazonien-Synode ein Sieg der Franziskus-Methode, die darin besteht, die Bischöfe zu Reformvorschlägen von unten zu ermutigen. Wenn der argentinische Papst das Dokument rasch umsetzt, wird für den Katholizismus ein völlig neues Kapitel beginnen. Dass die Frage der *Viri probati* mit dem ständigen Diakonat verknüpft worden ist, garantiert die schrittweise Entwicklung eines Prozesses, der (das ist vorhersehbar) am Ende alle katholischen Länder der Welt betreffen wird.

Auch hinsichtlich der Rolle der Frau hat die Amazonien-Synode neue Perspektiven eröffnet und vorgeschlagen, ein neues kirchliches Amt für Frauen einzuführen: die »Gemeindeleiterin« (Paragraf 102). Das Amt wird sicherlich auch rituelle Funktionen umfassen und mithin einen ersten kleinen Schritt in Richtung auf den Frauendiakonat darstellen, zumal sich einige der nach Sprachen geordneten Arbeitsgruppen bei der Synode offiziell für Diakoninnen ausgesprochen hatten.

Camillo Kardinal Ruini jedoch ging kaum eine Woche nach Abschluss der Synode bereits zum Angriff über: »Verheiratete Diakone zu Priestern zu weihen … das ist eine Fehlentscheidung.« Der einflussreiche Ex-Vorsitzende der italienischen Bischofskonferenz richtete eine persönliche Warnung an den Pontifex: »Ich hoffe und bete, dass der Papst [dem Gesuch der Synode] nicht stattgibt.«[5] Kardinal Müller seinerseits hatte sich bereits während der Synode zu Wort gemeldet: »Die Tradition der Kirche ist kein Spiel, das man nach Belieben gestalten kann.«[6]

Franziskus' größtes Anliegen ist heute wie zu Beginn seines Pontifikats die »Umkehr« der Kirche. Die Kirche, so rief er Anfang 2019 den US-amerikanischen Bischöfen ins Gedächtnis, brauche keine Verwalter, sondern Hirten, die imstande sind, die Gegenwart Gottes in der Geschichte zu erfassen. Eine Kirche sei dann glaubwürdig, wenn ihre Mitglieder sich als Sünder und als begrenzt erkennen und die Notwendigkeit der Umkehr begreifen. Ohne dieses persönliche und gemeinschaftliche Bewusstsein, mahnt Franziskus, laufe man womöglich Gefahr, »Gott zu einem ›Götzen‹ einer bestimmten Gruppierung [zu] machen.«[7] Der Papst würde sich wünschen – das hat er zum Abschluss der Pan-Amazonas-Synode gesagt –, dass jeder Priesteramtskandidat, jeder künftige Diplomat des Heiligen Stuhls wenigstens ein Jahr in einem Missionsgebiet Dienst tut.

In der dramatischsten Phase seines Pontifikats – 2018, dem Jahr der großen Skandale, als die enormen Ausmaße des sexuellen Missbrauchs ans Licht kamen und Forderungen nach einem Rücktritt des Papstes laut wurden – setzte der Papst das Skalpell an dem verborgenen Tumor an, der das Leben der Kirche von innen heraus zerfrisst: dem Klerikalismus, einer, wie er damals schrieb, »anomalen Verständnisweise von Autorität in der Kirche – sehr verbreitet in zahlreichen Gemeinschaften, in denen sich Verhaltensweisen des sexuellen wie des Macht- und Gewissensmissbrauchs ereignet haben«. Ein finsteres Übel, das »nicht nur die Persönlichkeit der Christen zunichte [macht], sondern dazu [neigt], die Taufgnade zu mindern und unterzuwerten, die der Heilige Geist in das Herz unseres Volkes eingegossen hat«. Das sind – auch über die im engeren Sinne religiöse Sprechweise hinaus – außergewöhnlich ernste Worte. Zumal es sich, wie der Papst deutlich werden lässt, nicht um eine Randerscheinung handelt: »Der Klerikalismus, sei er nun von den Priestern selbst oder von den Laien gefördert, erzeugt eine Spaltung im Leib der Kirche, die dazu anstiftet und beiträgt, viele der Übel, die wir heute beklagen, weiterlaufen zu lassen.« Das sind die Gedanken, die er im August 2018 in seinem *Schreiben an das Volk Gottes* formuliert hat. Sie sind Ausdruck des tiefen Unbehagens, das Franziskus angesichts einer Kirche empfindet, die dem Evangelium nicht treu zu sein scheint. Es sei nötig, beharrt er (die Missbrauchsfälle sind dabei nur der Ausgangspunkt seiner Überlegungen), »dass jeder Getaufte sich einbezogen weiß in diese kirchliche und soziale Umgestaltung, die wir so sehr nötig haben.«

Dieser Punkt führt zu einem ersten ernsthaften Kurzschluss zwischen Papst Bergoglio und dem emeritierten Papst Benedikt. Hier prallen zwei Sichtweisen aufeinander. Während der jesuitische Papst den sexuellen Missbrauch und viele andere Übel der Kirche im Klerikalismus als einer Ideologie und Idolatrie der klerikalen Macht begründet sieht, wendet sich der zurückgetretene Pontifex (der einst als junger Theologe vor der Revolution des II. Vatikanischen Konzils zurückgescheut war) mit einer entgegengesetzten Analyse an die Öffentlichkeit: »Nur wo der Glaube nicht mehr das Handeln des Menschen bestimmt, sind solche Vergehen möglich.«

Der Vorfall, der (wenn man einmal von den leichten Turbulenzen anlässlich der Beisetzung von Kardinal Meisner absieht) als erste nennenswerte Eintrübung einer sechsjährigen friedlichen Koexistenz bewertet werden kann, ereignete sich im April 2019, einige Wochen nach dem Missbrauchsgipfel der Vorsitzenden der Bischofskonferenzen. In der bayrischen katholischen Monatszeitschrift *Klerusblatt* (und dank einer gezielten Regie zeitgleich auf einer Reihe von Webseiten und in internationalen Medien wie dem italienischen *Corriere della Sera*) erscheint ein Beitrag des Ex-Papstes, der das Übel der Pädophilie auf den »Zusammenbruch der katholischen Moraltheologie« und darauf zurückführt, dass die Kirche sich von einer naturrechtsbasierten Ethik abgewandt habe. Ratzinger gibt den Verirrungen der Konzilstheologie – die seiner Ansicht nach auf einer fehlgeleiteten Interpretation des II. Vaticanums beruhen – die Schuld, spricht von einem dramatischen Sittenverfall im Gefolge der sexuellen Revolution von 1968, die die Pädophilie für erlaubt erklärt habe, spricht von Schwulenklubs und Vorführungen von Pornofilmen in den Priesterseminaren. Und er spricht vom Garantismus der kirchenrechtlichen Prozesse, der darauf ausgerichtet gewesen sei, den Schutz des Angeklagten »bis zu einem Punkt hin« zu gewährleisten, »der faktisch überhaupt eine Verurteilung ausschloss.«

Die geplanten strukturellen Reformen der kirchlichen Institution bewertet Benedikt XVI. eindeutig negativ: »Die Idee einer von uns selbst besser gemachten Kirche ist in Wirklichkeit ein Vorschlag des Teufels, mit dem er uns vom lebendigen Gott abbringen will«. Auch lässt er es sich nicht nehmen, seine Missbilligung mit einer autobiografischen Notiz zu unterstreichen, und schreibt, dass in den Jahren nach dem Konzil »in nicht wenigen Seminaren Studenten, die beim Lesen meiner Bücher ertappt wurden, als nicht geeignet zum Priestertum angesehen wurden. Meine Bücher wurden wie schlechte Literatur verborgen und nur gleichsam unter der Bank gelesen.« Überraschende Worte, wenn man bedenkt, dass Ratzinger just 1968 seine berühmte »Einführung in das Christentum« publizierte, die als Klassiker gilt und Generationen von Theologiestudenten maßgeblich geprägt hat.[8]

Von allen Seiten hagelte es Kritik. In Frankreich wies die Theologin Marie-Jo Thiel unverzüglich darauf hin, dass der Ex-Papst den »systemischen Aspekt« der sexuellen Missbrauchsfälle im Klerus nicht im Mindesten anspreche und die »(von Franziskus bestätigte) Verbindung zu den Macht- und Gewissensmissbräuchen« mit keinem Wort erwähne.[9] In den Vereinigten Staaten bezeichnete die Theologin Julie Hanlon Rubio Ratzingers Gedanken als »zutiefst fehlerhaft [und] beunruhigend«. In Deutschland warf die Historikerin Birgit Aschmann dem emeritierten Papst vor, er habe die Unfähigkeit der Kirche ausgeblendet, sich mit dem Thema der verdrängten Sexualität der Priester auseinanderzusetzen. Die deutsche Arbeitsgemeinschaft Moraltheologie bewertete Ratzingers Analyse als einen »misslungenen und untauglichen Beitrag zur Aufarbeitung der Missbrauchskrise«, der »auf einer Reihe von falschen Annahmen« beruhe und von einer unhistorischen Verklärung der Vergangenheit geprägt sei.[10]

Tatsächlich betrifft die Episode nicht bloß eine Debatte unter Theologen. Vielmehr ist deutlich geworden, dass der Ex-Papst dem amtierenden Pontifex gegenüber eine Art Parallel-Lehramt ausübt. Zumindest in der unmittelbaren Wahrnehmung des traditionalistischen Anti-Bergoglio-Blocks. Die Analyse Benedikts XVI. über die Pädophilie sei »hervorragend« gewesen, kommentierte der ehemalige Präfekt der Kongregation für die Glaubenslehre Müller, »besser als andere Erklärungen, sehr tiefgründig«.[11] In Franziskus' Umfeld war das Unbehagen über Ratzingers Gegenmanifest derart groß, dass einige Bischöfe und Kardinäle Maßnahmen ergriffen, um den Riss zu kaschieren. Angelo Kardinal Becciu, den Papst Ratzinger seinerzeit zur Nummer zwei des Staatssekretariats ernannt hatte, erklärte, Benedikts Text sei ein Zeichen »seiner großen Liebe zur Kirche«. Bruno Forte, Bischof von Chieti und Bergoglianer – Franziskus hatte ihn zum Sondersekretär der Familiensynoden ernannt –, ließ schleunigst verlauten, der zurückgetretene Pontifex habe die Kirche mit seinem Aufsatz zur Reform und zur freudigen Verkündigung des Evangeliums anspornen wollen.

Ratzingers Entourage ihrerseits zog sich auf die Position zurück, dass Benedikt »die Debatte unterstützen und niemanden kritisieren« wollte. Außerdem hatte er sowohl das Staatssekretariat als auch Papst Franziskus um die Erlaubnis gebeten, seine Überlegungen zu veröffentlichen. Ein Tweet der Leitartiklerin der italienischen Bischofszeitung *Avvenire* bringt die Sachlage auf den Punkt: Darin zitiert Stefania Falasca ein amtliches Dokument des Vatikans aus dem Jahr 2004, in dem ausdrücklich zu lesen ist: »Seinerseits soll der emeritierte Bischof darauf Acht haben, dass er sich weder direkt noch indirekt in die Leitung der Diözese einmischt, und er soll jede Haltung und jede Beziehung vermeiden, die auch nur den Eindruck erwecken könnte, als ob er quasi eine Parallelautorität zu der des Diözesanbischofs errichtet, mit der entsprechenden Beeinträchtigung für das Leben und die pastorale Einheit der diözesanen Gemeinschaft.«[12]

Der Vorfall hat gezeigt, wie ambivalent es ist, wenn ein zurückgetretener Papst weiterhin seinen päpstlichen Namen und das weiße Gewand trägt, im Vatikan lebt und sich Seine Heiligkeit nennen lässt. Sein Sekretär, Erzbischof Georg Gänswein, der außerdem als Präfekt des päpstlichen Hauses fungiert, hatte seinerzeit für Aufsehen gesorgt, als er erklärte, dass seit der Wahl von Papst Franziskus ein »erweitertes [Petrus-]Amt« existiere: »mit einem aktiven und einem kontemplativen Teilhaber«.[13] Ratzinger selbst erklärte im November 2017 in einem Brief an Kardinal Brandmüller, für ihn sei völlig klar, dass »es nur einen Papst gibt«.[14] Und doch ist und bleibt sein Verhalten widersprüchlich. Während Pius XII., der fürchten musste, von Hitlers Schergen festgesetzt zu werden, verfügt hatte, dass er in diesem Fall umgehend zurücktreten und wieder »Kardinal Pacelli« sein würde, stilisiert sich Benedikt XVI. im Privaten zu einem Vater, der sein väterliches Wesen beibehält, auch wenn er sich nicht länger um seine Kinder kümmert. Diese grundlegende Ambivalenz aufzulösen wird die Aufgabe von Bergoglios Nachfolger sein.

Die »Umkehr« und Entklerikalisierung der Kirche wird nicht von Franziskus vollzogen werden. Der argentinische Papst ist ein Sämann: Die Ernte werden – so Gott will – andere einfahren. In dieser zweiten Hälfte des Pontifikats vergeht die Zeit rasch. »Ich weiß nicht, ob ich beim nächsten Weltjugendtag [2022] dabei sein werde«, hat er mit melancholischer Klarsicht gesagt, als er am 27. Januar mit den freiwilligen Helfern des Weltjugendtags in Panama zusammentraf. Das hohe Tempo, mit dem er sich bewegt, lässt ahnen, dass der argentinische Pontifex jeden Moment, der ihm noch bleibt, für seine Sendung nutzen will.

Bei alledem ist Bergoglio allein. Das ist eine Beobachtung, die in den privaten Unterhaltungen römischer und nichtrömischer Kirchenkreise beeindruckend oft wiederkehrt. »Er ist ein sehr einsamer Mensch, das spürt man, aber er ist deswegen nicht niedergedrückt«, meint eine Ordensoberin. »Er kann Schläge einstecken, ohne dass sie ihn erschüttern«, bemerkt ein befreundeter Bischof. Das bestätigt auch Gualtiero Kardinal Bassetti, der Vorsitzende der italienischen Bischofskonferenz: »Franziskus lässt sich nicht entmutigen, er ist unverzagt, trotz der vielen Widerstände. Er vertraut auf Gott. Wie Johannes XXIII. glaubt er nicht an Unglückspropheten.«[15] Die Einsamkeit des Papstes wird noch verschärft durch die Trägheit der vielen Bischöfe in der Welt, die sich nicht auf die öffentliche Bühne wagen, um die Themen, die ihm am Herzen liegen, wieder und wieder zur Sprache zu bringen. »Bischöfe, die kaum reagieren, die nicht mutig sind, die sich nicht einmal dann in Bewegung setzen, wenn der Papst sie dazu auffordert«, wie es der Vorsitzende einer der wichtigsten europäischen Bischofskonferenzen vor einiger Zeit formuliert hat. Ganz abgesehen davon, dass es schwierig ist – wie mehrere Bischöfe zu bedenken geben –, Pfarreien, die vorwiegend aus über 60-Jährigen bestehen, für ein Reformanliegen zu begeistern.

Mauro Magatti, Soziologe und Leiter des religionsanthropologischen Zentrums an der katholischen Universität Mailand, weist darauf hin, dass es für einen Mann, der sein ganzes Leben dem Evangelium geweiht hat, eine extreme Erfahrung ist, wenn er mit 76 Jahren zum Papst gewählt wird und »eine Schlangengrube« vorfindet. Andererseits, so Magatti weiter, »ist dies ein beunruhigender Papst für den Klerus und die Bischöfe, er hat begriffen, dass die Kirche sich an den Widerspruchspunkten der Gesellschaft verorten muss, dort, wo sich eine Sinnfrage stellt, um nicht in den Sog der herrschenden technisch-ökonomischen Agenda zu geraten.«

Franziskus destabilisiert. Dass er das neue Jahr mit der Kritik an denjenigen beginnt, »die in die Kirche gehen und sich den ganzen Tag dort aufhalten oder jeden Tag hingehen und dann so leben, dass sie die anderen hassen oder schlecht über Menschen reden«, dass er dies als Skandal bezeichnet und sagt, es sei besser, wie ein Atheist zu leben, als ein Gegenzeugnis des Christseins zu geben, ist ein Schock für das kirchliche Establishment.

Bergoglio stiftet Verwirrung, denn er übt die Rolle des Papstes gänzlich anders aus als seine Vorgänger. »Franziskus zeigt sich als jemand, der Probleme hat, er entmythisiert die Figur des Papstes, er enthüllt die Nöte des Seelsorgers«, erklärt eine Ordensfrau, die ihn seit geraumer Zeit aufmerksam beobachtet. »Der Fall Chile war aufsehenerregend, nicht nur, was das Verhalten des chilenischen Episkopats, sondern auch, was das Verhalten des Papstes betrifft«, bemerkt Francesco Kardinal Monterisi: »Aber was denn, ein Papst, der Fehler macht … um Entschuldigung bittet … bereut? Andere Päpste waren wie ein ›Steinblock‹, ein unverrückbarer Fels. Franziskus gibt sich sehr viel menschlicher …« Mit dem Ergebnis, dass ein nicht geringer Teil der kurialen Kreise sich verloren fühlt. Und sich für die Zukunft eine stabilere Führung erhofft. Bischof Bettazzi, ein Veteran des II. Vatikanischen Konzils, sinniert mit der lächelnden Weisheit seiner 95 Lebensjahre: »Franziskus gefällt den Leuten. Dem Klerus gefällt er schon weniger und den Bischöfen noch weniger.«

Die katholische Kirche ist nicht nur aufgrund der dogmatischen Fragen, die von einer Zunft aus Kardinälen und Bischöfen aufgeworfen werden, sondern auch deshalb in Turbulenzen geraten, weil die Karten der sozialen, politischen und religiösen Situation insgesamt neu gemischt werden. In Osteuropa ist seit einiger Zeit ein Katho-Nationalismus im Schwange, dessen politische Ausläufer auch in den Westen des alten Kontinents reichen. Franziskus ist beunruhigt über den illiberalen Sturm, der sich in Europa und der Welt erhoben hat. Bosheit und Hässlichkeit, hat er gesagt, kennzeichnen die gegenwärtige Zeit. Und Angst, die die Sklaverei begünstigt und »auch der Ursprung jeder Diktatur [ist], denn auf der Angst des Volkes wächst die Gewalt der Diktatoren.«[16] Auf der Südhalbkugel sind große katholische Nationen wie die Philippinen und Brasilien in der Hand von Regierungen, die den Kampf gegen das Verbrechen zum Anlass nehmen, um die gewalttätige Seite der Staatsmacht hervorzukehren. Angesichts der Brutalität des herrschenden politischen Darwinismus spricht Papst Bergoglio eine zunehmend deutliche Sprache: »Ein Wohl, das kein Gemeinwohl ist, ist kein Wohl.«[17]

Im Pontifikat Bergoglio erscheint die Institution Kirche zutiefst gespalten. »Zu viele verschanzen sich, zaudern, begreifen nicht das Neue an der Art und Weise, wie er sich die Präsenz der Kirche in der Welt vorstellt«, gesteht ein Kurienprälat. In der kirchlichen Hierarchie der Vereinigten Staaten klafft eine tiefe Kluft zwischen der alten Garde und jenen, die Bergoglios Kurs befürworten. Afrika, das sich demografisch gesehen in den nächsten Jahrzehnten an die Spitze der katholischen Welt setzen wird, hat eine Amtskirche, die die Debatten und Themen der westlichen Kirchen oft mit Befremden oder gar feindselig verfolgt. Wohingegen sich die jungen Generationen auf dem afrikanischen Kontinent den Europäern und Amerikanern oft enger verbunden fühlen als ihrer eigenen Führungsriege. Und zu alledem kommen auch noch die tektonischen Verschiebungen der USA, Chinas und Russlands hinzu.

Der Historiker Andrea Riccardi, Gründer der Gemeinschaft *Sant'Egidio*, sagt, dass »sich die Spannungen der Welt hinter den Fassaden auch auf das Innere der Kirche auswirken«. Und Papst Franziskus? »Harrt aus und hält stand.« Trotz der unausgesetzten »rücksichtslosen, sehr heftigen und persönlichen Attacken«, wie selbst Kardinalstaatssekretär Parolin zugeben muss.[18]

Wenige Wochen vor dem sechsten Jahrestag der Papstwahl hat Kardinal Kasper die Alarmglocken geläutet. Dem deutschen Fernsehsender ARD sagte der Purpurträger, dass es Menschen gebe, denen das Bergoglio-Pontifikat nicht gefalle, »und die wollen das so schnell wie möglich beenden und wollen sozusagen ein neues Konklave haben. Und das wollen sie auch vorbereiten, dass das in ihrem Sinne nach Möglichkeit ausgeht.«Auch zwei von Franziskus' engsten Mitarbeitern im Rat der Kardinäle sind der Ansicht, dass die sozialen Vorstellungen des Papstes heftigen Widerstand hervorrufen. Oscar Rodriguez Kardinal Maradiaga ist seit geraumer Zeit davon überzeugt, dass viele Angriffe ökonomisch motiviert sind: »Die Enzyklika *Laudato si'* ist von den mächtigen Erdölkonzernen schon kritisiert worden, ehe sie überhaupt erschienen war.«[19] Die konservative Mentalität gewisser Wirtschaftskreise – so hat sich der Vorsitzende der deutschen Bischofskonferenz Kardinal Marx dem Papst gegenüber geäußert – hat sogar in der Kurie ihre Anhänger.

Pater Arturo Sosa, der Generalobere der Jesuiten, bestätigt, dass der Pontifex umzingelt ist: »Es gibt Personen innerhalb wie außerhalb der Kirche, die sich wünschen würden, dass Papst Franziskus zurücktritt, aber das wird der Pontifex nicht tun.«[20] Seinen jesuitischen Ordensbrüdern, mit denen er in Madagaskar zusammengetroffen ist, hat der Papst anvertraut, dass er sich belagert fühlt.

Wenige Wochen vor seinem 83. Geburtstag wurde er zur Zielscheibe des heftigsten öffentlichen Angriffs seiner bisherigen Amtszeit. Gewisse katholische Intellektuelle beschuldigten ihn des Sakrilegs, weil er zugelassen hatte, dass ein Geleitzug aus Indigenen bei den Eröffnungsfeierlichkeiten der Pan-Amazonas-Synode ein Bildnis der *Pachamama* (der großen Erdmutter) in den Petersdom brachte.

Die Verfasser des Appells griffen den Papst auch wegen des Dokuments an, das er gemeinsam mit dem Groß-Imam der Azhar, Ahmad al-Tayyeb, unterzeichnet hatte. Franziskus müsse bereuen, und denjenigen, die dem Beispiel des Papstes folgten, so steht dort geschrieben, »drohe die ewige Verdammnis«.[21] Dies rief eine ganz und gar ungewöhnliche Reaktion vonseiten des *Osservatore Romano* hervor: In einer auf der ersten Seite veröffentlichten Stellungnahme bezeichnete der mexikanische Bischof Felipe Arizmendi Esquivel den gegenüber dem Papst geäußerten Vorwurf des Götzendiensts als unverschämt und fühlte sich verpflichtet, zu betonen, dass Franziskus »niemals [ein Götzendiener] gewesen ist und es auch nie sein wird«.[22]

Die einzelnen Etappen dieses Manövers sind unschwer zu erkennen. Zuerst wird die Delegitimierungskampagne intensiviert, dann werden Dossiers über diejenigen Purpurträger – *Papabili* oder nicht – angelegt, die einer Rückwende im Wege stehen könnten, und schließlich wird für das nächste Konklave die Wahl eines »gemäßigten« Papstkandidaten angebahnt. Ganz zurückdrehen lassen sich die Uhren nicht mehr, das wissen auch die Konservativen: Für sie ist entscheidend, dass es keinen Franziskus II. gibt. Der Soziologe Magatti fürchtet, dass Bergoglio ein Zwischenspiel bleiben könnte. »Nur Mut, Heiliger Vater!«, sagte ein lateinamerikanischer Bischof nach der Rücktrittsforderung von Ex-Nuntius Viganò: »In jeder Gemeinschaft gibt es einen Judas.« Franziskus sah ihn einen Moment lang an. Dann erwiderte er: »Ja, aber der Judas ist nicht hier in der Kurie, sondern in Amerika.«

In dieses angespannte Klima fuhr wie ein Blitz aus heiterem Himmel die Warnung des Papstes vor der Möglichkeit eines Schismas. Franziskus war auf dem Rückflug von seiner Reise nach Mosambik, Madagaskar und Mauritius. Es war der 10. September 2019. Auf die drängenden Fragen eines amerikanischen Journalisten während der Pressekonferenz im Flugzeug erklärte der Papst, dass es »in der Kirche immer die Option des Schismas« gebe. Das sei Teil der Freiheit, die Gott dem Menschen gewährt habe. Wenn Fehler gemacht würden, dann sei es richtig, zu korrigieren und miteinander zu reden, »aber der Weg des Schismas ist nicht christlich.«

Es hat Eindruck hinterlassen, dass Franziskus sich nicht scheute, die Kluft im Innern des Katholizismus anzusprechen. »Eine Kritik zu üben, ohne die Antwort hören zu wollen und ohne in einen Dialog einzutreten, bedeutet, die Kirche nicht zu lieben und einer fixen Idee anzuhangen: den Papst zu ändern oder sich in ein Schisma zu begeben, ich weiß nicht.«[23]

Jahrelang hatte man im Umfeld des Papstes versucht, die Widerstände kleinzureden – doch jetzt spricht Franziskus selbst die Wahrheit ganz unverhüllt aus und weist auf ideologische Tendenzen innerhalb der Kirche hin, die die Gefahr der »Möglichkeit eines Schismas« bergen. Daneben, so fügt er hinzu, gebe es einen abstrakten Moralismus, der in pseudoschismatische Tendenzen einmünde. Wie soll man darauf reagieren? »Sanftmütig zu den Menschen sein, die versucht sind, diese Angriffe durchzuführen«.[24] Zu Beginn der Reise hatte der Papst versucht, die ständigen Angriffe von Kardinal Müller zu entschärfen, und gesagt: »Er hat gute Absichten [...], aber er ist wie ein Kind.«

Doch die Kluft bleibt bestehen. Neben weiteren direkten Gegnern des Papstes ist auch mit einer kritischen Strömung zu rechnen, die – wie Robert Kardinal Sarah, der Präfekt der Kongregation für den Gottesdienst – sich nicht explizit gegen Franziskus stellt, aber eine »zerrissene und zutiefst verwirrte Kirche« und »eine echte Kakophonie [der Äußerungen] von Bischöfen und Priestern« heraufbeschwört.[25]

Am 5. Oktober 2019, beim feierlichen Konsistorium für die Kreierung von 13 neuen Kardinälen, wies Franziskus auf die »viele[n] unaufrichtige[n] Verhaltensweisen von Kirchenleuten« hin, und als er die neuen Purpurträger am Abend zu Benedikt XVI. begleitete, rief der emeritierte Papst persönlich ihnen in Erinnerung, wie wichtig es sei, dem Pontifex die Treue zu halten.[26]

Der Rücktritt Benedikts XVI., hat der inzwischen verstorbene Kardinal und langjährige Vorsitzende der deutschen Bischofskonferenz Karl Lehmann einmal gesagt, habe die Physiognomie des Papsttums verändert. Der sakrale Charakter des Pontifikats sei in eine Krise geraten. Wer zurücktritt, setzt sich dem Urteil aller aus und hinterlässt seinem Nachfolger eine Funktion, die ihre Ewigkeitsaura verloren hat. Die Unantastbarkeit des Papsttums ist unter Benedikt XVI. ins Wanken geraten und unter Franziskus heftigen Erschütterungen ausgesetzt. Die mystische und bedingungslose

»Verehrung«, die Kleriker, Bischöfe und Gläubige dem Pontifex einst entgegenbrachten, gehört der Vergangenheit an. Heute scheint jede Rolle davon abhängig, wie viele »Likes« sie erhält. Und Charisma allein genügt nicht, um das Knirschen im Gebälk der kirchlichen Struktur zu überdecken. Die ganze katholische Welt, von der Spitze bis zur Basis, ist in eine Phase des Übergangs eingetreten.

Franziskus, der das Bild eines monarchischen Papstes ablehnt, ist Subjekt und Objekt einer unruhigen Umwälzung, die den Katholizismus des neuen Jahrtausends auf bislang unabsehbare Weise umgestaltet. Deshalb gibt er sich nicht als Hierarch, sondern als ein fehlbarer Jünger Christi, der auf den Straßen Galiläas – der heutigen Welt – unterwegs ist.

Dass der Tag sich neigt, bereitet Franziskus keinen Kummer. Nach den Auslassungen von Ex-Nuntius Viganò ist der Rücktritt des Papstes ein Tabu, und doch bleibt der Amtsverzicht – wenn die Last des Alters zu groß wird – eine Option. Falls er zurücktreten sollte, »wird er seinen Koffer nehmen, ohne weißes Gewand aus Rom abreisen und kein Wort mehr sagen«, versichert ein Vertreter der lateinamerikanischen Kirche im Vatikan. Bis es so weit ist, geht er voran. »Franziskus geht voran, auch wenn wir ihn nicht verstehen«, erklärte ein Vertrauter des Pontifex mitten in den Wirren der von den vier Kardinälen gegen *Amoris laetitia* entfesselten Rebellion.

Franziskus lässt es sich nicht nehmen, für seine Vision von Kirche zu kämpfen. Bei der Messfeier im Petersdom am sechsten Jahrestag seines Besuchs bei den Migranten von Lampedusa erinnerte er wieder einmal an die »Letzten« dieser Welt, »die getäuscht und verlassen werden, um in der Wüste zu sterben; […] die in Gefangenenlagern gefoltert, missbraucht und verletzt werden; […] die den Wellen eines erbarmungslosen Meeres trotzen«. Die Kirche, von der Bergoglio träumt, ist – im Geist der Seligpreisungen Jesu – berufen, die Trauernden zu trösten, »ihren Hunger und Durst nach Gerechtigkeit zu stillen«, sich der Ausgestoßenen anzunehmen. Es ist eine Kirche, die die Grenzen aller Kirchen aufbricht. Mit Bezug auf das biblische Bild von der Jakobsleiter, die Himmel und Erde verbindet, ruft Franziskus uns, die Menschen von heute, dazu auf, »jene Engel« zu sein, »die auf- und niedersteigen und die Kleinen, die Lahmen, die Kranken, die Ausgeschlossenen in ihre Obhut nehmen«.[27] Pater Federico Lombardi, der sowohl Benedikt XVI. als auch seinen Nachfolger aus nächster Nähe kennengelernt hat, erklärt rückblickend, es zeuge von »außergewöhnlichem geistlichem Mut«, dass Bergoglio den Namen des Heiligen von Assisi gewählt habe.

Hinter den Kulissen von Franziskus' Popularität ist die Situation innerhalb der Kirche von erheblichen Spannungen gekennzeichnet. Hans Küng, der große Theologe aus Tübingen, Protagonist und kritischer Beobachter einer annähernd 60-jährigen Geschichte der Entwicklungen und Verwicklungen, Öffnungen und Krisen in der katholischen Kirche, verfolgt die Kurve des Bergoglio-Pontifikats mit Bangen: »Franziskus hat überaus kühn begonnen, jetzt muss er sehen, wie weit er kommt.« Es gehe buchstäblich darum, so Küng, Monat für Monat zu beobachten, »wie weit der Papst sich vorwagen kann, ohne die katholische Kirche zu spalten.«[28] Der Schweizer Theologe, der mit Bergoglio in Kontakt steht, verweist auf das Beispiel der anglikanischen Kirche, die seit Jahren von der Diskussion um Bischöfinnen und homosexuelle Priester und Bischöfe blockiert wird. Der Gegensatz zwischen den westlichen und den afrikanischen anglikanischen Gemeinden ist frontal. Auch der Riesenleib der katholischen Kirche steht unter Stress. Der vatikanische Apparat, so viel ist offensichtlich, unterstützt das Reformbemühen des Papstes nicht. Der derzeitige katholische Episkopat wäre nach Küngs Ansicht nicht fähig, ein Reformkonzil abzuhalten. Das hat auch Kardinal Martini seinerzeit so gesehen. Kurz vor seinem Tod vertraute er seinem Sekretär Damiano Modena an, dass die Zeit noch nicht reif ist für ein III. Vaticanum: »Man würde sich rückwärts wenden, statt vorwärtszugehen. Es gibt keinen Episkopat, der in der Lage ist, zu denken.«[29]

Der argentinische Papst, erklärt Küng in seinem Studierzimmer zwischen Bergen von Büchern, »ist von Bischöfen umgeben, die nicht reden, keine Stellung beziehen, sich ducken … alles Kreaturen von Wojtyła und Ratzinger.« Und fügt mit gesenkter Stimme hinzu: »Wir müssen Franziskus die Stange halten.«

Anmerkungen

II Franziskus und sein Gott

1 Franziskus, *Pastoralbesuch in der römischen Pfarrei »San Paolo della Croce«*, 15.04.2018; vgl. auch www.vaticannews.va.

2 Persönliche Kommunikation des Autors mit Pfarrer Roberto Cassano.

3 Franziskus, *Angelus*, 13.11.2016.

4 Franziskus, *Generalaudienz*, 19.04.2017.

5 E. Molinari, *Avvenire*, 13.03.2016.

6 M. Ainis, *la Repubblica*, 3.09.2018.

7 Franziskus, *Angelus*, 1.07.2018.

8 Franziskus, *Jubiläumsaudienz*, 12.11.2016.

9 J. Ratzinger, Erklärung *Dominus Iesus*, 6.08.2000.

10 M. Politi, *la Repubblica*, 6.09.2000.

11 E. Scalfari, Interview mit Papst Franziskus, *la Repubblica*, 1.10.2013 (deutscher Wortlaut zitiert nach: *Die Interviews mit Papst Franziskus*, Freiburg i. Br. 2016, S. 45 f.).

12 Franziskus, *Internationale Begegnung zum 50. Gründungstag des Neokatechumenalen Wegs*, 5.05.2018.

13 Franziskus, *Tagesmeditation in der Frühmesse in der Domus Sanctae Marthae*, 3.05.2018.

14 Franziskus, *Videobotschaft, La Stampa – Vatican Insider*, 6.01.2016 (eine deutsche Fassung des Videos ist online zugänglich: https://www.youtube.com/watch?v=xO-Q19UY8fkg, zuletzt abgerufen am 17.07.2019).

15 *famigliacristiana.it*, 7.02.2017.

16 F. Lombardi, *popoli.info*, 3.12.2014.

17 *zenit.org*, 22.06.2006.

18 Franziskus, *Evangelii gaudium*, 24.11.2013.

19 Franziskus, *Homilie*, 29.04.2017.

20 Franziskus, *Homilie in der Papstmesse zum Konsistorium*, 19.11.2016.

21 R. La Valle, *Rocca*, 1.04.2018.

22 *avvenire.it*, 19.02.2018.

23 Umfrage des Instituts Demos, *la Repubblica*, 24.12.2018.

III Ein Gegenpapst in Italien

1 S. Turco, *l'Espresso*, 18.03.2018.

2 C. Zapperi, *Corriere della Sera*, 19.04.2017.

3   Franziskus, *Homilie*, Lampedusa, 8.07.2013.

4   Franziskus, *Gebet*, Lesbos, 16.04.2016.

5   *ilfattoquotidiano.it*, 16.08.2015.

6   *ilmessaggero.it*, 16.04.2016.

7   Franziskus, *Ansprache an das Diplomatische Korps*, 12.01.2015.

8   Franziskus, *Botschaft zum Welttag des Migranten und Flüchtlings*, 17.01.2016.

9   S. Centofanti, *vaticannews.va*, 18.12.2017.

10 Ebd.

11 P. Parolin, *Stellungnahme beim UNO-Flüchtlingsgipfel*, New York, 19.09.2016.

12 Franziskus, *Ansprache an das Diplomatische Korps*, 9.01.2017.

13 *repubblica.it*, 2.06.2018.

14 *tpi.it*, 6.06.2018.

15 Franziskus, *Botschaft zur Zweiten Mexiko-Konferenz des Heiligen Stuhls zum Thema Internationale Migration*, 14.06.2018.

16 *ilgiornale.it*, 17.07.2018.

17 *repubblica.it*, 5.09.2018.

18 A. Spadaro, *Vortrag vor Vertretern der Auslandspresse*, Rom, 8.02.2018.

19 Franziskus, *Botschaft zum Weltfriedenstag 2018*.

20 *repubblica.it*, 19.06.2018.

21 M. Breda, *Corriere della Sera*, 26.07.2018.

22 *repubblica.it*, 3.09.2018.

23 *repubblica.it*, 10.09.2018.

24 C. Cartaldo, *ilgiornale.it*, 19.09.2018.

25 Franziskus, *Pressekonferenz*, Apostolische Reise nach Schweden, 1.11.2016.

26 *ilsole24ore.com*, 6.01.2017; *corriere.it*, 14.01.2018.

27 *Corriere della Sera*, 18.09.2018.

28 Franziskus, *Pressekonferenz*, 26.08.2018.

29 L. Romano, *ilgiornale.it*, 28.08.2018.

30 F. Tonacci, *repubblica.it*, 16.07.2018.

31 *agi.it*, 10.09.2018.

32 Franziskus, *Ansprache beim US-Kongress*, 24.09.2015.

33 M. Cremonesi, *corriere.it*, 24.02.2018.

34 A. Socci, *liberoquotidiano.it*, 27.02.2018.

35 *repubblica.it*, 18.09.2018.

36 *corriere.it*, 18.07.2018.

37 Franziskus, *Angelus*, 6.09.2015.

38 F. Giubilei, *lastampa.it*, 28.10.2016.

39 N. Pagnoncelli, *Corriere della Sera*, 2.03.2019.

40 P. Mele, *rainews24.it*, 24.12.2018.

41 M. Ventura, *ilmessaggero.it*, 10.09.2018.

42 N. Farrell, *spectator.us*, 7.12.2018.

43 *farodiroma.it*, 23.02.2019.

44 Franziskus, *Ansprache an die Teilnehmer der internationalen Tagung zum Thema ›Fremdenhass, Rassismus und Populismus im Zusammenhang mit weltweiter Migration‹*, 20.09.2018.

45 I. Diamanti, *la Repubblica*, 2.11.2018.

46 A. Cazzullo, *Corriere della Sera*, 3.11.2019.

IV Das ferne Amerika

1 *lastampa.it*, 16.04.2016.

2 Franziskus, *Ansprache bei der Begrüßungszeremonie im Weißen Haus*, 23.09.2015.

3 Franziskus, *Homilie bei der Eucharistiefeier in Ciudad Juárez*, 17.02.2016.

4 Franziskus, *Pressekonferenz auf dem Rückflug von Mexiko*, 17.02.2016.

5 *huffingtonpost.it*, 18.02.2016.

6 *repubblica.it*, 18.02.2016.

7 A. Caño, P. Ordaz, *elpais.com*, 21.01.2017.

8 *Audienz für den Präsidenten der Islamischen Republik Iran*, *vatican.va*, 26.01.2016.

9 Persönliche Kommunikation des Autors mit Marcelo Sánchez Sorondo.

10 *ilpost.it*, 16.07.2018.

11 *lastampa.it*, 15.07.2018.

12 J. Rogin, *washingtonpost.com*, 28.06.2018.

13 Tweet von @realDonaldTrump, 18.06.2018.

14 *ansa.it*, 11.07.2018.

15 Franziskus, *Ansprache vor dem Kongress der Vereinigten Staaten*, 24.09.2015.

16 Franziskus, *Ansprache an das diplomatische Korps*, 8.01.2018.

17 A. Spadaro, M. Figueroa, *laciviltacattolica.it*, 15.07.2017.

18 *repubblica.it*, 15.02.2017.

19 *moked.it*, 26.06.2015.

20 G. Bernardelli, *lastampa.it*, 7.12.2017.

21 Franziskus, *Botschaft Urbi et Orbi*, 25.12.2017.

22 G. Bernardelli, *lastampa.it*, 25.12.2017.

23 Franziskus, *Ansprache an das diplomatische Korps*, 8.01.2018.

24 R. Binelli, *ilgiornale.it*, 30.07.2018.

25 F. Giansoldati, *ilmessaggero.it*, 31.07.2018.

26 *fides.org*, 3.11.2018.

27 *Avvenire*, 23.01.2019.

28 Franziskus, *Anrufung des Friedens*, 8.06.2014.

29 *ansa.it*, 23.07.2018.

30 A. Carriero, *Il vocabolario di papa Francesco*, Turin (Elledici) 2015.

31 Franziskus, *Begrüßungszeremonie auf dem Flughafen von Tel Aviv*, 25.05.2014.

32 *Zwischen Jerusalem und Rom, www.rabbifolger.net*, 2017.

33 Franziskus, *Ansprache an die Vertreter der europäischen Rabbinerkonferenz*, 31.08.2017.

34 J. Ratzinger-Benedikt XVI., *Communio*, 4/2018.

35 *Ebd.*

V Europa bekommt Risse

1 A. Galli, *avvenire.it*, 9.10.2017.

2 *lastampa.it*, 12.10.2017.

3 Johannes Paul II., *Ecclesia in Europa*, 28.06.2003.

4 V. Orbán, *Budapester Europa-Rede – Erinnerung an Helmut Kohl, www.kas.de*, 18.06.2018.

5 B. Gorce, C. Rouden, *la-croix.com*, 13.04.2017.

6 S. Falasca, *Avvenire*, 24.10.2018.

7 *V4-Joint Statement*, Budapest, 21.06.2018.

8 Franziskus, *Ansprache an das Europaparlament*, 25.11.2014.

9 P. Müller, W. Mayr, *spiegel.de*, 7.09.2018.

10 *Wahlprogramm 2017*, »afd.de«.

11 Franziskus, *Ansprache zur Verleihung des Karlspreises*, 6.05.2016.

12 *Ebd.*

13 Franziskus, *Ansprache auf dem Diskussionsforum (Re)Thinking Europe*, 28.10.2017.

14 *br.de*, 30.04.2018.

15 P. Zimmermann, *br.de*, 30.04.2018.

16 *kath.net*, 27.04.2018.

17 *Ebd.*

18 M. Drobinski, J. Wetzel, *Süddeutsche Zeitung*, 1.05.2018.

19 U. Posche, *stern.de*, 16.05.2018.

20 Franziskus, *Ansprache an die Staats- und Regierungschefs der Europäischen Union*, 24.03.2017.

21 Franziskus, *Ansprache an das diplomatische Korps*, 7.01.2019.

VI Der elfte September des Pontifikats

1 *clarin.com*, 18.05.2018.

2 *soychile.cl*, 22.01.2015.

3 A. Ivereigh, *ncronline.org*, 7.06.2015.

4   *t13.cl*, 2.05.2018.

5   *ilfattoquotidiano.it*, 16.01.2018.

6   Franziskus, *Pressekonferenz auf dem Rückflug von Peru*, 21.01.2018.

7   E. Vergara, N. Winfield, *apnews.com*, 11.01.2018.

8   Franziskus, *Pressekonferenz auf dem Rückflug von Peru*, 21.01.2018.

9   E. Vergara, N. Winfield, *apnews.com*, 5.02.2018.

10 *Ebd.*

11 Franziskus, *Schreiben an die chilenischen Bischöfe*, 8.04.2018.

12 *t13.cl*, 17.05.2018.

13 *avvenire.it*, 13.10.2018.

14 *Grand Jury Report*, *attorneygeneral.gov*, 14.08.2018.

15 G. Burke, *Dichiarazione*, 16.08.2018.

16 *MHG-Forschungsprojekt*, *dbk.de*, 24.09.2018.

17 Franziskus, *Ansprache an Autoritäten, Zivilgesellschaft und diplomatisches Korps*, 25.08.2018.

18 Franziskus, *Angelus*, 26.08.2018.

19 F. Giansoldati, *ilmessaggero.it*, 25.08.2018.

20 G. Gänswein, *lastampa.it*, 11.09.2018.

21 F. Lombardi, *Briefing*, 10.06.2018.

22 *agensir.it*, 21.09.2017.

23 E. Fittipaldi, *Lussuria*, Mailand (Feltrinelli) 2017.

24 S. Izzo, *agi.it*, 15.03.2017.

25 F. Giansoldati, *ilmessaggero.it*, 16.03.2018.

26 Persönliche Kommunikation des Autors mit Marie Collins.

27 S. Cernuzio, *lastampa.it*, 2.03.2017.

28 Franziskus, *Schreiben an das Volk Gottes*, 20.08.2018.

29 Franziskus, *Pressekonferenz auf dem Rückflug von Dublin*, 26.08.2018.

30 *Zenit.org*, 25.07.2018.

31 D. Álvarez, M. Oliva, *Il Fatto Quotidiano*, 26.02.2019.

32 G. G. Vecchi, *Corriere della Sera*, 30.01.2019.

33 Schreiben des Anwalts für Kirchenrecht M. Wijlens an D. Wagner, 17.02.2014.

34 V. Alazraki, *Relazione*, 23.02.2019.

35 M. Politi, *repubblica.it*, 20.03.2001.

VII »Franziskus, tritt zurück!«

1   C. M. Viganò, *Testimonianza*, *riscossacristiana.it*, 26.08.2018.

2   *Ebd.*

3   A. Tornielli, G. Valente, *Il giorno del giudizio*, Mailand (Piemme) 2018.

4 M. Tosatti, ehemaliger Vatikanexperte von *La Stampa*, Autor des Blogs *Stilum Curiae*.

5 Franziskus, *Pressekonferenz auf dem Rückflug von Dublin*, 26.08.2018.

6 V. Alazraki, *vaticannews.va*, 28.05.2019.

7 *lafedequotidiana.it*, 2.10.2015.

8 Franziskus, *Amoris laetitia*, 19.03.2016.

9 *chiesa.espressonline.it*, 16.11.2016.

10 Persönliche Kommunikation des Autors mit Marinella Perroni.

11 E. Barbieri, *corrispondenzaromana.it*, 5.04.2018.

12 M. Franco, *corriere.it*, 26.11.2017.

13 L. Scrosati, *lanuovabq.it*, 21.09.2018.

14 A. Scola, L. Geninazzi, *Ho scommesso sulla libertà*, Mailand (Solferino) 2018.

15 Benedikt XVI., *Gedenkwort, kath.net*, 16.07.2017.

16 Persönliche Kommunikation des Autors mit Walter Kardinal Kasper.

17 T. Roberts, *ncronline.org*, 1.10.2018.

18 *vaticannews.va*, 7.10.2018.

19 Franziskus, *Ansprache zum Abschluss der Synode*, 27.10.2018.

20 Franziskus, *Ansprache an die Kurie*, 21.12.2018.

21 *Comunicato, press.vatican.va*, 6.10.2018.

22 *Ebd.*

23 Franziskus, *Abschlussansprache auf dem Treffen »Der Schutz von Minderjährigen in der Kirche«*, 24.02.2019.

24 Franziskus, *Pressekonferenz auf dem Rückflug von Panama*, 27.01.2019.

25 Franziskus, *Leitlinien über den Schutz von Minderjährigen und schutzbedürftigen Personen*, 26.03.2019.

26 Franziskus, *Gesetz CCXCVII über den Schutz von Minderjährigen und schutzbedürftigen Personen*, 26.03.2019.

27 Franziskus, *Vos estis lux mundi*, 7.05.2019.

VIII Im Käfig der Kurie

1 XV. Ordentliche Generalversammlung der Bischofssynode, *Abschlussdokument*, 27.10.2018.

2 Franziskus, *Amoris laetitia*, 19.03.2018.

3 *zenit.org*, 23.10.2017.

4 Franziskus, *Pressekonferenz auf dem Rückflug von Genf*, 21.06.2018.

5 Franziskus, *Ansprache an die Kurie*, 22.12.2014.

6 Franziskus, *Ansprache an die Kurie*, 21.12.2016.

7 Franziskus, *Ansprache an die Kurie*, 21.12.2017.

8 Franziskus, *Begegnung mit den apostolischen Nuntien*, 13.06.2019.

9 L. Scaraffia, *Lettera a papa Francesco, repubblica.it*, 26.03.2019.

10 P. Rodari, *la Repubblica*, 28.12.2018.

11 Franziskus, Motu Proprio *Statuten der neuen Wirtschaftsorganismen*, 22.02.2015.

12 Franziskus, Motu Proprio *Die zeitlichen Güter*, 4.07.2016.

13 M. Franco, *corriere.it*, 12.09.2017.

14 F. Sarzanini, *corriere.it*, 2.10.2017.

15 M. Franco, *corriere.it*, 12.09.2017.

16 Franziskus, *Chirograph des Heiligen Vaters*, 8.08.2019.

17 M. Lillo, V. Pacelli, *Il Fatto Quotidiano*, 3.07.2013.

18 I. Scaramuzzi, *lastampa.it*, 31.05.2018.

19 E. Fittipaldi, *Espresso*, 2.10.2019.

20 G. Nuzzi, *Giudizio universale*, Mailand (Chiarelettere) 2019.

IX Eine Parallelwelt

1   Persönliche Kommunikation des Autors mit E. Ronchi.

2   Franziskus, *Ansprache an die Kurie*, 22.12.2016.

3   Franziskus, *Episcopalis communio*, 18.09.2018.

4   *antoniosocci.com*, 2.12.2018.

5   *ilgiorno.it*, 18.05.2019.

6   C. M. Viganò, *marcotosatti.com*, 19.10.2018.

7   W. Brandmüller, *lanuovabq*, 6.11.2018.

8   G. L. Müller, *marcotosatti.com*, 23.11.2018.

9   G. L. Müller, Manifesto of Faith, *lifesitenews.com*, 8.02.2019.

10 E. Gotti Tedeschi, *Ratzinger. La rivoluzione interrotta*, Viareggio (La Vela) 2018.

11 D. Agasso jr., *lastampa.it*, 21.02.2019.

12 Kongregation für den Klerus, *Das Geschenk der Berufung zum Priestertum*, 8.12.2016.

13 F. Martel, *Sodoma*, Mailand (Feltrinelli) 2019.

X Prophet im globalen Chaos

1   *repubblica.it*, 26.03.2015.

2   *messaggero.it*, 12.08.2016.

3   L. Liverani, *Avvenire*, 10.02.2015.

4   *repubblica.it*, 26.10.2015.

5   Franziskus, *Evangelii gaudium*, 24.11.2013.

6   Päpstliche Akademie der Sozialwissenschaften, *Verso una società partecipativa*, 28.04-2.05.2017.

7   N. Piepoli, *La Stampa*, 18.01.2018.

8   Franziskus, *Gaudete et exsultate*, 19.03.2018.

9   Franziskus, *Botschaft an Prof. Margaret Archer*, 24.04.2017.

10   Franziskus, *Laudato si'*, 24.05.2015.

11   B. Ardù, *la Repubblica*, 22.01.2018.

12   Franziskus, *Videbotschaft*, 7.02.2015.

13   Franziskus, *Evangelii gaudium*, 24.11.2013.

14   Franziskus, *Ansprache*, 7.11.2015.

15   Franziskus, *Begegnung an der Päpstlichen Akademie der Sozialwissenschaften*, 20.10.2017.

16   M. Zanzucchi (Hg.), *Potere e denaro. La giustizia sociale secondo Bergoglio*, Rom (Città Nuova) 2018.

17   C. Line Carpentier, R. Kozul-Wright, F. D. Passos, *unchronicle.un.org*, 8.04.2015.

18   Franziskus, *Ansprache*, 9.07.2015.

19   J. Borger, *theguardian.com*, 29.01.2019.

20   A. Guerrieri, *Avvenire*, 17.03.2018.

21   Franziskus, *Angelus*, 16.12.2018.

22   Franziskus, *Videobotschaft an die Teilnehmer am 2. Internationalen Forum über die moderne Sklaverei*, 8.05.2018.

XI Die Flucht der Frauen

1   M. L. Kubacki, *L'Osservatore Romano. Donne Chiesa Mondo*, 1.03.2018.

2   Franziskus, *Evangelii gaudium*, 24.11.2018.

3   Kongregation für den Gottesdienst, *In Missa in coena Domini*, 6.01.2016.

4   Kongregation für den Gottesdienst, *Apostolorum apostola*, 3.06.2016.

5   Persönliche Kommunikation des Autors mit verschiedenen Mitgliedern der Kommission.

6   *Ebd.*

7   B. Sanchez, *americamagazine.org*, 15.01.2019.

8   L. Ladaria, *osservatoreromano.va*, 29.05.2018.

9   Persönliche Kommunikation des Autors mit verschiedenen Mitgliedern der Kommission.

10   Persönliche Kommunikation des Autors mit Francesco Kardinal Coccopalmerio.

11   Franziskus, *Begegnung mit der Internationalen Vereinigung der Generaloberinnen (UISG)*, 10.05.2019.

12   L. Scaraffia, *Dall'ultimo banco*, Venedig (Marsilio) 2016.

13   S. Lorenzetto, *corriere.it*, 7.09.2018.

14   L. Scaraffia, *m.famigliacristiana.it*, 7.03.2019.

15   Persönliche Kommunikation des Autors mit Marinella Perroni.

16   OSReT (Osservatorio Socio-Religioso Triveneto), *Umfrage zum Kirchentreffen von Aquileia*, 18.2.2012.

17 A. Matteo, *La fuga delle quarantenni*, Soveria Mannelli (Rubbettino) 2012.
18 M. McAleese, *Begegnung mit der ausländischen Presse*, Rom, 7.03.2018.
19 Persönliche Kommunikation des Autors mit Mary McAleese.
20 *Ebd.*
21 *Ebd.*
22 C. Militello, *Donne e riforma della Chiesa*, Bologna (Dehoniane) 2017.
23 Persönliche Kommunikation des Autors mit Mary McAleese.

XII Eine Kirche in Not

1   Persönliche Kommunikation des Autors mit Antonio Maria Kardinal Vegliò.
2   Persönliche Kommunikation des Autors mit Alberto Maggi.
3   Persönliche Kommunikation des Autors mit Paolo Citran.
4   Persönliche Kommunikation des Autors mit Gioacchino Cozzolino.
5   Persönliche Kommunikation des Autors mit Bischof Matteo Zuppi.
6   Persönliche Kommunikation des Autors mit Bischof Domenico Pompili.
7   Persönliche Kommunikation des Autors mit Gennaro Matino.
8   Persönliche Kommunikation des Autors mit Colm Holmes.
9   Persönliche Kommunikation des Autors mit Volker Mahlburg.
10 Persönliche Kommunikation des Autors mit Alessandro Castegnaro.
11 Persönliche Kommunikation des Autors mit Edoardo Kardinal Menichelli.
12 Persönliche Kommunikation des Autors mit Erzbischof Vincenzo Paglia.
13 Persönliche Kommunikation des Autors mit Franco Bergamin.
14 Persönliche Kommunikation des Autors mit Mariano Cera.
15 Persönliche Kommunikation des Autors mit Bischof Roberto Busti.
16 Persönliche Kommunikation des Autors mit Pierluigi Piazza.
17 Persönliche Kommunikation des Autors mit Lek Marku.
18 Persönliche Kommunikation des Autors mit Roberto Cassano.
19 Persönliche Kommunikation des Autors mit Lucio Malanca.
20 Franziskus, *Ansprache an die Gemeinschaften christlichen Lebens*, 30.04.2015.
21 Franziskus, *Gespräch mit den Jesuiten aus Panama*, Avvenire, 14.02.2019.
22 Persönliche Kommunikation des Autors mit Bischof Domenico Sorrentino.
23 Persönliche Kommunikation des Autors mit Guido Veccia.

XIII Verhasst

1   *Libero*, 2.12.2018.
2   A. Skorka, *Interview mit G. Ferrara, Tv2000*, 3.07.2019.
3   Franziskus, *Vorwort* zu *Lettere della tribolazione*, Mailand/Rom (Ancora/Civiltà Cattolica) 2019.
4   *Evangelii gaudium* (2013), *Amoris laetitia* (2016), *Gaudete et exsultate* (2018).
5   Franziskus, *Pressekonferenz auf dem Rückflug von Manila*, 19.01.2015.
6   D. Maraini, *27esimaora.corriere.it*, 16.10.2018.
7   Franziskus, *Besuch der Waldenserkirche*, 22.06.2015.
8   Franziskus, *Pressekonferenz auf dem Rückflug von Istanbul*, 30.11.2014.
9   Franziskus, *Ansprache*, 28.04.2017.
10 *agensir.it*, 14.09.2016.
11 Franziskus, Ahmad al-Tayyeb, *Dokument über die Brüderlichkeit aller Menschen für ein friedliches Zusammenleben in der Welt*, Abu Dhabi, 4.02.2019.
12 Persönliche Kommunikation des Autors mit Bischof Matteo Zuppi.
13 A. Giovagnoli, *Vita e Pensiero*, 6/2018.
14 S. Falasca, *avvenire.it*, 22.09.2018.
15 Franziskus, *Pressekonferenz auf dem Rückflug von Tallinn*, 26.09.2018.
16 Franziskus, *Botschaft an die chinesischen Katholiken*, 26.09.2018.
17 F. Sisci, *Asia Times*, 28.01.2016.
18 Persönliche Kommunikation des Autors mit P. Bernardo Cervellera.
19 *Orientamenti pastorali della Santa Sede circa la registrazione civile del clero in Cina*, 28.06.2019.
20 Sergio Ticozzi, *asianews.it*, 15.04.2019.

XIV »Ich gehe voran«

1   G. di Lorenzo, *zeit.de*, 9.03.2017.
2   *press.vatican.va*, Instrumentum laboris dell'Assemblea speciale per la Regione Panamazzonica del Sinodo dei Vescovi, 17.06.2019.
3   S. Protz, *vaticannews.va*, 11.05.2019.
4   Sinodo Amazonico, *Abschlussdokument*, 26.10.2019.
5   A. Cazzullo, *Corriere della Sera*, 3.11.2019.
6   P. Rodari, *la Repubblica*, 10.10.2019.
7   Franziskus, *Schreiben an die US-amerikanischen Bischöfe*, 1.01.2019.
8   Benedikt XVI., *corriere.it*, 11.04.2019.
9   M.-J. Thiel, Interview mit C. Hoyeau, *la-croix.com*, 11.04.2019.
10 *katholisch.de*, 15.04.2019.
11 L. G. Müller, *tgcom24.it*, 15.04.2019.

12 Kongregation für die Bischöfe, *Apostolorum successores*, *vatican.va*, 22.02.2004.

13 G. Gänswein, *Ansprache*, 20.05.2016.

14 A. Tornielli, *lastampa.it*, 21.09.2018.

15 G. Bassetti, *Tavola rotonda alla Fnsi*, 1.03.2018.

16 Franziskus, *Predigt in Sacrofano*, 15.02.2019.

17 Franziskus, *Videobotschaft an die Teilnehmer am 7. Weltregierungsgipfel*, 10.02.2019.

18 P. Parolin, *gazzettadalba.it*, 18.12.2018.

19 Francesco Antonioli (Hg.), *Francesco e noi*, Mailand (Piemme) 2017.

20 N. Magnani, *ilsussidiario.net*, 21.08.2019.

21 *marcotosatti.com*, 12.11.2019.

22 F. Arizmendi Esquivel, *Osservatore Romano*, 13.11.2019.

23 Franziskus, *Pressekonferenz auf dem Rückflug von Antananarivo*, 10.09.2019.

24 *Ebd.*

25 E. Pentin, *National Catholic Register*, 23.09.2019.

26 Franziskus, *Homilie*, 5.10.2019.

27 Franziskus, *Homilie*, 8.07.2019.

28 Persönliche Kommunikation des Autors mit Hans Küng.

29 Persönliche Kommunikation des Autors mit Damiano Modena.